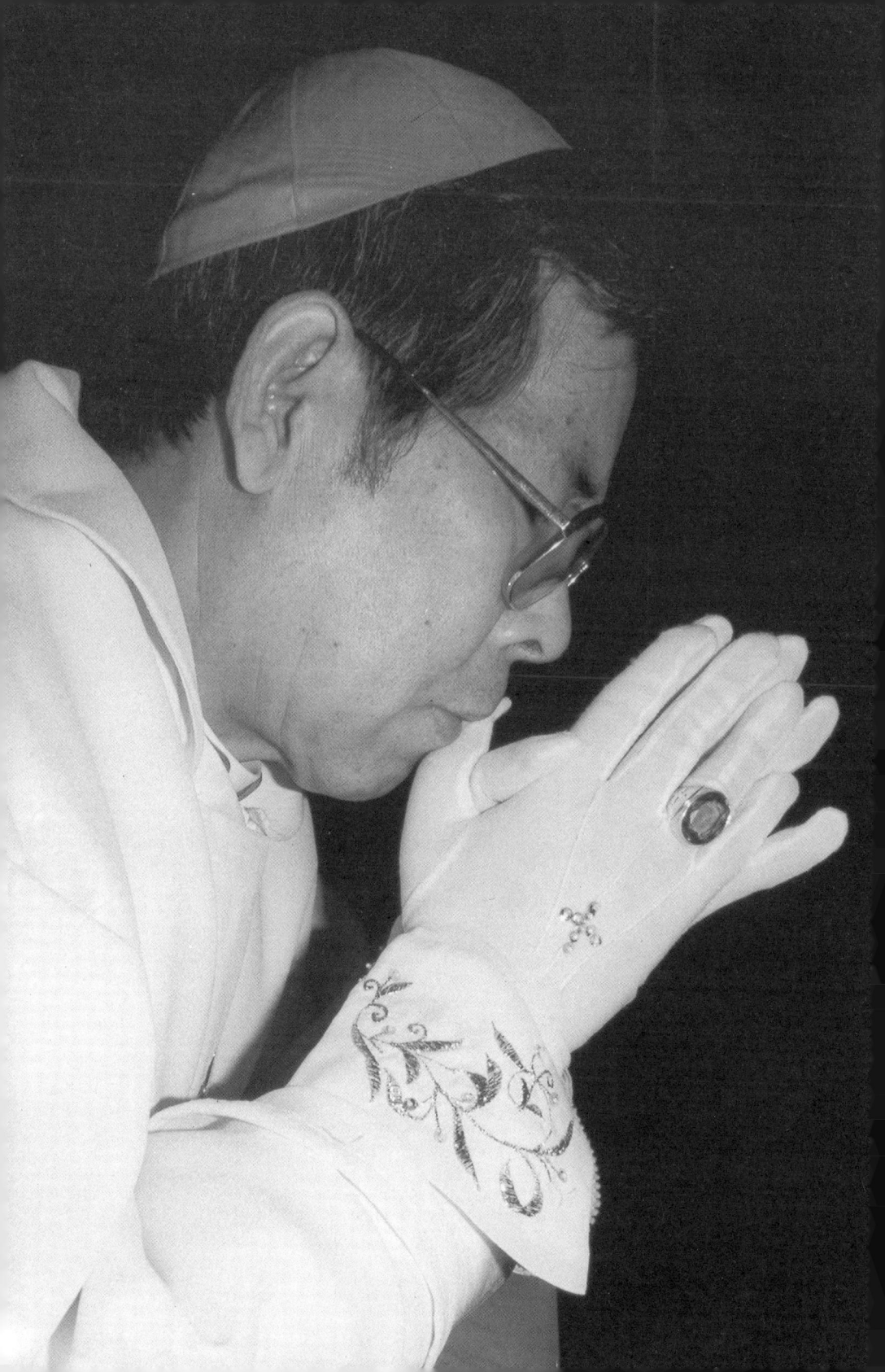

김수환 추기경

1922년 대구에서 태어남.
동경 상지대학 문학부 철학과 수료. 성신대학 신학부 졸업.
51년 사제 서품
56년 독일로 유학하여 뮨스터대학 대학원에서 신학과 사회학 전공.
64년 귀국하여 가톨릭시보사 사장으로 재직 중,
66년 주교 서품과 동시에 마산교구장으로 임명됨.
68년 4월 서울대교구장에 취임과 함께 대주교로 서임됨.
69년 4월 28일 한국 최초로 추기경에 서임되어 오늘에 이르고 있다.

참으로 사람답게 살기 위하여

김·수·환·추·기·경·의·세·상·사·는·이·야·기

김수환 추기경의 세상 사는 이야기

참으로 사람답게 살기 위하여

김수환 말씀 · 신치구 엮음

도서
출판 사람과사람

"무엇 때문에 사느냐"고 물으면,
정신 나갔다고 말하는 사람은 많을 것입니다.
"왜 살기는 왜 살어? 사니까 사는 거지!"
이렇게 대답하는 사람이 많을 것입니다.
서울역을 물으면 가르쳐 주는 사람들이,
인생의 의미를 물으면
'정신 나간 사람'으로 취급합니다.
어떤 질문이 더 중요합니까?

김수환 추기경

김수환 추기경의 세상 사는 이야기

참으로 사람답게 살기 위하여

차 례

나직한 頌歌 / 김남조 ● 14

제1부 / 사랑과 존재의 아름다움을 찾아

나는 용서를 받아야 할 사람입니다 ● 19
참으로 사람답게 산다는 것 ● 26
인간이 뭐길래? ● 38
사랑의 이름으로 나를 노래하리 ● 47
고독의 行路 ● 51
내일을 산다는 뜻은 ● 54
사랑이 있는 곳에 정의가 숨쉰다 ● 64

차 례
●●●

제2부 / 삶의 길목에서

75 ● 새 생명을 위하여

85 ● 여자가 가장 아름다울 때

89 ● 어머니 손은 '약손'

96 ● 왜 신부가 되었냐고 묻거든

103 ● 추기경의 말 한마디

105 ● 지금, 그리고 내일의 신세대

112 ● 평화가 머무는 그곳에

121 ● 기도하는 즐거움

차 례
●●●

제3부 / 더불어 사는 사람들

가진 자와 못 가진 자 ● 125
그대는 누구를 사랑하는가 ● 139
삶의 무게가 얼마나 덜어지는지 ● 149
자, 이젠 화해합시다 ● 156
'내 탓' 말고 '네 탓'? ● 163
마음의 오염이 더 무섭다 ● 172
명동성당에서 데모할 수 있는 이들은 ● 175
장애인들과 함께 ● 182

차 례
●●●

제4부/말하기 어려운 말을 하는 것

189 ● '좋은 대통령'을 그려낼 수 있다면

195 ● 이제 문민시대의 전환점에 서서

202 ● 仙人과 俗人의 차이

208 ● 언론과 언론인

216 ● 호남 사람들의 恨

218 ● 노동자의 '인간 선언'

223 ● 在野가 있기 때문에

224 ● 마침내는 이 민족이 하나 되게 하소서

차례

제5부 / 오늘의 교회가 서 있는 자리

'부자 교회'와 '가난한 교회' ● 235
가난한 신부를 보고 싶은데 ● 246
그리스도가 이 땅에 온다면 ● 254
이 성탄의 밤에 마주 앉은 사람아 ● 265
왜 믿는 이들이 넘쳐납니까 ● 268
교회는 세상 안에 있습니다 ● 278
삿갓 쓴 예수? ● 285
이 세상 종말은 언제 올 것인가 ● 288
부활의 참뜻 ● 291
하느님의 이미지 ● 296

이 책을 읽는 이들에게 ● 298

나직한 頌歌

김 남 조

천주교회의 흰 꽃에선
순교하신 분들의 피내음이 납니다.
목숨 그 보다도
무겁고 영원하고 참을 수 없는 것을 깨치어
겁도없이 한가슴으로 껴안은 이들

차마 눈뜰수 없는 피범벅이의 형장에서
소름끼치며 볼 붙이던
영혼의 햇불
그 순교
주의 말씀으로는 바로 사랑이옵는 그것

하긴 그만큼이나
아프고 진실한 熱이기에
땅에 뿌리면 몇 갑절로 퍼지는 나무로 돋아나고
신령한, 살아있는 바람으로 불어
세계의 변방에 청청한 고향으로 번지었거니

초록의 오월
주의 가시관을 짜던 가시나무 조차
다른 나무들과 함께 햇살을 받는
충만과 관용의 계절
그리고 오늘

가난한 잔치를 벌이고
한 어른의 크신 짐을 근심하며
그분을 앞세우고
우리 모두
당신을 우러러 원망의 눈을 적시옵니다
주여

신앙을 위해선
이미 목숨바칠 까닭도 없어졌는데
무슨 공로로 저이의 넋을 건지오리까
너무나 많은 길의 길목에서
차라리 길을 잃는
저이의 허실을 불쌍히 보시옵소서

탈없는 기도들이 합치어 이루는
침묵의 주악같이 淨福한 빛깔
이나라의 흰꽃에선
순교하신 분들의 피내음이 납니다

* 이 시는 1969년 4월 28일 김수환 추기경이 로마에서 추기경에 서임된 후 명동성당
　에서 열린 추기경 서임 경축대회(5. 20)에서 발표된 축시이다.

제 **1** 부
사랑과 존재의 아름다움을 찾아서

*어린 시절에
나는 자주 해가 지는 서산마루를 바라보며, 저 산 너
머에는 무언가 아름다운 것이 있을 것 같은 동경을
지녔고, 시골에 살았던 관계로 도시에 가면 크게 성
공하여 멋진 모습으로 돌아올 것을 공상했었습니다.*

나는 용서를 받아야 할 사람입니다

지나가는 사람이 형제로 보일 때

옛날에 어떤 성자가 있었습니다. 그 성자가 한번은 제자들을 불러 모아 놓고 "밤의 어두움이 지나고 새 날이 밝아 온 것을 그대들은 어떻게 아는가?" 하고 물었습니다.

제자 중의 하나가 "동창이 밝아 오는 것을 보면, 새 날이 온 것을 알 수 있지요" 라고 대답했습니다. 스승은 "아니다" 라고 말했습니다. 다른 제자가 말하기를 "창문을 열어 보고 사물이 그 형체를 드러내어 나무도 꽃도 보이기 시작하면, 새 날이 밝아 온 것을 알 수 있지요" 라고 했습니다. 스승은 역시 "아니다" 라고 말했습니다.

이렇게 여러 제자들이 나름대로 말했지만, 스승은 듣고 나서 모두 "아니다" 라고 말했습니다. 그러자 이번에는 제자들 편에서 "그럼 스승께서는 밤이 가고 새 날이 밝아 온 것을 무엇으로 알 수 있습니까?" 라고 묻자, 스승은 이렇게 말했습니다.

"너희가 눈을 뜨고 밖을 내다보았을 때, 지나다니는 모든 사람이 형제로 보이면, 그 때 비로소 새 날이 밝아 온 것이다."

참으로 의미심장한 말입니다. 우리의 마음의 눈이 열려서 모든 사람이 그냥 사람으로만 보이지 않고 형제로 보여 사랑을 느낄 수 있을

19

때에, 우리의 마음에 비로소 새 날이 밝아 온다는 뜻입니다. 이는 바로 내 마음이 변하고 내 마음이 사랑으로 가득한 새 마음이 되어, 남을 형제와 같이 사랑할 줄 알고, 남의 고통과 아픔을 나의 형제의 고통과 아픔처럼 느낄 만큼 공감하게 될 때에, 새 날은 비로소 밝아 온다는 것입니다.

왜 이토록 사랑하기 힘든가

우리는 참으로 사랑할 줄 압니까? 누군가가 성서(1고린 13,4-7)에 나오는 사도 바오로의 '사랑의 찬가', 즉 '사랑은 오래 참습니다. 사랑은 친절합니다. 시기하지 않습니다. 자랑하지 않습니다. 교만하지 않습니다……'에서 '사랑' 대신 '나'를 대치시켜 보아라, 그리고 반성해 보아라, 그러면 네가 참으로 사랑을 지닌 사람인지 아닌지를 알 수 있다고 말했습니다.

나는 오래 참습니다.
나는 친절합니다.
나는 시기하지 않습니다.
나는 자랑하지도 않습니다.
나는 교만하지 않습니다.
나는 무례하지 않습니다.
나는 사욕을 품지 않습니다.
나는 성을 내지 않습니다.
나는 앙심을 품지 않습니다.
나는 불의를 보고 기뻐하지 아니하고
진리를 보고 기뻐합니다.
나는 모든 것을 덮어 주고

나는 용서를 받아야 할 사람입니다

모든 것을 믿고
모든 것을 바라고
모든 것을 견디어 냅니다.

우리 중의 누가 이 반성에서, 이 채점에서 "나는 합격이야!"라고 말할 수 있는 사람이 있습니까? 우선 나부터 낙제일 것입니다. 그리고 알 수는 없지만, 많은 분들도 아마 "나도 낙제다!"라고 말할 것입니다. 하느님만이 아시는 일이지만, 어쩌면 완전 합격자는 우리 중에 아무도 없을지 모릅니다.

사도 요한의 말씀대로, 우리 중에서 '죄 없다고 말할 수 있는 사람'은 아무도 없기 때문입니다. 그 죄란 결국 다른 것이 아니라 사랑을 거스르고 사랑을 깨는 것입니다.

이처럼 '사랑'이라는 말은 하기도 쉽고 실제로 많이 쓰는데, 참으로 사랑하기가 왜 이렇듯 힘이 듭니까? 누구도 사랑이 제일 좋은 줄 알고, 사랑이 있으면 우리의 모든 문제, 가정의 문제, 사회의 문제, 교회의 문제, 온 세계의 문제가 다 해결될 수 있는 줄 알고 있습니다.

그런데 우리는 이것을 잘 알면서도 자비심을 가지지 못합니다. 남을 믿지도 사랑하지도 못합니다.

믿고 사랑하면 다 해결되는데, 왜 이것이 안 됩니까?

많은 분들은 불치병에 걸린 사람이 치유의 은혜를 입으면, 이를 보고 놀라고 '큰 기적'이라고 할 것입니다. 앉은뱅이가 일어서면 이를 보고 놀라고 '큰 기적'이라고 할 것입니다. 당연한 일입니다. 사실 그것은 '큰 기적'입니다. 참으로 하느님을 찬미해야 될 일입니다.

그런데 내가 보기에는 누군가가 사랑하지 못하는 마음을 바꾸어 사랑할 수 있게 한다면, 이것이야말로 더 큰 기적이요 가장 큰 기적이라 생각합니다. 이것은 참으로 '죽은 생명의 부활'과 같은 큰 기적입니다.

우리는 물욕을 떠나 청빈의 마음을 가질 수는 있습니다. 힘들지만 가능합니다. 가난한 사람들 속에서 그 가난을 함께 나눌 수 있습니다. 그들을 위하여 헌신까지 할 수 있습니다. 그러나 마음에 들지 않는 사람까지 받아들이며 사랑으로 함께 산다는 것은 참으로 힘듭니다.

수도자나 성직자에게서 보듯이 청빈(淸貧), 정결(淨潔), 순명(順命)은 거의 완벽합니다. 그런데 형제와 같이 함께 사랑으로 용서하고 받아들이는 것을 힘들어 하는 경우가 있습니다. 심지어 하느님은 전적으로 사랑하는 것 같은데, 사람은 사랑하지 못하는 경우도 봅니다.

모순입니다. 사도 요한의 말씀대로, 눈에 보이는 형제를 미워하면서 눈에 보이지 않는 하느님을 사랑할 수는 없기 때문입니다.

우리 자신의 마음을 들여다보면 압니다.

앞서 이야기한 사도 바오로의 '사랑의 찬가'에 비추어 낙제라면 낙제인 것이 분명한데, 이 사랑이 결핍된 마음을 누가 바꿀 수 있습니까? 바로 나 자신의 마음입니다. 그런데 이것이 잘 안 됩니다. 그 이유는 용서할 줄 모르기 때문이라고 생각합니다. 다시 말해, 맺힌 것을 풀 줄 모르기 때문이라고 생각합니다.

사랑에는 용서가 포함됩니다. 용서할 줄 모르는 사랑은 참사랑이 아닙니다. 예수님은 "너희가 자기를 사랑하는 사람만 사랑하면 무슨 상을 받겠느냐? 그것은 세리(稅吏)들도 그만큼은 하지 않겠느냐" 하면서, "너희는 원수를 사랑하고, 너희를 박해하는 사람들을 위하여 기도하고 축복을 빌어주라"고까지 말씀했습니다. 그런데 우리는 정말 이 용서를 할 수 있습니까?

가끔 우리는 "용서한다!"고 합니다. 하지만 마음 속에는 여전히 미움과 원한의 뿌리가 그대로 있는 것을 발견합니다. 마음에 맺힌 것을 완전히 풀지 못합니다.

어떤 때는 나에 대해서, 남이 보기에도 크게 잘못한 사람을 용서해 주기는 오히려 쉽습니다. 그 사람이 워낙 잘못했기 때문에 내가 반대로 대범해질 수 있습니다. 이 때에도 "용서한다!"면서 실은 상대를 무시하려는 오만과 앙심이 흔히 있습니다. 그렇지만, 나를 섭섭하게 해 준 사람, 무시하는 사람, 나를 인정해 주지 않는 사람을 용서하고 사랑한다는 것은 참으로 힘듭니다. 거의 불가능합니다.

그러면 왜 우리는 용서할 줄을 모릅니까?

왜 용서가 힘들고 마음에 맺힌 것을 풀기가 힘듭니까?

근본적인 이유는, 나 자신이 얼마나 용서를 받아야 할 사람인지 모르기 때문입니다. 대체로 남을 용서해야 한다는 생각은 자주 갖는데, 내가 용서를 받아야 한다는 생각은 별로 갖고 있지 않습니다. 별로 잘못한 것이 없다고 자부하기 때문입니다. 자신이 용서를 받아야 할 필요를 많이 느끼는 사람이 남을 용서할 줄도 아는 사람입니다.

용서하기보다 용서받아야 할 사람들

우리가 남을 참으로 용서하고 사랑할 줄 모르는 근본 이유는 먼저 우리 자신이 용서를 받아야 한다는 것을 깊이 깨닫지 못하는 데 있다고 믿습니다.

성령의 은사(恩賜) 중에 '눈물의 은사'가 있는데, 곧 내가 죄인임을 깊이 뉘우칠 줄 아는 통회의 정(情)에서 우러나는 눈물이요, 더 나아가 나의 모든 죄의 용서를, 진홍같이 붉은 죄의 용서를 받았다는 데서 오는 감사의 눈물, 하느님이 나같이 비천한 존재도 사랑한다는 하해(河海) 같은 하느님의 사랑과 자비를 깊이 체험한 데서 오는 눈물을 흘릴 수 있는 '은사'를 두고 하는 말입니다.

작가 오혜령 씨의 작품 「일어나 비추어라」를 보면, 오혜령 씨는 분명히 이 '눈물의 은사'를 깊이 체험한 것 같습니다. 그것은 사실 불치병인 암의 치료를 받은 것 이상으로 깊은 내적 치료의 은혜라고 믿습니다. 어쩌면 많은 분들이 이와 비슷하게 '눈물의 은사'를 체험하신 분들이 있으리라고 봅니다.

나는 이렇게 깊이 운 사람의 마음은 정말 깨끗하고 맑은 마음이리라 생각합니다. 때문에 예수님은 "마음으로 가난한 사람은 행복하다. 우는 사람은 행복하다"고 말씀했던 것입니다. 이는 물론 반드시 눈물을 많이 흘려야 한다는 말은 아닙니다. 근본적으로 회개입니다.

마음으로 울고 깊이 죄를 뉘우치고 회개하는 것입니다. 참사랑은 바로 이런 마음에서부터 시작합니다. 왜냐 하면, 맺힌 것이 풀렸기 때문입니다. 자신이 용서를 받아야 한다는 것을 절실히 느끼는 자만이 참으로 남을 용서해 줄 수 있고 사랑할 수 있습니다.

● ●

가난한 이, 온유한 이, 옳은 일에 주리고 목말라 하는 사람들에게는 하나의 공통성을 찾아 볼 수 있습니다. 그것은 그들 자신 안에 꼭 닫혀 있지 않고, 자신들의 초라함을 하느님에게 열어 보이는 것입니다. 그들은 모두 자신들의 헐벗음, 궁핍과 예속, 허약성, 그리고 질그릇처럼 부서지기 쉬운 생활을 체험하고 있습니다.

자비를 베푸는 사람들도 이와 같습니다. 그들은 착한 일을 하고, 법보다는 자비심을 더 높이 평가하고, 남에 대하여 아무런 적개심을 품지 않으며, 오히려 남의 고통을 덜어 주고 마음의 상처를 어루만져 주는 자들이므로 참된 행복의 소유자라 할 수 있습니다.

그런 행위는 부드러운 마음씨와 인정에서만이 아니라, 그들 스스로가 하느님의 자비심에 의존하여 있으며 그 자비심을 떠나서는 한시도 살아갈 수 없음을 알고 있기 때문입니다.

그들은 남을 죄인으로 판단하지 않으므로 스스로 판단받지도 않으며, 악을 악으로 갚지 않으므로 오직 선으로만 갚음을 받게 됩니다. 형제를 단죄하지 않으므로 단죄받지도 않습니다. 그들은 하느님의 용서를 거듭 체험하기 때문에, 자신들에게 불의를 행하는 사람들을 용서해 줍니다.

참으로 사람답게 산다는 것

「왜 사느냐」고 물으면 정신병자?

흔히 하는 말로, 여러분은 돈을 벌기 위해서 삽니까, 밥을 먹기 위해 삽니까? 혹은 출세를 하기 위해 삽니까, 사랑을 위해서 삽니까? 인생의 의미를 묻는 이 말은 매우 중요합니다. 왜 사는지 모르고 살고 있다면, 그것은 마치 어디로 가는 기차인지도 모르고 남이 타니까 그냥 타고 가는 사람과도 같다고 할 수 있습니다.

그런데 우리는 이것을 얼마나 중요시하는가, 평소 많이 생각하는가 하면 그렇지 않습니다. "무엇 때문에 사느냐"고 물으면 정신 나갔다고 말하는 사람이 많을 것입니다. "왜 살기는 왜 살아? 사니까 사는 거지!" 이렇게 대답하는 사람이 많을 것입니다. 서울역을 물으면 가르쳐 주는 사람들이, 인생의 의미를 물으면 '정신 나간 사람'으로 취급합니다.

어떤 질문이 더 중요합니까? 그런데도 이런 반응이 나타나는 것은 평소에 우리가 그 의미를 생각하고 있지 않다고도 말할 수 있겠고, 어쩌면 그보다 더 큰 이유는 우리가 그런 생각을 하지 않고 삶의 흐름에 우리 자신을 내맡긴 채 살고 있기 때문이 아닌가 하는 생각도 듭니다. 더욱이 현대는 사람이 너무 많고, 사회가 복잡하고, 사는 것이 고달프고 바쁘니까 무슨 생각을 할 여유도 없습니다.

'무엇을 위해 살 것인가' 하는 물음은 분명히 삶의 의미를 묻는 것이면서, 동시에 사람이 사람답게 살기 위해서는 어떻게 살 것인가 하는 뜻도 담고 있습니다.

우리가 사람인 이상, 사람답게 산다는 것은 보람도 의미도 있고, 또 기쁨도 있습니다. 사람답게 사는 길이 무엇인가를 놓고 매일 5분씩이라도 생각하면서 산다면, 우리는 분명히 하루하루를 뜻 깊게 살아갈 것이고, 우리 이웃에도 도움을 줄 것이고, 우리 사회도 보다 더 인간적인 사회로 변화될 것입니다.

오늘날 많은 사람들이 나 자신을 포함해서 삶에 떠밀려 살고 있습니다. 생각하는 시간도, 책을 읽을 시간도 갖지 못한 채 살고 있습니다. 그러는 사이에 우리 자신도 모르게 비인간화되어 가고 있습니다. 하루에 5분을 생각한다는 것이 어려운 것도 아닌데, 그렇게 살기가 힘이 듭니다. 왜 그렇습니까? 게을러서도 그럴 수 있겠고, 어떻게 보면 자기와 마주친다는 것, 자기를 마주 바라본다는 것이 싫어서 그럴 수도 있겠고, 혹은 삶에 너무 지쳐서도 그럴 수 있겠습니다.

10여 년 전, 충남 보령에 갔을 때, 그 곳 현대병원 간호과장에게서 들은 이야기입니다.

어느 농가의 부인이 병원에 입원을 했고, 또 수술을 했습니다. 그렇기 때문에 병원비가 많이 나왔습니다. 아들 되는 사람은 입원비를 낼 수 없어 소를 팔았습니다. 그 어머니가 퇴원하여 집에 돌아가서 외양간에 소가 없는 것을 보고는 기절하고 말았습니다. 병원에 되짚어 입원했고, 산소 호흡 등 더 중하게, 더 오래 치료를 받고 병원에 있어야 했습니다. 한 달 가까이 입원을 했습니다.

퇴원하는 날, 그 사정을 아는 간호과장이 아들에게 "이번에는 무엇을 팔았느냐?"고 물었습니다. 그 아들은 집을 팔고, 그 집에 세들어 살게 되었다고 말하더랍니다. 현실로 있는 이야기이고, 슬픈 이야기입니다.

예를 들어, 이런 사람들에게 "무엇을 위해 살 것인가?" 이렇게 묻는다면, 그 물음 자체가 사치스러운 것이 될 수 있습니다. 왜냐 하면, 인생의 의미를 생각할 마음의 여유를 가지고 있지 못하기 때문입니다. 그렇게 살다가 죽는 거라고 체념하고 있을지도 모릅니다.

소경과 걸인이 많이 있는 양동(陽洞)에 갔을 때였습니다. 거지 노릇을 해야 사는 어떤 분이 폐렴을 앓고 있었습니다. 아무도 돌봐 줄 사람이 없이 내버려진 채 있었습니다. 며칠 후에 결핵 환자들을 보호하는, 양평에 있는 '희망원'으로 가게 되었지만, 만약 그냥 내버려 뒀으면 소리 없이 죽음에 이르렀을 것입니다.

이처럼 이런저런 이유로써 절망적인 상황에 놓여 있는 사람은 우리가 살고 있는 이 땅에 많습니다. 여기서 그런 절망적인 사람들에게 있어서도 삶의 의미란 있는 것인가 하는 의문이 남습니다. 어떻게 보면, 죽는 것이 낫다고까지 말할 수 있겠습니다.

하지만 과연 그렇게 생각하는 것이 온당한 것일까요?

그들에게 뭐라고 삶의 의미를 구체적으로 말해 주지는 못한다 하더라도, 또 그의 가난과 고통을 함께 나누지 못하고, 더 나아가서 가난의 원인이 되는, 우리나라의 도시·농촌 간의 격차를 만들어 내고 있는 의롭지 못한 경제·사회 구조를 당장 개선해 주지는 못한다 할지라도, 그들에게는 뭔가 삶의 의미가 있다고 생각하는 것이 타당하지 않은가, 그것이 인간적인 생각이 아닌가, 그 어둠 속에도 삶의 의미는 있다고 보는 것이 긍정적이며 인간적이지 않은가, 나는 이렇게 보고 있습니다.

만일 희망이 없는 사람들이 죽어야 한다면, 당장 죽어야 할 사람들이 많을 것입니다.

「이 돌멩이 하나에도 의미가 있어야 돼!」

85년 쯤으로 기억됩니다. 한국일보의 '일요 아침에'라는 컬럼에 소설가 정연희 씨가 쓴 글을 읽고 느낀 바가 무척 많았습니다. 그 글의 서두는 이렇게 시작됩니다.

『오래 전에, 이디오피아 난민의 기사가 신문에 보도되었을 때, 나는 교회 중등부 학생들 10여 명에게 난민의 실태를 이야기해 주고 있었다. "그 곳에서는 지금 한 주일에 1천 명이나 굶어서 죽고 있단다. 이대로 가다가는 반 년 안에 1천만 명 이상이 굶어 죽게 된다는구나."

비교적 부유한 집의 자녀들이어서 그 이야기가 과연 어떻게 먹혀들어 갈 것인가를 우려하지 않은 것은 아니었지만, 너무도 뜻밖의 반응에 소스라치지 않을 수 없었다. "인구가 너무 많아서 문제라는데, 하나라도 많이 죽으면 좋지요, 뭐!"

별 생각 없이, 아무렇지도 않다는 듯이, 아니 오히려 옳은 대답을 하는 듯 자신 있게 말한 것은 청순하게 생긴 중학교 1학년생인 소녀였다. 너무 당황하여 한동안을 허둥거리다가 "그들이 많이 죽어서 득을 보는 것은 살아 남는 우리들이야? 그렇다면 곧 우리도 누군가를 위해서 죽어야 할 텐데, 어쩌면 네가 먼저 죽어야 하는 것 아니겠니?" 그 날의 교회 학교 공부를 어떻게 끝마쳤는지 지금도 기억해 낼 수 없다.

그런데 그 후로 나는 나의 교회 생활과 교회 직분에 대하여 어둡고 깊은 회의에 빠졌다. 그 어린이의 말은 곧 내 속 깊은 곳에 숨어 있던 말이라는 것을 깨달았기 때문이었다. 그 아이의 입을 빌렸을 뿐이지, 그 생각은 내 속에 도사리고 있는 흉악한 이기심의 일부임을 깨달았기 때문이다.』

이 글을 읽은 사람들이 어떻게 생각했는지는 모릅니다. 하지만, 나는 이것을 읽고 "정말 그렇다! 나도 비슷한 생각을 한 일이 없는가?" 하고 생각해 보게 되었습니다.

어떻게 보면, 대부분의 인간이 본성적으로 이런 생각을 가지고 있는 것이 아닌가, 뿐만 아니라 어떤 경우에는 우리와 아주 가까운 부모형제에 대해서까지라도, 그분들이 내게 귀찮은 존재가 될 때에는 그들이 차라리 없었으면 하는 마음을 가진 일은 없는가, 이렇게 생각할 수 있습니다. 그러나 그렇게 버림받고 배척당하는 그것은 어느 날 나 자신에게도 해당될 수 있다는 것을 알아야 합니다.

●●

54년에 아카데미상을 수상한 「길」이라는 이탈리아의 영화를 아십니까? 그 영화의 여주인공 제르소미나는 좀 바보스러웠습니다. 남자 주인공 잠파노에게 제르소미나는 끌려다닙니다. 제르소미나는 자신의 존재 가치를 인정하지 않는 사람이었습니다. 잠파노에게 끌려다니면서도, 바로 거기서 살 맛을 느끼면서 지냈습니다.

어느 날, 잠파노가 오다가다 만난 동업자 비슷한 마르코라는 친구와 싸우게 되었습니다. 잠파노가 싸워서 마르코를 두들겨 팼는데, 그것이 경찰에 들켜서 잠파노는 유치장에 갇히게 되었습니다. 제르소미나는 자기가 매달려 있던 그 사람이 갑자기 유치장에 갇히게 되니까, 자기의 존재 의미를 더욱 찾지 못하는 것이었습니다. 그래서 '내가 왜 살아야 되는가' 하는 의미를 발견하지 못하고, 실의에 빠져 버립니다. 그것을 보고 마르코가 제르소미나에게 말합니다.

"네 인생에도 의미가 있어. 의미가 있어야 돼! 이 돌멩이에도 의미가 있어!"

제르소미나가 무슨 의미냐고 물으니까, 그가 다시 말합니다.

"무슨 의미인지는 몰라. 그렇지만 무슨 의미든지 있어야 돼! 만일 이 돌멩이에 의미가 없으면, 이 세상 모든 것에도 의미가 없어!"

나는 처음 이 영화를 보고서 그 대목에서 느꼈던 인상이 아직까지도 남아 있습니다. 깊은 뜻을 가졌고, 그 말이 맞다고 생각하게 되었습니다.

그렇습니다. 이 세상의 모든 사물에는 의미가 있습니다. 살아 있는 것뿐만 아니라 무생물에게도 그 존재의 의미가 있습니다. 성경에 보면, 갈대 하나하나에도 그 존재의 의미를 부여하고 있습니다. 하물며 인간에게 있어, 그 삶, 그 존재의 의미가 없을 수는 없는 것입니다.

그런데 그 의미는 찾아 나서지 않으면 찾아지지 않습니다. 제르소미나는 그것을 찾아 나서지 않았던 것입니다. 남에게 얹혀서 삶의 의미 같은 것은 생각지도 않고 살아 왔던 것입니다.

마찬가지로 우리도 그런 삶을 살고 있을 수도 있는 것입니다. 그것은 주체적으로 사는 삶이 아니라, 끌려서 객체가 되어 사는 삶인 것입니다.

「영혼의 눈」 뜬 20대 神父의 죽음

인생에는 여러 가지 길이 있을 수 있습니다. 현세의 부귀영화를 좇아서 돈을 따라 사는 길, 권력을 따라 사는 길, 명예를 따라 사는 길, 쾌락을 따라 사는 길 등 여러 가지가 있습니다. 그리하여 사람들은 마치 돈이나 권력, 명예, 쾌락이 인생의 목적이요 전부인양 추구하며, 이를 위해 모든 힘을 다합니다. 많은 가난한 이들은 먹고 사는 데 바빠서 다른 생각의 여유를 갖지 못할 수도 있습니다.

우리는 어느 길을 따라 삽니까?

어느 길을 따라서 살고 있든, 우리는 만족하지도 못하고 마음의 평화를 얻지도 못합니다.

사람은 누구나 삶의 의미를 찾습니다. 인생에는 왜 고통과 고생이 많은가, 이 고통과 모순 투성이의 인생에 도대체 의미가 있는가, 왜 사랑하는 사람과는 영원히 함께 있지 못하는가, 사랑은 무엇인가, 왜 사람들은 서로 위하기보다 서로 미워하고 싸우는가, 왜 서로 죽이는가, 전쟁은 왜 하는가, 사람은 왜 죽는가 등등 말입니다.

오늘날 세상을 지배하는 이데올로기가, 그것이 공산주의든 자본주의든지 간에 그런 것이 답을 줄 수는 없습니다. 자본주의는 분명히 자유경쟁의 시장경제를 통해 물질적 발전에는 이바지한 바가 큽니다. 그러나 그것만으로는 이미 우리나라에서도 보듯이 부익부 빈익빈(富益富 貧益貧)의 격차를 낳고, 사회공동체적 일체감을 해치며, 물질주의와 황금 만능주의를 낳음으로써 인간을 정신적으로 도덕적으로 타락시키기 쉽습니다. 유물론적 공산주의가 인간 본성에 반하는 반인간적인 것이라면, 자본주의는 수정되지 않으면, 또 도덕적 뒷받침이 없을 때에는 약육강식을 낳으므로 반인륜적이 되기 쉽습니다.

그러므로 그 어느 것도 인간으로 하여금 참으로 인간답게 살게 하지 못하며, 인간이 던지는 근본 문제, 인생의 의미를 묻는 물음에 답을 줄 수는 없습니다.

그렇다고 해서, 현대의 자연과학은 답을 줄 수 있습니까? 오늘날 자연과학은 발달하여 인공위성을 띄워 우주의 신비를 벗기기 시작했습니다. 그러나 자연과학은 만물의 영장인 인간, 우주 만물의 정점에 서 있는 인간의 신비를 알 수 없고, 인간이 던지는 의미에 대한 물음에 답을 줄 수 없습니다.

오늘날 자연과학뿐 아니라 인류가 지니고 있는 모든 지식의 총체를 향하여 '인간이 무엇이냐'고 묻는다 해도, 그 지식의 총체는 답을 하지 못할 만큼 인간이란 참으로 신비스럽습니다. 우주 만물 중에서 자기 의식을 가지고 생각할 수 있는 능력을 가진 것은 인간뿐입니다. 이렇게 볼 때, 세상을 지배하는 이념도 자연과학도, 그리고 세상 모든 이가 얻기 위해 부지런히 추구하는 돈도 권력도 명예도 인생의 의미에 대한 물음에 답을 줄 수는 없습니다.

인간이 무엇이냐? 그리고 인생의 의미는 무엇이냐?

이 물음에 답을 줄 수 있는 이는 인간을 창조하신 하느님, 인간을 구원하러 오신 그리스도뿐입니다.

∴

80년 7월에 김재문 신부라는 젊은이가 신부된 지 1년밖에 안 되는데 죽었습니다. 신부전증이었습니다. 그런데 김 신부는 합병증으로 죽기 4~5개월 전, 약 한 달 남짓 되는 사이에 두 눈의 시력을 잃게 되었습니다. 시력을 잃는 과정은 육체적으로나 정신적으로 굉장히 고통스러웠습니다.

어느 날, 김 신부는 나에게 "주교님, 제 나이 이제 겨우 스물여섯인데, 왜 이렇게 되어야 합니까?" 라고 울면서 말했습니다. 나는 그를 껴안고 위로의 말을 하고자 했으나, 사실 위로할 수가 없었습니다. 김 신부가 실명한 지 얼마 안 되어 다시 병실로 가 보았을 때, 김 신부는 마침 수녀님 한 분과 간병하는 이와 함께 실명된 뒤 처음으로 미사를 봉헌하고 있었습니다. 내가 갔을 때에는 '말씀의 전례'가 다 끝나고 봉헌이 시작되고 있었습니다.

김 신부는 봉헌기도문을 읽을 수 없으니 말로써, "하느님 아버지, 이 제물을 저보다 더 고통받는 병자들을 위해 바치오니 받아 주소서" 라고 말했습니다. 나도 옆에서 성찬전례를 도우면서 미사를 계속 진행했습니다. '주의 기도'를 바치게 되었는데, 김 신부는 '천주의 자녀되어 구세주의 분부대로 삼가 아뢰오니……' 라고 일상 하는 말씀을 외우는 대신, 이런 말을 했습니다.

"제가 갑자기 두 눈의 시력을 잃고 앞 못 보는 소경이 된 이래, 누구의 도움 없이는 한 걸음도 걸을 수 없습니다. 그래서 저는 지금 '예수님은 참으로 나의 길이시다' 라는 말씀을 굳게 믿습니다. 그분 없이 저는 한 순간도 살 수 없습니다. 그분은 참으로 우리의 길이십니다. 우리의 길이신 주께서 가르쳐 주신 주의 기도를 바칩시다."

나는 이 말을 들었을 때 깊이 감동했습니다. 무엇이 그렇게 그 신부로 하여금 그리스도가 길임을 확신하게 하였고, 또 다른 이들에게 그렇게 전달할 수 있게 하였습니까? 나는 김 신부가 그 불치병의 고통을 통해서 그리스도와 깊이 일치되어 있었기 때문이라고 생각합니다. 그리스도는 분명히 실명으로 말미암아 실망과 좌절에 빠져 있는 김 신부와 함께 있으며, 그의 마음을 당신의 빛으로 밝히고 있었습니다. 김 신부는 '육신의 눈'은 잃었으나 '영혼의 눈'은 떠서 주님을 보고 있었던 것입니다.

우리도 '영혼의 눈'을 떠야 합니다.

그것은 많은 경우, 김 신부나 많은 병자들, 또는 사형수들이 기쁘게 죽음을 맞이하는 경우에서 보듯이, 고통을 통해서 우리 마음이 정화될 때입니다. 우리 마음이 참으로 주님 앞에 가난하고 겸손한 마음, 빈 마음이 될 때, 우리는 그리스도의 수난의 의미를 더 깊이 깨닫고 그분을 볼 수 있을 것입니다. 그리고 그분이 길이요 진리요 생명임을, 또 빛임을 깨닫게 될 것입니다.

●●●

「빛 속에서」라는 책을 보면, 이런 이야기가 있습니다. 어떤 대학생이 나환자들을 위로하기 위해 나환자촌을 방문하고 A라는 환자 방에 들어가게 되었습니다.

A라는 환자는 나병으로 말미암아 눈이 패 실명했을 뿐 아니라 코도 귀도 입도 뭉그러졌고, 손도 다리도 절단되어 있어서, 마치 통나무와 같이 보였습니다. 그는 자기 혼자서는 먹을 수도 없고, 일어날 수도 없고, 옆으로 돌아누울 수도 없는 사람이었다고 합니다.

그런데 그런 A의 얼굴은 무언지 모르게 빛으로 가득했고, 옆에 앉은 대학생은 그 어디서도 겪지 못한 평화를 체험했다고 합니다. 그래서 도대체 그 빛이 어디서 오는가 하고 대단히 궁금하였는데, 그 의문은 즉시 풀렸습니다.

그 빛의 원인은 환자 옆에 놓여 있는 '점자 성경'이었습니다. A라는 환자는 눈으로는 물론이요 손으로도 '점자 성경'을 읽을 수 없었으나, 혓바닥으로 그 점자 성경을 읽었습니다. 그는 정말 생명의 말씀을 먹은 것이었습니다. 그래서 먹다시피 한 하느님의 말씀으로 그 얼굴이 그렇게 밝았습니다.

누군가를 사랑해야 한다

우리는 많은 이가 자기 안의 불타는 고뇌를 이기지 못하여 참된 삶으로의 길을 찾지 못하고 죽음의 나락으로 떨어지는 것을 목도하는 경우가 적지 않습니다. 반드시 생활고나 혹은 사회적 소외가 인간을 자살로 이끄는 결과만을 생각하는 것은 아닙니다. 그 이상의 인간의 실존적 소외, 빛을 잃고 인생을 부조리로밖에 보지 못하는 가운데 깊은 고뇌에 빠진 사람들을 생각하게 됩니다.

돈이나 권력은 물론이요, 자기 지위도 명예도 지식도 사랑도 종교도 모든 것이 헛되고 삶 자체가 도무지 무의미해 보일 때, 그런 인간의 참상은 웬만한 대형사고에 비길 바가 아닐 것입니다. 세계가 송두리째 불탄다 해도 무관심해질 만큼 절망에 빠져드는 것입니다. 그런 사람에게는 민주주의든 공산주의든, 의회정치든 독재든 다 상관없습니다. 언론의 자유가 있든 없든, 신이 있어도 그만이고 없어도 그만입니다.

이렇게 문제가 극에까지 이른 사람이 우리 현실에 얼마나 존재하는지, 혹 그런 상태가 적어도 한 인간 안에 완전히 동결되어 어떠한 빛도 녹일 수 없는지에 대하여, 사실 나는 의심하고 있습니다. 그러나 나는 그렇게 표명하는 사람과 드물게나마 대면하곤 합니다.

내가 그런 사람과 대화하면서 느끼는 것은, 이같이 자기 생각을 절망의 극에까지 이끌고 가는 것은 어떤 의미로는 자기 기만이 아닌가, 혹은 자신을 지나치게 우상화하고 있는 것은 아닌가 생각하게 됩니다. 그는 아무것도 원하지도 않고 찾지도 않는다고 하지만, 그렇게 말하는 그의 심리의 심층에는 오히려 빛이 없는지, 삶의 의미는 참으로 없는지를 더욱 추구하고 있는 것은 아닌가 생각하게 됩니다.

아니면, 왜 나를 찾아 왔겠습니까?

누군가 자기 이야기를 들어 줄 사람은 왜 찾습니까?

자신의 말과 모순이 아닌가요?

아무튼 자신의 실존 내부에서부터 고뇌에 불타는 사람, 그것으로 죽음에 이르는 사람이 적지 않음은 사실인 것 같습니다. 땅으로도, 하늘로도, 생(生)의 탈출구가 닫혀 있기 때문일 것입니다. 그러나 스스로 문을 열지 않는 한, 그 누구도 그를 구할 수 없습니다. 그리고 그 문이란 '마음의 문'입니다. '나' 아닌 '너'를 받아들일 수 있는 문, 즉 '사랑의 문'을 열어야 합니다. 뿐만 아니라 무상(無常)을 넘는 영원에로의 문을 열어야 합니다.

인간은 누군가를 사랑해야 참으로 살 수 있고, 또한 그 사랑이 영원으로 승화될 때 비로소 삶의 참된 의미를 찾을 수 있습니다. 한 마디로, 영원에 대한 신앙이 없으면, 이 시간 속에서는 인생과 사물의 궁극적 의미를 찾을 수 없습니다. 신앙을 가진 인간에게는 현실을 지배하는 정치사상 체제 여하는 크게 문제시 되지 않습니다. 왜냐 하면, 그 모든 것은 결국 지나가는 것이기 때문입니다.

그러나 신앙이 없을 때에는 민주주의도 복지국가도 무의미합니다. 모든 것은 허무일 따름입니다.

유고슬라비아의 문인 미하리로프는 「모스크바의 여름」이라는 기행

문을 발표함으로써 '제2의 질라스' 사건을 터뜨린 사람입니다. 구금되고 옥고까지 치른 그는 서슬이 퍼런 독재의 탄압을 받으면서도 다음과 같이 말했습니다. "불멸의 혼을 믿지 않는 곳에서는 자유를 위한 투쟁도 무의미하다."

이것은 당시 유물론적 마르크스-레닌주의에 대한 근본적 저항이었습니다. 그 배리(背理)에 대한 진리의 힘찬 절규였습니다.

인간에게는 확실히 육체를 넘는 정신이 있습니다. 또한 이 정신의 바탕에는 불멸의 무엇이 내재해 있습니다. 참된 인간의 희생은 자신 안에서, 남 안에서 시간적·물질적인 것을 초극하여 더 깊이, 육체적인 생명까지 초극하여 이 신적인 불멸의 혼을 깊이 인식할 때, 그리고 그 신비에 접할 때 시작될 것입니다.

인간이 뭐길래 ?

사람이 태어날 때, 태어나고 싶어서 태어납니까?
왜 태어났습니까?
아무도 모릅니다. 그렇다면 삶은 스스로 택한 것이 아니라 주어진 것입니다. 여기서 인간의 한계성이 비롯됩니다. 사람에게 '삶'을 준 자, '나'를 존재시킨 자를 발견할 때, 인간은 비로소 존재 의미를 지닙니다.

인간 존재에 대한 물음

인간은 과연 무엇입니까? 이것은 오랜 역사를 가진 질문이기도 합니다. 아리스토텔레스는 '인간은 이성적 동물'이라고 정의했습니다. 그러나 '이성적'이란 말이 전제되었다고 하더라도 인간을 '동물'이라고 한 것은 인간의 정의로서는 부족합니다.

현대에 와서 여러 학문이 인간을 연구합니다만, '인간이 무엇인가'에 대한 답을 얻어 내고 있습니까?

현대의 과학적인 연구 방법들은 일반 사물을 연구하듯이 인간도 한 연구 대상으로서의 물체처럼 보려고 합니다. 과학적으로 볼 때, 인간은 광막한 우주 안의 아주 조그만 존재로서 아무것도 아닙니다.

과학적 연구 방법이 필요없다는 뜻이 아닙니다. 그러나 그 연구에는 한계가 있다는 이야기입니다. 과학이 전자·중성자·양자에 잇달아 '쿼크(quark)' 등을 발견하고, 거기에서 더 분석할 수 있어도 그것이 물체의 마지막 단위는 아니며, 그 마지막을 알아낼 수 있을지조차 의문입니다. 알면 알수록, 대우주의 신비에 빠져 들게 됩니다.

인간의 육체를 대상으로 연구해서 해부학의 메스가 닿지 않은 인체의 부분이 없을 정도가 되었지만, 현대 의학의 과제는 아직 무한대로 남아 있습니다. 또 해부를 해도 영혼은 보이지 않습니다. 마음도 보이지 않습니다. 그렇다고 인간에게 마음이 없습니까?

생명을 대상으로 연구할 때도 마찬가지입니다. 현대에는 생명과학·생명공학·유전공학까지 있지만 '생명이 어디로부터 왔는지'는 모릅니다. 결국 '무생물에서 생명이 나왔다'고 말할 수밖에 없는데, 일찌기 '가지고 있지 않은 것은 주지 못한다'는 명제가 있듯이, 무생물에서 생명이 나온다는 것은 논리의 비약입니다.

진화론의 입장에서 '원숭이가 사람이 되었다'는 말이 있기도 하지만, 원숭이는 어디까지나 동물이고 근본적으로 인간과는 다릅니다. 그러므로 무생물에서 생명이 나왔다든지, 동물에서 인간으로 진화했다든지 하는 비약은 창조적 능력자의 개입을 전제하지 않고서는 이해할 수 없는 것입니다.

인간은 모든 것과 연관을 가지면서도 유독 정신적이고 영적인 존재입니다. 이 인간의 신비 앞에 현대의 학문적 연구들은 무능을 드러내고, 차라리 많이 겸허해진 상태에 있습니다.

● ●

그렇다면, 인간의 존엄성은 어떻게 설명될 수 있습니까? 우선 인간의 존엄성을 현대 인간의 지식으로 과학으로 증명할 수 있는가의 문제가 있습니다.

철학이 인간의 존엄을 말하지만, 철학이 증명합니까? 현대 인간의 이기적인 지식이 자기가 증명하지도 못할 것을 말하고 있습니다.

인간의 존엄이 실제로 실행되고 있는지 어떤 지는 모르지만, 모든 나라의 헌법에 반영되어 있습니다. 지식인들이 신문이나 다른 매스컴에서 인간의 존엄을 이야기하는데, 어떤 때는 모순조차 느낍니다. 물론 그 사람이 무신론자일 수도 있습니다. 그러나 무신론을 바탕으로 인간의 존엄성을 이야기할 수 있습니까?

무신론이라면, 인간이 존엄할 이유가 하나도 없습니다. 무엇이 존엄합니까? 또 아무리 봐도 평등하지 않은데, 왜 평등하다고 말합니까? 인간의 존엄성을 바탕으로 해야 평등의 문제가 나오는 것입니다.

●●●

인간의 존엄성을, 인간에게는 이성이 있다는 데서 찾는 분이 있습니다. 그러나 인간의 존엄성을 이성에만 둔다면, 이성이 없는 사람, 그 작용에 고장을 일으킨 사람의 존엄성은 없게 됩니다. 이성의 작용에 고장을 일으킨 사람은 존엄성이 없느냐 하면 그렇지는 않습니다. 인간은 어떤 처지에 있든 존엄성을 갖고 있고, 그것은 아주 중요한 것입니다.

믿음이 가장 확실한 정답

따지고 보면, '인간이 무엇이냐' '인간이 과연 존엄한 것이냐' 하는 문제에 있어서 「성경」만큼 확실하고 명백하게, 그리고 또 그것을 그 이상 더 말할 수 없을 만큼 자상하게, 어떻게 보면 장황하게 설파해 놓은 것이 없습니다.

인간을 물체로 분해하면, 몇 푼 안 나간다고 합니다. 언젠가 책에서 읽었는데, 인간이란 것은 그런 각도에서 보니 참으로 한심한 존재입니다. 그런데도 그 인간을 놓고 모든 문제가 비롯되고 있습니다.

아무렇게 살면 어때서, 인간답게 살아야 되고, 남과 견주어서 비교적 평등에 가깝게 살아야 되고, 인간의 존엄과 품위에 알맞게 살아야 한다고 말합니까? 이것은 중요한 질문이고 또 해명되어야 할 질문이기도 합니다.

나는 인간의 존엄, 인간의 기본적 평등의 연원이 어디에 있느냐 할 때, 하느님의 모상(模像)으로서의 인간에 있다고 말합니다. 그것을 「성경」에서 말하고 있습니다. 「성경」에서는 법에서 말하기 이전에 만민 평등, 즉 인간인 한 누구나 존엄하다는 것입니다.

앞서 지적한대로, 인간이 존엄하다는 것을 과학적으로 증명할 수 있는가 하면 증명할 수 없습니다. 우리가 보는 것, 과학적으로 발견할 수 있는 것은 인간이 존엄하다는 것을 확인해 주기보다는 인간이 존엄하지 못하다는 쪽을 오히려 확인해 주고 있습니다.

존엄성과 만민 평등의 문제는 사실상 '믿음'의 문제입니다. 그리고 이것이야말로 하느님을 믿고 인정할 때에만 설명이 가능합니다.

● ●

믿음! 우리는 인간 이상의 존재를 인정하고 거기에 근원을 두는 인간관을 가질 때, 비로소 인간의 평등과 존엄을 이해할 수 있고 받아들일 수 있습니다. 하느님이 모든 인간을 당신 모습대로 창조했고, 모든 인간 각자를 똑같이 사랑하고 있고, 모든 인간을 당신의 영원한 생명에 들게 한다고 믿을 때, 인간은 비로소 평등하고 존엄한 존재가 되는 것입니다.

이 존엄성이 인정되는 한, 인간에게는 희망이 있습니다.

세상에서 재화와 지위가 필요한 것이기는 하지만, 다 변하고 지나가는 것에 불과합니다. "이 세상의 모두가 나를 버려도, 그분은 나를 사랑한다"는 믿음이야말로 참된 희망입니다. 인간은 이런 희망을 갈구하고 있기도 합니다.

이성 간의 사랑은 합해져야 할 반 쪽의 분신을 찾는 아름다운 일이지만, 반 쪽을 찾은 후에도 마음의 빈자리가 완전하게 채워지지는 못합니다. 또 아주 작은 공허라도 커지면, 사랑을 영점(零點)으로 되돌리기도 합니다. 그러므로 인간은 언제나 1백 퍼센트 만족할 대상을 찾고 있습니다. 그분이 바로 하느님입니다.

대전 엑스포에 등장한 하느님

우리가 살고 있는 사회는 하느님을 그렇게까지 필요로 느끼는 것 같지 않습니다. 93년 첨단기술을 자랑하는 대전 엑스포가 열렸습니다. 그 곳에 '바티칸관'이 있었는데, 당시 사람들은 그것을 의아해 하는 것 같았습니다. 천주교는 종교 중에서도 아주 보수적인 종교인데, '바티칸'이라는 이름으로 왜 첨단기술을 자랑하는 엑스포에 와 있는가 하고 생각했을 것입니다. 종교와 과학이 반대된다는 생각은 마치 하느님의 설자리가 없는 것처럼 느끼는 것입니다.

그런데 과연 그렇습니까?

첨단기술이라는 것은 무엇입니까? 컴퓨터가 잘 말하고 있듯이, 그것은 인간 두뇌를 본떠 흉내낸 것입니다. 첨단기술은 아주 놀랍게 보입니다. 미국 나사(NASA)에서는 사람이 달에 가서 살 것을 가정하고, 물을 지구에서 가져갈 수 없기 때문에 달에서 만들어 내는 연구를 하고 있다고 합니다. 또 화성에서 사람이 살 수 있도록 여건을 만드는 연구도 한다고 합니다.

이것은 대단한 일이지만, 이 모든 것이 인간의 두뇌에서 나오는 것입니다. 그러면 인간의 두뇌를 첨단기술로 그대로 만들어 낼 수 있느냐 하는 것입니다. 아무도 장담하지 못할 뿐더러 불가능하다고 합니다.

인간 두뇌의 모사품을 만드는데 소요되는 전자 세포만 해도 최소한 100억 개가 필요하며, 용적이 350 입방킬로미터라고 합니다. 작동시키는데 필요한 전력은 자그만치 10억 와트가 필요하다고 합니다.

이런 엄청난 인간의 두뇌는 흉내낼 수 없을 만큼의 능력을 가지고 있습니다. 이것은 하느님이 만들어 낸 것이며, 하느님은 두뇌뿐만 아니라 오장육부 모두 지어냈고, 인간뿐만 아니라 하늘과 땅인 우주 만물을 창조하였습니다. 그 창조주를 두고서 사람이 겨우 창조주가 한 그 조그마한 것을 흉내내면서, 엑스포에 하느님이 와서 마땅할까 하고 생각한다면 어리석은 일입니다.

● ●

우리 인간이 신의 죽음을 선언하고 인간 자율의 절대성을 선포한 것이 언제입니까? 그런데도 인간은 아직도 시간의 구속에서 벗어나지 못하고 있는 현실입니다. 이 세상의 어느 권세가 '태양아, 걸음을 멈춰라!' '달아, 섰거라!' 하고 명령할 수 있겠습니까?

그렇더라도 세월이 일분 일초의 에누리없이 흘러가고 마는 데는 어쩐지 기쁨보다는 허전함이 앞서고, 그 공허감은 해를 거듭하면서 더욱 절박해지기만 합니다.

무엇보다도 인간의 무력(無力)과 시공(時空)의 제약성을 절감치 않을 수 없습니다. 현대적 허무주의와 무신론자들의 주장대로 이것이 인간 실존의 전부라면, 사실 인생이란 너무나 덧없고, 삶이란 실로 무의미하다고 할 수밖에 없습니다.

가난과 온갖 고통 중에서 애써 살 필요는 어디 있는가 싶고, 참되고 귀한 것이란 아무것도 없을 것만 같습니다. 선악의 구별이 무슨 의미가 있으며, 사랑을 주고받음이 무슨 의미가 있겠습니까? 인생 전부가 허무이고, 남는 것은 이 허무 앞에서의 절망뿐이 아닐까 싶습니다.

그러나 이것은 신의 존재도, 불멸의 영혼도 부정했을 때의 말입니다. 영원한 생명 자체인 신과 인간 안에 불멸의 영혼이 있음을 긍정할 때에는 인생관이 전혀 달라집니다. 인생 전부가 의미를 갖게 됩니다.

과연 현세의 인생은 짧습니다. 시공에 제약되어 있습니다.

그러나 인생은 결코 허무한 것이 아닙니다. 신의 모습을 따라 만들어진 인간이요 불멸의 영혼을 가진 인간이기 때문입니다.

그 어느 것도 인간을 앞설 수 없다

가치관에 있어서, 인간은 어디까지나 인간을 존중해야 합니다. 인간은 만물을 초월하는 존재이기 때문입니다. 우리는 어떠한 일이 있더라도 이러한 가치관을 가져야 됩니다. 인간이 만물을 초월한다는 뜻은, 동양에서 인간은 '만물의 영장'이라는 말이 있듯이, 하느님이 창조한 만물 가운데 가장 존귀한 것이 인간이라는 것입니다. 따라서 어떠한 제도나 이데올로기도 인간을 초월할 수는 없습니다.

우리 개개인이 하나의 국민으로서 자기 스스로 민족을 위해서나 국가를 위해 자기를 바치는 것은 아름다운 일이겠습니다.

그러나 가치관 자체가 인간보다도 민족이 앞선다, 인간보다도 국가가 앞선다고 어거지로 주장하고 그 가치관을 기준으로 하여 인간의 가치를 평가하고 인간을 본다면 위험한 결과를 초래하게 됩니다. 그렇게 인간을 볼 때, 그 인간의 존재 이유는 그 민족과 국가의 존재 이유에 예속되고 맙니다.

만약 그렇게 될 때에는 그 국가 이익이나 민족 이익이 절대적인 가치로까지 높여져, 국가나 민족은 종교적인 입장에서 볼 때에는 우상화, 신격화되는 것입니다. 그런 상황 속에서 개인적인 가치라는 것은 차원 낮은 곳으로 전락되어 인권이 유린되어도 상관없다는 생각과 행위가 나타날 뿐만 아니라 그런 법도 나올 수 있겠고, 법 운영도 그렇게 될 수 있겠고, 여타 인간의 존엄성을 무시하는 사회·경제적인 많은 문제들도 잇달아 터져 나온다고 봅니다.

지성, 양심, 그리고 자유

　인간이 우주 속의 만물에 비하여 우월한 지위에 있는 이유는, 첫째로 지성을 가지고 있기 때문입니다. 인간은 오랜 역사 동안, 자연과학과 인문과학·예술 등을 통하여 인간의 합리적인 생활과 인간 사회의 개혁을 위하여 많은 일을 해 왔습니다. 그 과정 중에 지성 스스로가 범하는 어떤 차질이나 과오도 있을 수 있지만, 그 차질이나 과오를 극복하는 조리(條理) 역시 지성에서 다시 구해 내지 않을 수 없습니다.

　인간의 이와 같은 지성적 특성은 원천적으로 하느님의 지혜로부터 빛의 조명을 받으면서 보다 깊은 진리를 찾아 끊임없이 헤매야 할 소명인 것입니다.

　다음으로 지성이 필요한 것은 법입니다. 법은 양심의 깊은 곳으로부터 나오는 것입니다. 이 양심의 법은 인간이나 사회가 인간을 규제하기 위하여 만드는 법이 아니라, 인간 스스로가 그 법에 복종하지 않을 수 없게 되어 있는 법입니다.

　양심은 인간의 가장 은밀한 안방이며, 인간이 혼자서 하느님과 함께 있을 수 있는 지성소(至聖所)입니다. 어떤 독재나 폭력 때문에 인간 각자가 지니고 있는 양심의 법이 일시 제약을 받는 일이 있다고 하더라도, 인간에게서 양심의 존엄이 사라져 버리는 것은 아닙니다.

　그러나 인간이 무관심의 습관으로써 양심을 덮어 두는 경우가 있다면, 그 때에 인간의 양심은 점점 빛을 잃어 가게 될 것입니다. 이 무관심의 죄를 극복하기 위하여, 인간에게는 자유 의지에 대한 올바른 인식이 필요합니다.

　'하늘은 스스로 돕는 자를 돕는다'는 속담도 있듯이, 하느님은 인간이 제 자유의사에 따라 자유롭고 행복한 존재로 완성되기를 원하고 있습니다. 때문에 자유에는 진리만이 아니라 의무도 따르게 마련입니다. 이기적 즐거움을 위하여 자유를 써서는 안 됩니다. 맹목적 본능이

나 외부적 강박에 의해서 자유를 사용하지 말고, 인격의 내적 동기에 의해서 자유를 실현해야 합니다.

　이렇게 실현되는 자유는 사욕(邪慾)에서 해방된 능력이므로 자신의 진실된 인격에 충족을 주고, 세계의 정의에 보탬을 주는 방향으로 집중될 것입니다. 앞서 말한, 인간의 지성과 양심 역시 마지막으로 이 자유에 의해서만 완성될 수 있는 것입니다.

　그러므로 지성, 양심, 자유의 세 가지 요소는 인간이 생존하는 사회에서 잠시라도 유보될 수 없는 가장 귀중한 것이라고 봅니다.

사랑의 이름으로 나를 노래하리

외적으로 어려울 때일수록 내적으로는 더 심화되고, 또 '마음의 눈'이 열려서 인생을 더 깊이 볼 수도 있습니다. 지금이 만약 시련의 때라면, 오히려 우리 자신을 보다 성장시킬 기회가 주어졌다고 생각해 봅시다.

가수 존 레논 피살과 두 팬의 자살

모든 사람이 죽기를 싫어하고, 살고 싶어하는 이유는 결국 즐거움을 누리고 싶어하는 욕구 때문입니다. 비록 당장의 즐거움이 없다 해도 내일의 즐거움을 기다리는 희망으로 살아갑니다.

이처럼 모든 사람은 즐겁기 위해 살려고 합니다만, 현실은 너무나도 익살스럽습니다. 원하는 즐거움 대신에 싫어하는 고통만으로 우리를 맞아 줍니다.

삶의 이유가 되는 즐거움을 제공하기 위하여 고도로 발달된 문명의 혜택도, 균형을 잃은 현 사회 제도 하에서는 도리어 빈부의 극심한 차이를 벌려 놓았고, 따라서 계급과 민족의 갈등이 끝날 날이 없으며 여전히 기아와 빈곤 속에서 허덕이는 많은 사람들이 문명의 혜택에서 배척당하고 있습니다.

이렇게 불합리한 사회에서 발생하는 증오는 투쟁으로 발전하고, 투쟁은 전면 전쟁으로 번질지도 모른다는 검은 먹장구름 같은 세계 기상 속에 살고 있습니다.

더 한심한 일은, 우리 자신이 만들어 놓은 고성능 무기의 위협을 우리 자신이 당하고 있다는 익살스런 현실입니다. 한 마디로, 밖에서 우리 즐거움을 찾기란 매우 힘든 사회요 현대입니다.

그렇다고 하여, 안에서 찾기란 더욱더 힘듭니다. 확실히 내 것이라고 할 수 있는 것이 있다면, 이는 원하는 바를 차지하지 못하는 싸늘한 현실에서 오는 고독과 번민, 원하지 않는 고통 앞에서 당하는 불안과 공포, 언젠가는 죽어야 한다는 숙명적인 절망, 그것뿐입니다. 결국 이같은 고독과 번민, 불안과 공포를 거슬러 싸우고 싸워도 마침내 패배의 죽음으로 끝난다는 결정적인 절망 속에서 몸부림치는 군상이 바로 우리들입니다.

∙∙

80년 존 레논이라는 가수가 피살되자, 레논의 젊은 팬 두 사람이 "우리는 절망했다!"는 유서를 써 놓고 자살했다는 기사를 읽은 기억이 있습니다. 당시 그들의 절망은 나로 하여금 많은 것을 생각하게 했습니다.

서대문 형무소에서 사형수들을 만난 일이 떠올랐습니다. 그 때, 나는 죽음이 임박한 그들에게서 말할 수 없이 조용한 내적 평화를 발견했습니다. 자유도 없고, 더구나 풍요와는 거리가 먼 그들에게 절망의 그림자는 없었습니다.

그들이 그토록 평화로울 수 있었던 것은 무엇 때문이었을까요? 그들은 그들의 실존적인 어둠을 밝혀 주는 진짜 빛을 발견하고 있었던 것이 아닐까요? 그 젊은 자살자에게는 그 빛이 레논이었다고 보여집니다.

빛은 참말로 누군가를 뜨겁게 사랑할 때 발견되는 것입니다.

인간은 육체만이 아니라 영혼과 개성이 있기에 인간입니다. 성서적인 창조를 전제하지 않은 채 인간의 존엄성을 이야기할 수는 없습니다. 인간에게는 '신적(神的)인 무엇'이 있는 것입니다. 바로 이런 가치를, 내가 얼마나 존엄한 존재인가를 인식할 때, 우리는 이웃과 타인을 비로소 다시 보게 됩니다. 그것이 빛입니다. 사랑이 싹틀 때, 그것이 빛입니다.

이런 경구가 있습니다.

'자신을 불태우지 않고는 빛을 낼 수 없다.'

빛을 내기 위해서는 자신을 불태워야 하고 희생해야 합니다. 사랑이야말로 죽기까지 가는 것이고 생명까지도 바치는 것이며, 그러기 위해 자기를 완전히 비우는 아픔을 겪어야 하는 것입니다.

●●●

근본적으로 나 자신이란 존재가 얼마나 소중한가를 스스로 인식하는 일이 중요합니다. 즉, 자기 자신에 대한 인간의 존엄성을 깊이 인식하고 스스로 자신을 사랑할 줄 안다면, 거기에서 문제 해결의 실마리가 풀릴 수 있으리라 봅니다.

나는 모든 문제의 근본은 인간에 대한 사랑의 결핍에서 온다고 믿고 있습니다. 정치의 경우, 인간을 사랑하는 마음이 정책의 기본이 되어야 하고, 경제면에서는 돈보다 인간을 앞세우는 경영이 바람직한 것임은 물론입니다. 그동안 우리가 인간에 대한 존중과 사랑을 바탕으로 모든 일을 처리해 왔더라면 오늘날 우리가 겪고 있는 곤경과 어려움은 훨씬 덜했을 것입니다.

모든 사람의 꿈은 현실화된다

76년 미국에서 열린 세계성체대회에 참석했을 때였는데, 이 회의에서 브라질의 헬더 카마라 대주교가 한 말이 퍽 인상적이었습니다. "한 사람의 꿈은 꿈으로 남을 수 있지만, 3백만의 꿈은 현실 안에 있다"고.

왜 '3백만의 꿈'이라고 했는지는 잘 모르겠습니다만, 내가 생각할 때에는 3백만이 안 되어도 좋다, 30만이나 3만이면 어떤가. 한 사회에서 누군가 먼저 꿈을 가지고 있고, 그 꿈이 전파되고 점차 확대되어 모든 사람의 꿈이 될 때에는 분명히 현실화 된다고 생각합니다.

여기서 '꿈'이란 말은 인간다운 인간 사회, 정의롭고 진리에 바탕을 두고 서로 사랑할 줄 아는 그런 사회를 건설해 보자는 꿈입니다.

우리도 우리의 여러 가지 상황에서 좌절할 것이 아니라, 분명히 꿈을 가진 사람이 많다는 것을 알아야겠고, 교회가 그 촛불을 밝혀야 합니다.

꿈이란 것은 설명이 필요없고, 이론적인 체계를 세울 것도 없습니다. 마치 어두운 방안에 촛불을 하나라도 밝히면 어둠을 헤쳐 주고 그 방 안에 있는 사람들의 마음까지도 밝혀 주는 역할을 하듯이, 어둠을 탓할 게 아니라 누군가가 먼저 촛불을 하나 밝게 되면 '나도 촛불을 밝혀야겠다'고 하여 너도 나도 촛불을 밝힐 것이고, 그렇게 전파됨으로써 수백만의 크리스챤이 모두 촛불을 밝힐 때, 그 촛불의 꿈은 분명히 현실화 된다고 봅니다. 너무 감상적인 이야기일지 모르지만, 그러나 '꿈을 한 번 같이 가져 보자'고 말하고 싶습니다.

고독의 行路

진정 「인간」을 만나고 싶다

지난 반 세기 동안, 한국 사회는 분명히 많이 변화되었습니다. 괄목할 발전을 이룩했다는 것이 통념입니다. 하지만 우리는 근본적인 문제를 던지지 않을 수 없습니다. 이 경제적·물량적 발전과 함께 참으로 '인간도 발전했는가'고.

인간의 존엄성을 믿는 사람들, 인간 속에 불멸의 혼을 믿는 사람들은 지금 회의하고 고민하고 신음하고 있습니다. 빈부의 격차, 도시와 농촌의 격차 때문만도 아닙니다. 부정부패 때문만도 아닙니다. 그 물량적 발전 속에 인간성이 퇴화되고 있기 때문입니다. 더욱 짓밟히고 억압되고 있기 때문입니다. 산업화의 그늘 속에서 인간이 그 영(靈)을 잃어 가고 있기 때문입니다.

마침내 우리 사회는 '생각'할 줄 모르고, 철학이 없는 사회가 되었습니다. 인간적인 '얼'이 빠진 공허한 사회로 전락되어 가고 있습니다. 이것이 발전입니까? 그렇다면 인간의 존엄성도, 그 생존의 의미도 모호합니다. 그의 자유를 위한 투쟁도 무의미합니다.

비단 한국뿐이 아닙니다. 오늘날의 인류 사회는 양적으로 무수한 인간 속에서 오히려 인간 부재를 느끼게 합니다. 사막이 아닌 변화한

사랑과 존재의 아름다움을 찾아

인간의 거리에서 우리는 오히려 무인지경의 고독을 씹고 허탈감에 빠져야 합니다.

동서 어디서나 내일을 생각하는 인간은 벽에 부딪쳐 있습니다. 신앙을 잃고 빛을 잃고 희망을 잃고 있습니다. 그래서 이 고도의 문명과 발전 속에서 인간 회복이 절규되고 있습니다. '새 인간·새 사회·새 세계'의 창조가 이데올로기를 떠나 절실히 갈구되고 있습니다. 인간다운 인간을 만나고 싶은 열망의 눈물이 우리의 가슴 속에서 선혈처럼 흐르고 있습니다.

불안은 하느님이 부르는 소리

사람들은 인간의 존엄성이란 말을 즐겨 쓰면서도, 자기 자신에 대해서나 남에 대해서 이해하지 못하는 것 같습니다. 인간의 가치를 '존재'에 두기보다는 '소유'에 두고 있습니다. 에리히 프롬이 「존재냐 소유냐」라는 책에서도 썼습니다만, 가지는 것은 인간의 존재를 더 풍요하게 하기 위한 하나의 수단에 불과한 데도, 그것이 목적인 것처럼 착각을 하고 있습니다. 그러나 그 결과는 '인간 상실'입니다.

자기 안에서부터 인간을 찾아야 합니다.

'인간 상실'은 결국 '사랑의 상실'에서 비롯됩니다.

참말로 한 인간의 절망적인 순간에 내면적인 고독까지 다 알고 그 고독까지도 오히려 위로로 채워 주는, 그 마음의 어둠을 빛으로써 가득 채워 주는, 끝까지 버리지 않고 사랑해 줄 사람이 있을 것이라고 기대할 수 있을까요? 기대하기 힘듭니다.

그런데 한 인간으로서 이것이 없어서는 절망입니다.

나를 사랑해 줄 수 있는 존재가 이 우주의 어디에도 없다고 할 때, 예를 들어 죽음의 시간에는 옆에 많은 사람들이 서 있다 하더라도 죽음을 맞는 그 사람은 고독 속에 완전히 버려진 상태가 됩니다. 나는

고독의 行路

가끔 임종 옆에 서게 되는데, 죽음을 혼자서 맞이하고 있는 저 사람을, 누가 저 고통에서 건져 줄 수 있을까를 반문해 보곤 합니다.

지금까지의 모든 인간 관계에서 단절된 채, 모든 인간적인 사랑과도 단절된 채, 많이 가졌다 해도 결국은 다 잃고 죽음에 이르게 됩니다. 죽음으로써 모든 것이 끝나 버린다고 한다면 허무주의에 빠지게 됩니다. 그러나 그것이 정말 인간의 '답'이냐 하면, 그렇게 볼 수는 없습니다.

오직 홀로 남겨진 고독의 상태에 있을 때, 빛을 주고 다른 차원 높은 의미의 생명으로 가득 채워 주는 어떤 존재가 있어야 됩니다. 우리는 그것을 '하느님'이라고 말합니다.

고독은 누구도 피해갈 수 없습니다. 사람에게는 각자 주어진 고독의 밑바닥이 있습니다. 고독의 의미를 부정적으로 받아들이면 아주 위험합니다. 그러나 삶을 돌이켜 보는, 자신의 존재 자체를 깊이 보게 되는 기회가 바로 고독입니다. 이런 긍정적인 측면으로 본다면, 고독의 시작이라는 것은 참으로 소중한 것일 수도 있습니다.

2차대전 중 나치에 저항하다가 처형된 본 회퍼(Bonhoeffer)라는 독일인 목사의 「옥중 편지」에 이런 말이 있습니다. "사람이 혼자 있기를 거부하면, 그리스도와 함께 있기를 거부하는 것이다." 말을 바꾸면, 고독의 순간은 인간과 하느님과의 만남의 순간, 만남의 상태라는 뜻이 됩니다. 또 성 아우구스티누스는 그의 「고백록」에서 '불안은 하느님이 부르시는 소리'라고 했습니다.

근본적으로 남을 받아줄 줄 아는 마음이 필요할 것 같습니다. 남을 받아들이는 마음이 심화되면 남을 용서해줄 줄 아는 마음이 됩니다. 용서해줄 줄 아는 마음을 갖기 위해서는, 우선 자기가 용서받아야 할 존재라는 것을 깊이 깨달아야 합니다. 그렇게만 된다면 사람들의 마음은 너그러워집니다.

내일을 산다는 뜻은

영원을 갈망하는 허무주의자들

　어린 시절에, 나는 자주 해가 지는 서산마루를 바라보며 저 산 너머에는 무언가 아름다운 것이 있을 것 같은 동경을 지녔고, 시골에 살았던 관계로 도시에 가면 크게 성공하여 멋진 모습을 하고 돌아올 것을 공상했었습니다.

　사람은 늙어서 이젠 살대로 다 살았는데도 무언가 좀더 나은 것을 바라는 꿈을 좀처럼 버리지 못합니다. 적어도 자신은 이미 때가 늦었다 해도 더 나은 것이 자식 대에서는 이루어지기를, 그 자식이 아니면 그 후손에 의해서라도 이루어지기를 막연하게나마 기대하고 있습니다. 그럼으로써 결국은 자기 자신이 간접적으로나마 성취되리라는 기대를 가지는 것입니다.

　6·25사변 중에 경험한 일이 한 가지 있습니다. 공비 4명이 총살될 때, 그들의 임종을 종교인으로서 도와달라는 부탁을 받아 그 현장에 입회한 일이 있습니다. 그들은 그 날 다행히도 집행 전에 나로부터 세례를 받았습니다. 그런데 이들은 자신들이 곧 총살되리라는 것이 분명한 데도 총살 현장에서 집행관에게 아주 고분고분한 것을 보고는 놀라지 않을 수 없었습니다.

내일을 산다는 뜻은

　무슨 이유로 반항하지 않고 지시를 고분고분하게 따르는 것일까 하고 이상하게 생각하여, 돌아오는 길에 집행 장교에게 물어 보았습니다. 그의 대답은 (이미 여러 번 겪은 경험에서) 사람은 죽는 순간까지도 죽음에 대한 공포와 함께, 혹시나 말을 잘 들으면 살려줄 지도 모른다는 삶에 대한 기대를 갖고 있기 때문이라는 것이었습니다. 물론 어떤 경우에는 반항하고 발악하는 사형수도 없지 않다고 했습니다. 그러나 앞의 경우나 뒤의 경우나 그 행동의 표현이 정반대일 뿐이지, 삶에 대한 애착과 더불어 희망이 없는 것에 희망을 가진다는 데는 동일하다고 할 수 있습니다.

　요즘 우리 주위에 자살자가 많이 속출하고 있으며, 특히 10대에서 증가하고 있습니다. 그럼 자살자는 대체 어떤 사람들입니까? 물론 희망을 잃은 사람만이 현세의 삶을 포기하고 자살하게 될 것입니다. 그런데 자살자에게도 비록 이승에서는 희망을 잃고 스스로 목숨을 끊는다 해도, 이승에서 이룩하지 못한 것이 저승에서는 이룩되기를 기대하는 것은 분명하리라고 생각됩니다.

　자살자가 흔히 남기는 유서를 보면 '먼저 간다'든지, '후에 저승에서 만나자'든지, 또는 '두고 가는 사람의 행복을 빈다'든지 등, 항상 어떤 기대 속에서 죽고 있다는 것을 알 수 있습니다.

　'먼저 간다' '어디론가 간다'는 것은 무슨 뜻입니까? 그것은 물론 저승으로 먼저 간다는 뜻이지, 결코 허무로 돌아간다는 뜻은 아닙니다. 상당수의 경우는 유서도 남기지 않으나, 이 때에도 역시 고통으로부터의 해방을 기대하는 것은 마찬가지리라 생각됩니다. 또 다른 면으로 사회 불의와 부정, 학정(虐政)에 항거하는 뜻의 자살도 있습니다. 이런 때는 더 말할 것도 없이 그 죽음으로써 세상이 달라지기를, 곧 나아지기를 기대하면서 죽음을 택하는 것입니다.

　이승에서는 물론이요, 저승에서까지 아무것도 기대하는 것이 없는 가운데, 그야말로 절대적인 허무와 절망 속에서 자살하는 사람이 과연 있을까, 나는 의심합니다. 있다면, 어떤 허무주의적 작가의 작품 속에나 있을지 모르겠습니다.

헤르만 헷세는 「괴로움의 위안을 꿈꾸는 너희들이여」라는 책에서, 자살자는 '삶에서가 아니라 죽음에서 구제를 원하는 사람'이라고 말하고 있습니다. 그레함 그린(Graham Greene)의 작품 「인간의 심연(深淵)」에 나오는 주인공 스코비의 자살은 "주님이시여, 저는 사랑합니다"라고 끝맺고 있습니다.

'허무주의의 대표자'라고도 할 수 있는 니체에게도, 그의 신의 죽음과 같은 절망적인 상황 속에서도 무엇인가를 갈망하는 향수가 짙게 나타나 있습니다. 그가 한 말 중에 "영원(永遠)은 더욱 깊고 깊은 영원을 바란다(Ewigkeit will tiefer tiefer Ewigkeit)"라는 말이 있습니다. 이 말을 보면, 니체는 오히려 모든 인간의 심층심리, 즉 마음 깊은 곳에 있는 영원에 대한 갈망을 누구보다도 잘 표현하고 있다고 말할 수 있습니다.

한때, 우리 사회에서는 허무주의적 실존주의 작가 까뮤의 「다시는 자살을 꿈꾸지 않으리라」라는 책이 많이 읽힌 적이 있었습니다. 나는 이 책의 서문만 조금 읽었는데, 그것만 보아도 알 수 있었던 것은 까뮤를 단지 허무론자로 보면 안 된다는 것입니다.

그는 현실의 삶의 부조리, 무의미를 절망하면서 동시에 찬란한 지중해의 햇빛, 그리고 자유로운 삶을 얼마나 깊고 뜨겁게 열망했는지를 우리는 알 수 있습니다. 또한 무엇보다도 끈질긴 자살에의 유혹도 뿌리치고 넘어서서, 비극적인 생(生)에 대한 긍정의 국면을 깊이 있게 보아야 합니다.

이렇게 볼 때에, 인간은 누구나 어떤 경우에도 보다 나은 미래에 대한 희망을 의식, 무의식 중에 지닌 채 살고 있습니다. 그래서 희망은 인간성의 본질에 속한다고 할 수 있습니다. 뿐만 아니라, 인간이 희망하는 것은 보다 나은 자기 자신, 궁극적으로는 '자기 완성'을 소망하는 것이라고 보아야 할 것입니다.

동화에서 읽는 미래에의 꿈

그렇다면 인간의 인간다움, 즉 인간의 본질은 오히려 희망 속에서 찾아야 한다고 생각합니다. 즉, 희망의 달성이 곧 인간의 완성일 때, 참으로 본질적인 인간, 이상적인 인간상은 희망 속에 추구되고 있다고 해야 할 것입니다.

현재의 인간, 곧 '현재의 나'는 아직도 '있어야 할 나' '되어야 할 나'가 아닙니다. '현재의 나'는 '있어야 할 나' '되어야 할 나'를 '향해 있는 나'에 불과합니다. '참된 나'는 미래에 있습니다. 이렇게 볼 때, 참된 인간 사회, 참된 세상도 미래에 있습니다. 이 말은 현재는 인간 개개인에게나 한 민족에게나 인류 전체에 대해서도 부족하다는 것입니다. 그래서 개개의 인간도 민족도 인류도 미래를 꿈꾸며 살고 있습니다. 그리고 그 꿈은 동화와 흡사한 아름다운 것입니다.

어린 시절에 우리는 누구나 동화를 즐겨 읽습니다. 동화의 주인공들은 언제나 영웅, 귀공자 혹은 왕자이며, 특히 아름다운 공주와 만나고 사랑하며, 꿈 같은 궁궐 속에서 끝없이 행복된 인생을 보내는 내용이 대표적입니다. 여기에는 온갖 시련이 있지만, 그 모든 시련을 다 이겨 내고 악의 세력을 물리치는 등 선(善)과 정의의 승리를 표현합니다.

이것은 결국 인간이 어릴 때부터 꿈꾸는 것은 악에 대한 선의 승리, 보다 낫고 보다 아름다운 인간과 세계이기 때문입니다. 이러한 것을 볼 때, 인간은 분명히 미래지향적입니다. 민족도 인류 전체도 미래지향적이요, 이것이 곧 희망입니다.

그렇다면, 이 희망은 과연 충족될 수 있는가가 문제일 것입니다. 다시 말해서, 우리 인간에게는 확실히 충족할 수 있는 미래가 있는가? 그렇게 확실히 약속된 땅, 새 하늘과 새 땅이 있는가?

성경은 "그들의 눈에서 눈물을 씻어줄 것이다. 이제는 죽음이 없고, 슬픔도 울부짖음도 없을 것이다. 이런 것들이 다 사라져 버렸기 때문이다"(묵시 21,4) 라고 되어 있습니다. 이것이 바로 '새 하늘과 새 땅' 입니다. 이런 신천지가 올 것인가?

이런 미래가 확실히 있다는 사실을 우리가 만일 알 수 있다면, 그리고 확신을 갖는다면, 우리는 아마 가진 모든 것을 팔아서라도 이것을 얻으려고 할 것입니다. 이를 위해서 목숨을 바쳐야 한다면, 목숨까지도 바칠 각오를 가지게 될 것입니다.

그러나 이러한 각오에 앞서, 이렇게 충족될 수 있는 미래가 확실히 있다는 것을 과학적으로 증명할 길은 없습니다. 왜냐 하면, 과학은 언제나 존재하는 사물을 대상으로 한 실험을 통해서만 연구하는 것인데, 미래는 아직 있지 않고, 따라서 실험도 증명도 할 수 없기 때문입니다. 그러나 과학이 증명하지 못한다고 해서 미래가 없다고 부정할 수는 없습니다.

또한 과학은 미래를 부정하지도 않습니다. 오히려 과학자들은 어떤 의미로는 누구보다도 미래를 꿈꾸고 있습니다. 그들의 소망은 천 년 만 년이 걸려도 우주의 신비를 샅샅이 뒤지고 싶은 것입니다. 언제 그 날이 올 것인지는 아무도 모릅니다. 어쩌면 영원히 그 날은 오지 않을 지도 모릅니다.

미래 꿈꾸면서도 증명 못하는 과학

오늘날 과학은 굉장히 발달하여 우주 신비의 베일을 점차 벗겨 가고 있습니다. 그런데 이 우주가 얼마나 큰 지는 과학 역시 추측밖에 못합니다. 예를 들면, 우리가 보는 은하수는 그 자체가 하나의 큰 천체인데, 약 1천억 개의 별을 가지고 있다고 하며, 우리가 살고 있는 지구가 속하는 태양계는 겨우 그 가장자리에 있고, 이런 은하계가 우주 안에는 또 1천억 개가 있다는 것입니다.

이렇게 볼 때에 우주가 얼마나 광대한 지는 우리로서 상상조차 할 수 없습니다. 인간이 달 나라에 갔다는 것, 우주왕복선 콜롬비아호가 우주여행을 했다는 사실은 물론 굉장한 성취라고 할지라도, 우주의 광대함에 비하면 마치 '태평양을 걸어서 건너겠다는 사람이 발 하나를 겨우 바닷물에 담근 것이나 같다'고 말해야 할 것입니다.

우주는 워낙 커서 그렇다고 하지만, 이 대우주에 대해 '소우주(小宇宙)'라고 하는 물질의 원소에 대해서도 과학은 아직 그 끝이 어디인지 완전히 구명하지 못하고 있습니다. 원자가 최후의 단위가 아님은 전자·중성자 등의 발견으로 이미 분명해졌습니다.

언젠가, 텔레비전에서 원자를 분해하는 미국의 지하 연구시설을 본 일이 있습니다. 원자를 분해하기 위해 지은 지하 4킬로미터나 되는 굉장한 시설인데, 그 곳에서 원자를 분해해 본 결과 '쿼크'라는 것이 나왔지만, 과학자들 자신도 이 '쿼크'가 물질의 마지막 단위라고는 할 수 없다는 이야기를 합니다. '소우주'의 물질 세계도 어디서 끝나는지 모른다는 것입니다.

물질이기에 유한(有限)하고, 유한하면 그 끝은 반드시 있어야 하는 것이 원칙인데, 그것을 모른다는 것입니다. 대우주는 워낙 광대해서 아직은 모른다 해도 이해가 갑니다. 그런데 우리 눈으로써는 볼 수 없고 현미경, 아니 그보다도 더 섬세한 관찰 장비로써만 볼 수 있는 물질의 원소, 즉 그렇게 작은 것이 그 끝나는 데가 어디인지, 오늘의 과학도 아직 모른다는 것을 우리는 이해하기 힘듭니다.

그러나 이것은 사실입니다.

그렇다면, 오늘의 과학 지식의 발달은 우주의 신비, 존재의 신비, 생명의 신비 앞에 어디까지 와 있는 것일까를 생각하지 않을 수 없습니다. 파스칼은 이렇게 말했습니다.

"인간이 알고 있는 모든 지식은 인간이 알아야 할 지식에 비하면, 그것은 대양같이 넓은 바닷물에 비해서 물방울 하나에 불과하다."

나는 결코 과학을 경시하는 의미로 이런 말을 하는 것은 아닙니다. 오히려 과학이 더욱더 발전되기를 바랍니다. 다만, 오늘의 인류가 자랑하는 과학도 우주 만상의 신비 앞에서는 얼마나 미미한 것인가를 지적하기 위해서입니다.

어떻든 과학은 그 자체 실험을 전제로 해야 하기 때문에 아직도 도래하지 않은 미래에 대해서는 말할 수 없습니다. 과학도 추리밖에 할 수 없으며, 미래를 증명할 수도 없습니다.

이미 말씀드린대로 인간은 분명히 미래지향적입니다. 만일 미래가 없다면 이보다 더 허무하고 모순된 것은 없을 것입니다. 만일 미래가 없다면, 인간이 존재하지도 않는 미래에다가 모든 희망을 걸면서 살고 있다는 것은 모순도 이만저만한 모순이 아니요, 모든 인간은 결국 '정신 이상'에 걸렸다고 말하지 않을 수 없습니다. 그러나 어느 정신과 의사도 이 때문에 인간이 '정신병자'라고 진단한 일은 없습니다. 오히려 어떤 사람이 전혀 미래에 대한 희망을 지니고 있지 않다면, 이것이야말로 정신적으로 무엇인가 '고장이 나 있다'고 할 것입니다.

미래는 비록 과학적으로 증명하지 못해도 분명히 있어야 합니다. 미래를 지향하고 있기 때문에 인간은 끊임없이 전진하고, 또 여기서 발달·발전이 옵니다.

인간이 「나그네 심정」 갖는 까닭

그러면 인간이 지향하는 미래는 어떤 미래이어야 하는가? 그것은 인간의 모든 꿈과 소망, 모든 동경, 향수, 그리움을 채워 주는 것이어야 합니다. 그것은 곧 영원하고 무한한 행복이어야 합니다. 생명과 빛으로 가득 차 있고, 가장 아름답고, 가장 거룩한 것이어야 합니다. 이는 곧 영원하고 무한한 존재, 즉 진선미(眞善美) 자체요, 또한 생명과 사랑 자체이신 하느님입니다.

인간은 결국 의식, 무의식 중에 이 하느님을 갈망하고 있습니다. 어떤 사람은 그 이름을 '하느님'이라고 부르지 않을 수도 있습니다. 그냥 '사랑'이라고 할 수도 있고, '생명' 또는 '끝없는 행복'이라고 할 수도 있습니다. 그러나 결국은 같습니다.

예컨대, 사랑을 본다면, 인간은 어떤 사랑을 찾고 있습니까? 그것은 영원하고 무한하고 가장 아름답고 완전한 사랑입니다. 그 사랑은 결코 추상적인 것을 뜻하지 않습니다. 추상적인 것이면 비존재(非存在)일 수 있습니다. '비존재'는 사랑할 수 없습니다. 그러기에 참 사랑은 존재 자체이며, 동시에 살아 있는 어떤 존재이어야 합니다. 이 존재를 우리는 '하느님'이라고 부릅니다. 그래서 결국 모든 인간은 이 하느님을 희망하고 갈망하는 것입니다.

모든 인간은 크든 작든, 또는 스스로 불신자, 혹은 무신론자라고 주장할지라도 — 보지도 못하고, 듣지도 못하며, 경험하지도 못하면서 미래에 대한 희망을 지니고 사는 한 — 그는 이미 어떤 의미로든지 미래를 보고 있는 사람입니다. 곧 무의식 중에나마 미래를 믿고 있는 것입니다. 왜냐 하면, 이 믿음이 없이는 미래에 대한 희망을 지닐 수 없기 때문입니다. 그리고 무의식 중에나마 그가 믿는 미래는 무한하고 영원하며 완전해야 합니다.

그리스도인이란 별다른 사람이 아닙니다. 모든 사람이 크든 작든, 무의식 중에 믿음을 가지고 있는 데 비해, 그리스도인은 이것을 더욱 뚜렷이 인정하고 있는 사람일 뿐입니다.

물론 그리스도인의 믿음은 모든 인간이 일반적으로 지닌 막연한 기대와는 결코 다른 것입니다. 그는 하느님이야말로 우리 희망의 전부임을 굳게 믿는 사람입니다.

다시 말해, 우리가 인간으로서 지닌 희망의 대상은 바로 하느님임을, 그리고 그분이 우리의 희망을 달성시켜 주기 위해 우리를 지극히 사랑하고 있음을, 그 사랑 안에서 우리에게 거듭거듭 당신을 계시하는 말씀을 하였음을, 드디어는 그 말씀이 인성(人性)을 취하여 사람이 되어 왔고 이분이 바로 예수 그리스도임을, 그 때문에 예수 그리스도야말로 우리의 희망이요, 그분 안에 우리의 모든 희망의 성취가 있음을 굳게 믿는 사람들입니다.

○○

> 태양이 구름에 가려 빛나지 않을지라도
> 나는 태양이 있음을 믿습니다.
> 사랑이라곤 조금도 느껴지지 않을지라도
> 나는 사랑을 믿습니다.
> 하느님께서 침묵 속에서 계시더라도
> 나는 하느님을 믿습니다.

이 시는 제2차 세계대전 중 독일의 쾰른 땅에 군사용으로 건설된 지하동굴 속에 새겨져 있었습니다. 우리는 누가 이 시를 썼는지 모릅니다. 그러나 이 시를 쓰신 분이 얼마나 깊은 믿음을 가진 신앙인이었는가를 우리는 쉽게 알 수 있습니다. 전쟁의 막바지에, 어둡고 습기찬 동굴 속에서도 이분의 눈은 빛나는 태양을 볼 수 있었고, 이분의 마음은 따뜻한 사랑에 차 있었으며, 마치 하느님이 안 계신 듯 침묵만 지키시는 절망과 공포 속에서도 이분의 믿음은 하느님을 신뢰하고 하느님에게 희망을 거는 것이었습니다.

내일을 산다는 뜻은

●●●

　인간은 자기 고향, 자기 집에 살면서도 삶 전체를 참으로 평화롭게 받아들이지 못하는 나그네 같은 심정을 갖고 있습니다. 이 나그네 심정은 인간의 참된 고향이 하느님이기 때문이라고 생각합니다. 이 세상에서 그분과의 깊은 만남 속에서만 비로소 인간은 어떤 평안을 누릴 수가 있을 것입니다.

＊ 그레함 그린 영국의 소설가. 전후 실존주의 영향과 함께 행동주의 문학을 표방.「권력과 영광」「사랑의 종말」, 영화화된 「제3의 사나이」 등의 저서가 있다.

사랑이 있는 곳에 정의가 숨쉰다

빛을 갈망하는 현대인

오늘날의 인류 사회는 어느 때보다도 그리스도의 사랑과 평화를 갈망합니다. 목마른 사슴이 시냇물을 찾아 헤매듯, 메마른 대지가 하늘을 우러러 비를 애원하듯, 오늘날의 세계는 정녕 영원히 끊이지 않는 맑고 시원한 생명의 물을 소망하고 있습니다.

오늘날의 인류 사회는 물질문명에 있어서는 인류 발전 사상 가장 찬란한 시기라고 말할 수 있습니다. 그러나 정신면에서는 거의 암흑 시대입니다. 윤리와 도덕은 녹이 슬었고, 종교는 퇴색되었습니다. 사랑은 얼어붙고, 정의와 진리도 이젠 낡은 말이 되고 말았습니다. 인생의 의미조차도 정녕 있는지 의문시되고 있습니다.

이제는 몇십만, 몇백만의 귀중한 인간 생명을 천재지변으로 빼앗겼다 해도 잠시의 쇼킹한 뉴스로 전락하고 맙니다. 인정은 확실히 메말랐고, 정신은 빛을 잃었습니다. 참으로 역사의 '밤은 달려서 한 허리에 다다랐다' 해도 과언이 아닙니다.

왜 인간과 인류 사회가 이같이 어두워졌습니까?
우리는 진정 사랑과 정의와 진리를 포기한 것입니까?
세상은 참으로 빛을 단념했습니까?

아닙니다. 어디서도 그것을 참되이 보고 체험할 수 없었을 따름입니다. 심지어 세상의 빛, 사랑의 교회로 자처하는 우리들 안에서도 그 증거를 보지 못하기 때문입니다.

오늘의 시대는 오히려 어느 때보다도 빛을 갈망합니다. 사랑을 갈망합니다. 정의와 진리를 추구하고 있습니다. 왜냐 하면, 마음과 정신과 세상이 너무나 캄캄하기 때문입니다.

● ●

빛은 있습니다. 그것은 우리 마음에서 이웃에 대한 일체의 미움을 몰아내고 사랑의 등불을 우리 스스로 밝힘으로써 가능합니다. 우리가 서로 참으로 사랑하고 위할 줄 알면, 그 때 우리 앞을 밝히는 빛이 솟아 오르고 우리가 바라는 그 아름다운 새 날이 밝아 올 것입니다.

「죽더라도 거짓이 없어라」

모든 인간은 행복을 추구하고 있습니다. 하지만 이 행복은 어디서 옵니까? 돈도 좋고 권력도 좋지만, 이런 것이 인간의 행복의 전부라고는 아무도 말할 수 없습니다. 오히려 반대로, 현대는 너무나 물질 위주로 나아간 나머지, 물질적 가치가 인간을 행복하게 만들기보다는 불행하게 만드는 경우를 더 많이 봅니다.

그렇다고 해서, 의식주 문제가 중요하지 않다는 것은 아닙니다. 아주 중요합니다. 그러나 참된 행복은 마음의 평화입니다. 그리고 이것은 인간이 참되게 살 때, 사랑을 주고받으며 살 때입니다. 바로 인간이 '진리의 인간' '정의의 인간' '사랑의 인간'이 될 때, 우리는 진실히 행복과 평화를 누릴 수 있습니다.

진리, 정의, 사랑, 더 나아가 자유에 대한 인간의 갈망은 오늘날 그 어느 때보다도 큽니다. 이런 것이 있을 때, 물질적 가치도 인간에게 보탬이 되는 소중한 것이 될 수 있습니다.

그런데 인간은 왜 진리, 정의, 사랑, 자유를 필요로 합니까?
이것이 없으면 인간답지 못하기 때문입니다. 왜 그렇습니까?
사람은 무엇입니까? 또 진리·정의·사랑·자유는 무엇이기에 인간이 필요로 해야 합니까? 우선 진리를 예로 들어 봅니다.

진리는 무엇입니까? 진리란 추상적인 것, 존재하지 않는 것입니까? 그렇다면, 인간은 진리를 반드시 필요로 하지 않아도 됩니다. 또 진리가 수학적·물리화학적 원리 같은 것입니까?

우리가 찾는 진리는 그런 것도 아닙니다. 우리가 찾는 진리는 인간의 지성과 마음을 밝혀 주는 빛이요, 인간을 다시 살리는 생명이요, 인생을 올바르게 인도해 주는 길입니다.

그렇다면, 이런 진리는 추상적인 것일 수는 없고, 수학적·물리화학적 원리에 불과할 수는 더욱 없습니다. 진리는 존재하는 것, 인간이 존재하는 이상으로 존재하고, 인간이 살고 있는 이상으로 살아 있는 것, 생명 자체인 어떤 분입니다. 바로 진리 자체이신 하느님입니다. 사람이 이 진리를 필요로 하는 것은 사람이 이 진리 자체이신 하느님의 모습에 따라서 만들어졌기 때문입니다.

● ●

예수님이 우리 안에 살아 있다는 것을 증거하는 길은 그 진리의 말씀을 말로써 전하는 데 있지 않고, 그 진리를 몸으로 증거하는 데 있습니다. 특히 진리가 가려진 사회 속에, 진리의 소리가 질식되어 있는 사회 속에서 그것을 증거한다는 것은 그 진리 때문에 수난을 당하는 길밖에 없습니다.

마찬가지로 정의의 증거, 사랑의 증거가 그러합니다.

살아서 어두움과 싸워 이긴 자만이 죽어서 그 어두움을 밝히는 빛이 됩니다. 그리스도가 그러했고, 우리의 모든 순교 선열들이 그러했습니다. 도산 안창호 선생은 다음과 같은 교훈을 겨레에게 남겼습니다. "진리는 반드시 따르는 사람이 있고, 정의는 반드시 이룩될 날이 있다. 죽더라도 거짓이 없어라!" 이 말을 우리 모두가 오늘 이 시간 마음 속 깊이 새겨야 하겠습니다.

● ● ●

도산 안창호 선생이 독립운동을 할 때에, 그 독립운동은 아주 고귀한 목적이었습니다. 그러나 내가 그를 더욱 존경하게 된 것은 독립운동을 하면서 그가 취한 태도랄까, 철학적 자세에 있습니다.

그는 어디까지나 진실을 바탕으로 해서 민족의 독립과 자주를 차지해야 된다고 외쳤습니다. 독립 투쟁을 한 분 중에서 안창호 선생 같은 분이 없다고 봅니다.

여기서 우리가 생각해야 될 것은, 목적이 아무리 고귀하다 하더라도 목적에 달하는 과정이 고귀한 목적에 수반될 만큼 고귀하지 않으면 안 된다는 점입니다. 과정을 무시하고, 과정은 어떤 과정을 써도 좋다고 하면 큰 문제입니다. 결코 목적이 수단을 정당화시킬 수는 없습니다.

세계적으로 존경을 받았다고 볼 수 있는 인도의 간디도 같은 말을 했습니다. 그분은 인도 민족의 독립 투쟁을 취하면서, 만일 진리를 희생시켜서 독립을 얻어야 한다면, 차라리 인도 민족의 독립을 포기하겠다는 것과 비슷한 뜻의 말을 했습니다.

안중근 의사의 고매한 인격

위대한 나라라는 것은 경제 대국이 되는 데 있는 것이 아니라, 보편적 인류애와 민족 정기를 바탕으로 세계를 품을 수 있는 큰 인물이 많이 나와 정신적으로 성숙해 가는 것을 말할 것입니다.

안중근 의사는 일본군을 포로로 잡아 "너희들은 천황의 뜻을 어기고 어째서 조선 독립을 침해하는 이등(伊藤)의 군대가 되었느냐"고 훈시하고는, 동지들에게 이들을 풀어 주라고 했습니다. 이 때 포로들은, 붙잡히는 것은 일본군의 수치이므로 총을 돌려 달라면서 포로가 된 사실도 숨겨 달라고 했습니다. 그러자 안 의사는 무기를 돌려 주며 놓아주도록 했습니다.

옆에 있던 독립투사들은 "우리는 잡히면 죽일 텐데요" 하며 이해를 못하자, 안 의사는 "그렇다면 4천만 일본인들을 다 죽여서 독립을 하겠다는 거냐?" 라고 말했다는 일화는 깊은 감명을 줍니다. 일본인들 가운데에는 오늘날까지도 안중근 의사의 그 고매한 인격을 자손에게 전하며 숭앙하는 사람들이 있다고 합니다.

● ●

사회 분위기가 개방적이 되어야 합니다. 경직 속에서는 진정한 목소리도 안 들리게 됩니다. 진실이 감춰지지 않고, 자유롭게 보고 듣고 생각하고 말할 수 있게 되어야 합니다.

무엇보다도 자유·정의·진실의 회로(回路)를 정상화시켜 나가는 것이 시급하고, 양심과 말과 행동이 일치되는 사회라야 갈등이 없어지고 사랑이 꽃피어 납니다. 즉, 모든 일은 이치에 맞게 추진해 나가야 합니다. 양심을 침묵으로 감싸는 경우, 좌절의식에 빠지고 '살아남기주의' '냉소주의'가 되기 마련이며, 같은 때 같은 곳에 있을 뿐이지 민중은 모래알처럼 힘이 없어져 민족적 단결이나 발전을 기대할 수 없게 됩니다.

종교도 마찬가지입니다. 민족사가 어떻게 돌아가는지 오불관언(吾不關焉)한다면 종교를 어떻게 보겠습니까? 종교에 대한 태도가 무슨 척도라도 있는 것처럼, 어떤 때는 본연의 자세를 망각했다고 비난을 하니…….

애국도 그러합니다. 권력자가 애국을 독점하면 국민은 무감각해지고, 정의가 강요되면 감각이 흐려지는 법입니다.

인간을 가장 아름답게 하는 것

우리가 정의를 추구하는 근본적인 이유는 인간을 사랑하기 때문입니다. 그러므로 우리가 정의를 추구하면서 미움을 가지면, 그것은 이미 사랑이 아닙니다. 사랑에 기초하지 않으면 정의가 아닌 것입니다.

라틴말 격언에 '극단의 정의는 극단의 불의'라는 말이 있습니다. 셰익스피어의 작품 「베니스의 상인」을 보면, 수전노 샤일록은 빚장이에게 저당으로 잡힌 한 파운드의 살덩이를 내놓으라고 재판을 합니다만, 그것이 정의는 아닙니다.

내가 공산주의를 싫어하는 이유 가운데 하나가, 공산주의는 '미움의 교육'을 시키기 때문입니다. 아주 어릴 때부터 총칼을 가지고 '양키들'을 쳐부수는 교육을 시키는데, 그것은 인간을 비인간화하는 아주 무서운 겁니다.

박정희 대통령 때 '초전박살'이라든지 '때려잡자 김일성'이라든지 하는 표현들이 있었는데, 내가 그런 표현을 쓰지 말자고 한 적이 있었습니다. 아무리 김일성이 밉더라도 아이들이 그같은 표현을 쓰기 시작한다면, 실제로 김일성을 때려잡기 위해서는 한참 걸릴 테니, 우리 사회 안에서부터 누굴 먼저 그렇게 하게 된다고 말입니다. 그것은 심성을 파괴하는 표현입니다.

또 '이웃집에 오신 손님, 간첩인가 다시 보자'는 표어도 있었는데, 물론 신고도 해야 되고 간첩도 잡아야 되지만, 이렇게 하면 우리 정부가 불신 사회를 없애자면서 불신 사회를 만드는 결과가 됩니다.

마찬가지로 우리가 정의를 위해서 싸운다 하더라도, 자기 스스로가 악의 세력과 같은 악이 되어서는 안 됩니다. 정의를 위해 싸우는 것은 사랑의 사회를 만들기 위해 인간을 사랑하기 때문입니다. 그러므로 사랑의 사회를 추구하는 사람이 미움을 가져서는 안 됩니다.

바로 이 정의와 사랑이 오늘날 우리의 사회 현실이 가장 절실하게 요구하는 윤리 덕목입니다. 사랑은 인간을 가장 아름답게 만드는 덕행이며, 모든 악의 씨앗을 제거하는 해독제입니다.

사도 바오로의 '사랑의 찬가'에 있듯이, 사랑은 남을 시기하지 않으며, 남에게 오만하지 않으며 사리사욕에 급급하지 않습니다. 그러므로 이웃에 대한 사랑이 두루 퍼져 있는 사회에서는 중상 모략이나 불화에서 불화로 끝나는 정치 선전 같은 것이 있을 수 없는 것입니다. 또 넉넉하고도 남는 풍요한 생활을 하면서 얼마를 떼어 남에게 준다는 것은 진정한 사랑이 아닙니다.

우리는 모두가 잘 살자는 것이며, 잘 살되 정당하게 살자는 것입니다. 그러므로 진정한 사랑의 사회는 정의를 바탕으로 해야 합니다. 정의는 인간이 자기의 권리를 요구하는 것으로써 각자가 자기의 권리를 침해당하지 않으려면 먼저 다른 사람의 권리를 침해하지 않아야 합니다.

인간은 자기와 가정의 영예로운 생활을 위하여 일하고 정당하게 살 권리를 가지고 있습니다. 남의 권리를 침해하여 남에게 돌아갈 몫을 착복하고 남의 희생으로 치부하는 사람은 빨리 잘 사는 것 같지만, 결국에 가서는 나도 남도 다 한꺼번에 망하고 마는 것입니다. 일을 시키는 사람은 정당한 품삯을 지불해야 할 것이며, 일하는 사람은 일한 만큼의 품삯을 받아야 할 것입니다.

우리가 흔히 경시하는 일이지만, 정의의 이념은 한 가정 안에서도 적용됩니다. 한 가족의 생활 책임을 맡은 가장은 자기 가족 모두에게 분수에 맞는 생활을 보장해야 할 의무가 있습니다.

만일 어떤 가장이 한 달 봉급을 가족을 위하여 쓰지 않고 자기 개인의 쾌락이나 사치를 위하여 탕진한다면, 국가 법의 제재는 받지 않는다고 하더라도 윤리적인 면에서는 정의의 정신을 짓밟는 것이 될 것입니다. 일을 마친 후, 술집에서 돈과 시간을 낭비하고 자정을 때리는 시계 소리와 함께 집 문턱에 들어서는 사람이 많으면, 가정은 파경에 이르고 가정의 파탄은 사회악을 조장하는 결과를 초래할 것입니다. 우리 사회에 정의의 질서가 올바로 잡히고 남을 도와 주는 사랑의 정신으로 유대를 맺을 때, 우리는 모두 잘 살게 될 것입니다.

끊어 내야 할 미움의 고리

자유가 있는 곳에서만이 정의가 숨쉴 수가 있습니다. 사회 각 분야가 자율 속에 다양한 활력을 가질 때, 사회 정의는 실현됩니다. 하나의 시각, 하나의 목소리만이 용납되는 사회에서는 사회 정의가 숨쉬고 자라날 여백이 없습니다. 한 갈래의 생각과 판단, 오직 그 목소리만이 지배하는 사회, 자유를 본질로 하는 예술과 창작과 출판의 영역에까지 획일성이 요구되는 사회 속에서는 발전도 이루어질 수 없고 정의가 구현될 수도 없습니다.

그러나 사회 정의는 저절로 주어지는 것이 아니라 각 분야가 자신들의 자율성을 가지고 본분에 맞게 그 사회적 기능과 역할을 수행할 때 비로소 창출되는 것입니다. 요컨대, 부정이나 불의·부패가 자라날 여건을 없게 하는 것이 사회 정의를 실현하는 첫걸음입니다.

사회 정의는 사회 공동체의 도덕성과 그 구성원 모두의 공동 노력의 총화입니다. 그것을 위해 우리 모두가 어느 분야에서 일하건 간에 자신이 가지고 있는 그 도덕적 역할을 수행해 내야 한다고 봅니다. 이를 위해, 나는 신뢰를 갖는 것이 중요하다고 생각합니다.

정부는 국민을, 국민은 정부를 신뢰하고, 궁극적으로는 인간성에 대한 신뢰를 가져야 한다고 봅니다. 인간의 내면에 자리잡고 있는 인간성에 대한 신뢰야말로 이 사회가 더 이상 타락하고 부패하지 않게 하는 우리 자신의 내재적 힘이 될 수 있습니다. 서로가 서로의 인간성에 대한 신뢰를 갖고 있으면 대화가 가능해지고 모든 문제의 평화적 해결에 희망을 걸게 됩니다. 믿음이 아닌 불신, 사랑이 아닌 미움을 청산하지 않고는 아무것도 해결되지 않습니다.

그런데 지금 우리 사회는 불신과 미움이 날로 확대되어 가고 있습니다. 그 미움의 고리를 끊어 내야 합니다. 그 미움으로부터 해방된다면, 우리 사회는 한결 훈훈해질 것입니다.

또 우리 사회는 우리 사회를 지탱해 주는 안전판이라고 할까, 평형축이라고 할까 하는 것이 없습니다. 물론 사회의 각 분야가 자율성 속에 자기 기능을 한다면 별 문제가 없겠지만, 그렇지 못한 상황 하에서 이러한 도덕적 힘의 존재는 더욱 절실합니다. '전부가 아니면 안 된다'는 논리가 지배하고 있으며, 이 사회를 지탱하고 도덕적 평형을 유지시키는 건강한 중간층이 없어져 버렸기 때문입니다.

이 사회를 양 극단으로부터 지켜 내고 바로 세우는 도덕적 힘을 창출하는 것이 중요합니다. 의도적인 무관심과 나 혼자만이 살아 남으려는 생각을 버리고 우리 문제를 온몸으로 끌어안되, 어느 한 쪽에 치우치지 않는 시각으로 그 해결책을 찾는 노력이 시급하다고 봅니다.

제 **2** 부

삶의 길목에서

나는 원래 평범한 사람으로 살고 싶었습니다. 어릴 때부터 양지 바른 곳에 있는 집을 보면, 저런 데서 평범한 한 가장으로서 자식들과 살면 얼마나 좋겠는가 하는 생각을 했었습니다. 성장하면서도 늘 그런 생각을 해서, 기차를 타고 어디 갈 때도 어스름하게 해가 질 무렵, 조그만 집에서 연기가 올라오는 걸 보고는, 저 집은 얼마나 단란하겠는가 생각하면서 나 자신을 그 집의 주인공으로 상상해 보곤 했었습니다. "아! 그렇게 됐으면 얼마나 좋을까……."

새 생명을 위하여

생명을 죽이는 어머니들

우리가 추구하는 가치 가운데 제일 큰 가치는 생명이며, 생명 중에서도 인간의 생명입니다. 다른 가치들은 모두 인간의 생명을 위해 존재하는 것입니다. 예수님도 "사람이 세상의 모든 것을 가진다 해도 자기 생명을 잃으면 무슨 소용이 있겠느냐"라고 말씀하였습니다.

낙태는 바로 한 생명을 인간이 인위적인 방법으로 말살하는 것입니다. 요즘 많은 사람들이 태아는 인간이 아닌 것처럼 생각하고 눈에 보이지 않는다고 하여 낙태를 쉽게 생각하고 있습니다.

현대를 살아가는 한 사람 한 사람에게 자신의 생명이 언제부터 시작되었느냐고 물으면, '어머니 태중에 임신된 순간부터' 라고 말할 것입니다. 내 생명이 그렇다면, 남의 생명도 그렇게 인정을 해야 합니다. 그런데도 우리들이 생명을 죽여 가고 있으며, 특히 어머니들이 거기에 동참하고 있습니다.

여성은 특별히 하느님으로부터 생명을 낳고 기르고 보호하는 임무를 받았습니다. 어머니로부터 생명의 가치가 무너질 때, 여타의 가치를 어떻게 심고 가꿀 수 있겠습니까? 지금 세계 도처에서는 윤리와 도덕적 가치가 무너지고 있습니다. 이것의 근원적 책임은 바로 태아의 생명을 소중하게 여기지 않기 때문입니다.

그렇다고 하여, 무조건 아이를 낳으라는 것은 아닙니다. 보다 합리적인 방법, 자연적인 조절 방법이 있지 않습니까? 지금 많은 의사들도 이 방법은 부작용이 없고 부부 관계도 사랑으로 묶어 주는 좋은 방법이라고 말하고 있습니다.

인간이라면 어떤 의미로는, 그런 점에 있어서도 자기 노력이 필요하다고 봅니다. 자기 희생이 있어야 합니다. 모든 좋은 일과 선한 일에는 희생과 노력이 따릅니다. 희생과 노력 없는 선행과 좋은 일이란 없습니다. 그런데도 우리는 너무나 쉽게 문제를 해결하려고 합니다. 쉬운 방법만 쓸 뿐 자기 억제는 전혀 안 합니다. 그러다가 뜻대로 안 되면 태아를 죽이고……. 이것은 결코 인간의 행위가 아닙니다.

인간은 생각할 줄 알고, 인내할 줄도 알고, 참된 가치가 어디에 있는지 반성할 줄도 알고, 희생도 할 줄 알아야 합니다. 희생할 줄 알아야 사랑도 할 줄 아는 것입니다. 이런 것을 외면하니 인간은 자꾸 경박해지고, 또 억제할 것을 억제하지 못하니까 더욱 경박해지고, 그로부터 생명경시 풍조가 만연하는 것이 아닌가 생각합니다.

정말 아름다운 모성애

모성애는 태아로부터 시작됩니다. 임신 중의 어머니가 극약을 먹거나 신경안정제를 잘못 선택하면, 태아가 기형아가 되기 쉽습니다. 이것을 아는 어머니는 태아의 건강을 위해 자기 자신이 좀 불편하더라도 약물 치료를 조심할 만큼, 어머니는 태아를 사랑하고 그 생명을 존중합니다.

많은 산부인과 의사들이, 모체(母體)의 생명을 구하기 위해 태아를 제거해야 한다고 권유해도, 태아만 살 수 있다면 자기 목숨과 바꾸겠다고 수술을 거부하는 어머니를 보았다고 증언하고 있습니다. 이것이

새 생명을 위하여

바로 자연의 법칙입니다.

직접 태아를 제거하지 않고 모체의 생명을 구하려고 약을 쓰거나 수술함으로써 태아가 희생된다면 살인은 아니련만, 그래도 많은 어머니들은 이것마저도 극도로 마음 아프게 생각합니다. 정말 아름다운 모성애의 특징이 아닐 수 없습니다.

그런데 일부의 부도덕한 여성들은 아기를 짐스럽게 생각하고 임신중절 수술을 자원하는가 하면, 때로는 결혼 전에, 또 결혼할 수 없는 사이에서 불륜을 저지르고 이를 은폐하기 위해 임신된 태아를 제거해 버립니다. 이것은 인간 가치의 질서를 뒤집어 놓는 죄악입니다. 자신의 체면을 태아의 생명보다 앞세우는 것입니다.

명예나 윤택한 경제생활이나, 더구나 향락 따위가 결코 생명권을 능가할 수는 없습니다. 생명을 제거할 수 있는 단 한 가지의 가치는 생명뿐입니다. 자신의 생명을 구하기 위한 정당방위와 긴급피난만이 허용될 뿐입니다.

성의 쾌락은 사랑의 유린

어머니의 심리 속에 자기 자신의 모태에서 자라는 아이를 죽일 만한 마음이 있다면, 경제가 아무리 발달해도 사랑의 뿌리를 근본적으로 말살하는 것입니다.

이렇게 말하면 당신은 독신 생활을 하니까 걱정 없으므로 남의 얘기를 한다고 할 지도 모르지만, 만일 부부에게 자녀의 수가 문제된다면 서로가 노력해서 필요할 때 절제를 지켜야 합니다. 아내가 싫을 때, 남편은 강요하지 말고……. 이 방면의 전문가에게 들었는데, 부부의 사랑도 절제를 통해서 더 깊어진다고 합니다.

인간이라는 것이 무엇입니까?

선을 위해서 어려움을 극복해 가는 것이 인간적이지 않습니까?

현실적으로 성(性)의 문제는 인간이 자기 콘트롤을 못할 만큼 개방되어 있습니다. 이것이 과연 인간적인 것이냐 비인간적인 것이냐 하는 문체는 차치하고라도, 현재 성의 문제에서 파생되는 여러 가지 인구 문제 등이 비인간적인 방법으로 해결되고 있음은 사실입니다. 성이란 것은 가장 소중한 인간의 것, 남녀가 신성하고 소중하게 서로 주고받는 것인데도 말입니다.

••

사랑과 섹스, 육체와 영혼에 대해 생각해 봅니다. 일부에서는 사랑과 섹스는 별개인 것처럼 여기고 있는 것 같은데, 성을 쾌락의 수단으로 취급한다면 성 자체가 유린되는 것입니다.

인간에게 성은 극히 중요합니다. 성은 사랑을 깊게 해 주며, 동시에 사랑으로써 성을 나눌 때 충족감을 느끼는 것입니다. 나보고 경험도 없이 말하느냐고 할지 모르지만, 그것은 관찰에서 얻어진 결론입니다. 성이 쾌락의 수단으로 전락하면, 인간은 내적으로 황폐해지기 마련입니다. 요즘의 헤도니즘(hedonism; 쾌락주의)은 위험합니다.

순결도 그렇습니다.

인간은 영육 일체의 존재라는 점을 강조하고 싶습니다. 육체와 영혼의 어느 한 쪽이 깨끗하다고 해서 '순결하다'고 볼 수는 없습니다. 영혼을 건드리지 않고 육신만을 더럽힐 수는 없습니다. 육체를 범했다면, 그 영혼까지 침범한 것입니다. 반대로 육체가 깨끗하다 해도 그 마음이 돌 같고 이웃에 대한 사랑의 감정이 없다면, 그런 사람을 순결하다고 볼 수는 없습니다. '참된 순결은 이웃에 대한 사랑'이라는 점을 강조하고 싶습니다.

중학생까지 미혼모가 되다니…

학병(學兵) 친구였던 전 경제기획원 장관 김학렬 씨가 살아 있을 때의 일입니다. 어느 날 우연히 만난 일이 있었는데, 나보고 인구 문제에 교회가 너무 보수적이라고 말하더군요. 그래서 내가 낙태 등이 용인되면 성윤리가 문란해지고 사회의 도덕적 부패를 가져와 이혼 가정과 미혼모가 많이 생기게 되는데, 그런 문제가 역으로 우리 경제에 끼칠 영향을 계산해 보았느냐고 물어 본 일이 있었습니다.

● ●

요즘 강력범이랄지, 청소년들의 심성이 거칠어지고 있는 것이 사회적 이슈가 되고 있습니다. 그런가 하면, 외국에서는 10대의 자살률이 높은 것이 사회 문제로 되고 있습니다.

문제는 가치관입니다. 예컨대, 옆 집이 우리보다 훨씬 잘 산다, 우리가 그만큼 살자면 무슨 방법이 있는가를 궁리할 때, 식구들이 많다고 한다면 머리 수를 줄이자고 할 겁니다. 그런데 식구들이 결론을 내리기를 '눈 뜨고 있는 놈은 못 죽이겠으니 배 안에 있는 놈을 죽이자'했다고 할 때, 그 가정의 가치관은 어떻게 되겠습니까?

우리의 빈곤이 인구에 있습니까? 그걸 과학적으로 증명할 수 있습니까? 그런 문제에 접근하고 있는 인구 정책이라는 것이 근원적으로는 생명에 대한 존엄성을 무시하고 있습니다. 숫자 계산만 앞세워, 해마다 대전만한 인구가 생기느니, GNP와 쌀 생산량은 얼마인데 인구만 늘어 간다고 말합니다. 그러나 약국 등에서 피임 기구를 파는 데서 오는 성윤리의 문란이나 미혼모 문제에는 등한시합니다. 가톨릭의 수녀님들의 어느 공동체가 미혼모 문제를 다루고 있는데, 그 연령이 중학생까지 내려갔다는 이야기를 들었습니다.

지나치게 인구 조절을 하면 가정도 파괴되고, 경제나 생산에도 영향을 미칠 것입니다. 형도 누나도 동생도 사촌도 육촌도 다 없어집니다. 부모가 죽으면 자식들은 천애의 고아가 되고 맙니다. 인간은 인간관계를 가지고 살아야 합니다. 때문에 아이들이 인간다운 심성을 가지고 자랄 수 있느냐 하는 것이 중요하고, 그렇지 못한 환경에서 자랐기 때문에 거칠어지고 사회 문제로 되는 것입니다.

생명을 택하여라!

가끔 학교 성적이나 대학 입시로 자살하는 청소년들을 볼 수 있는데, 이같은 생명경시 현상은 자살하는 아이들에게서 시작된 것이 아니라 기성 세대들로부터 시작된 것입니다. 기성 세대가 인간을 경시하고 생명을 경시했기 때문입니다.

우리 산업이 고도로 발전되기는 했지만, 참으로 그 과정에서 근로자들의 생명이나 안전을 얼마나 존중했느냐고 따져 보면, 몇십 명이 산업체 속에서 병들어 가고 죽어 가도 경제만 발전되면 된다는 의식이 깔려 있습니다. 인간 생명에 대해 근본적으로 존중하지 않았습니다. 또 교회로서 특별히 생각하고 있는 인구 조절 내지는 인구 억제에 대한 문제도 그렇습니다. 정부로서도 단순하지는 않겠지만, 그러나 분명히 인간 생명인 태아를 얼마나 쉽게 낙태를 통하여 죽였습니까? 우리나라만 해도 1년에 공식 통계 외에 두 배는 될 것이라는 이야기를 들었습니다.

근본적으로 인간 생명에 대한 경시 태도 때문입니다. 그런 마음을 어머니들이 갖고 있고, 특히 정치하는 이들이 갖고 있고, 경제하는 사람들이 갖고 있습니다. 거기서 나온 아이들이 생명경시 현상을 일으키는 것은 당연하다고 봅니다. 다시 말해서 그 죄는 우리 기성 세대에게 먼저 있다고 봅니다.

지금부터라도 그런 아이들이 안 나오게 하기 위해서는 정치하는 분들, 지도자들이 자기 생명뿐 아니라 이웃의 생명에 대해서도 아주 존중하는 마음을 가져야 합니다. 아무리 작고 미천해도 생명인 바에는 그 생명에 대해 존중하는 마음을 가져야 한다고 봅니다. 바로 그럴 때에 이 문제는 해결될 것입니다.

그리고 젊은이들 — 이 말이 먹혀들어 갈 지는 모르지만 — 은 생명이라는 것이 존엄한 것임을 알아야 합니다. 얼마나 존엄한 것인가 하면, 우주에 생명이 없다면 이 우주가 어떻게 되겠습니까? 언제부터 시작되었는지 모르지만, 우주가 수십억 년 동안 '진보와 진화와 생성'이라는 우주의 움직임을 통해 몇십억 년 후에 생명을 낳게 한 것입니다. 그만큼 생명은 소중한 것입니다. 어떤 의미로는 우주와 바꿀 수 없는 것이 생명입니다.

우리가 바로 이같은 생명의 소중함을 깨달을 때, 누구도 자기 생명이지만 자기 마음대로 할 수 없는 것임을 알아야 합니다. 절대로 자기 생명을 함부로 할 수는 없습니다. 그것을 깊이 깨달을 때, 문제 해결이 될 수 있지 않을까 생각합니다.

● ●

이제부터라도 가장 중요한 가치인 인간 생명에 대한 인식이 깊어져야 합니다. 그동안 물질적인 발전이라는 성과 이면에서 인간 생명은 희생되었습니다. 인간에 대한 존엄성이 상실되면서 '세계 1위'라는 갖가지 반생명적인 현상이 나타나게 된 것입니다. 따라서 세상의 가치 가운데 가장 큰 가치가 생명이라는 것을 정부나 매스컴, 그리고 교육을 통하여 심어줘야 합니다.

지난 68년 교황 바오로 6세가 회칙「인간 생명을 위하여(HUMANI VITAE)」를 반포했을 때, 사회뿐만 아니라 교회 내에서도 교황의 보수적인 성향에 반발이 컸었습니다. 그런데 이 때 독일의 대표적인 진보 성향의 사회학자 막스 후크 하이머 교수는 신자가 아니면서도 교황의 노선을 지지하고 나서서 화제가 되었습니다.

그는 독일 잡지「슈피겔」지와의 인터뷰에서 "오늘날 가장 위기에 처한 것은 인간 생명이다. 그러나 인간은 이를 보지 못하고 있다. 아무도 이에 대해 언급하지 않는 데도, 교황이 이를 말했다. 그래서 나는 교황을 옹호한다"고 그 이유를 밝혔습니다. 성서의 '생명을 택하여라' (신명 30,15-19)는 구절은, 오늘날 우리에게도 그대로 해당되는 말씀입니다. 이런 인식을 갖고 정치·경제·교육의 지도자들도 인간 생명의 가치를 일깨우는 데 노력해야 합니다.

생명은 「눈」이나 「이」보다 더 소중한 것

사형 제도에 관해서는 찬반의 의견이 분분하지만, 이것 역시 생명의 존중 차원에서 낙태를 반대하는 것과 같은 논리입니다. 사형 제도는 바로 악에 대한 응보의 의미입니다. 국가에서도 "네가 사람의 목숨을 빼앗았으니 너도 죽어야 한다" 라고 말하면서 응보의 의미를 강조합니다.

그러나 그 이론을 달리 적용하여, 만약 남의 눈을 다치게 한 사람이 있어, 그 벌로 그 자신의 눈을 뺀다는 법을 제정한다고 칩시다. '눈에는 눈, 이에는 이'라는 법 말입니다. 그러면 과연 그것을 납득하고 찬성할 수 있겠습니까? 그런 잔인한 법에 대해 반대할 것은 뻔한 이치입니다. 그런데도 많은 사람들이 '눈'이나 '이'보다 더 소중한 생명에 대한 응보인 사형 제도를 용납하고 있습니다.

이 얼마나 큰 모순입니까? 과연 이것이 응보의 의미를 담을 수 있겠습니까? 응보란 무엇입니까? 범죄를 억제하고 예방한다는 데 그 의미가 있을 것입니다. 그러나 사형 집행이 흉악범을 예방하는 데 있어서 인간 생명과 맞바꿀 만한 효과를 거두고 있는지에 대해서는 정말 의심스럽습니다.

사형 제도를 반대하는 또 하나의 이유는 세계적인 추세입니다. 많은 나라에서 사형 제도를 폐지하였고, 이웃 나라 일본에서도 사형 제도는 있지만, 집행을 하지 않고 있습니다. 범죄 예방은 교화의 의미를 담고 있고, 보복의 의미를 담은 교화는 교화가 아닙니다. 사랑을 담아야 하며, 원칙적으로 교화는 뉘우치는 사람을 용서해야 합니다. 사형은 용서가 없는 것입니다.

용서는 바로 사랑이기도 합니다.

이제 진정한 용서와 사랑이라는 한 단계 높은 차원을 국민들에게 제시하여야 합니다. 인간 생명을 존중하고 생존권을 보장하려면 사형 제도는 폐지되어야 마땅하며, 혹 사형이 언도된다 하더라도 그 집행을 유예하여야 할 것입니다.

물건처럼 인간 만들어 내겠다는 발상

얼마 전, 경희의료원의 '정자 사건'으로 생명 경시의 심각성이 제기되기도 했었지만, 인간 생명 조작에의 유혹은 인간의 가장 원초적인 유혹, 즉 하느님과 같이 되고자 하는 아담의 욕망, 바로 그것입니다. 우리가 생명에 대한 외경심을 가질 때, 비로소 이 원죄를 이길 수 있습니다.

생명을 실험의 대상으로 보는 것은 2차대전 당시 일본이나 독일이 생체를 실험 대상으로 한 것과 다를 바가 없습니다. 생체 실험이 비윤리적이라는 것은 누구나 느낍니다만, 태아나 정자 실험은 괜찮다고 여기는 사람들이 많은데, 이것이 문제입니다.

태아나 정자 실험을 아무렇지도 않게 여기는 사람들에게 묻고 싶은 말이 있습니다. "당신의 수태를 누가 실험 대상으로 삼는다면 받아들이겠는가" 라고. 아마 그들은 펄쩍 뛸 것입니다. 그렇다면 태아나 정자 조작이 얼마나 비윤리적인가 하는 것은 자명해집니다.

93년에 인간 복제 문제가 큰 충격을 가져다 주었는데, 생각해 보면 정말 기가 막힌 이야기입니다. 생산 공장에서 비누 나오듯이 김수환

이 나오고 또 나오고 한다면, 그 자체만 생각해도 무서운 생각이 듭니다.

　배자(胚子)라는 것은 그 자체가 벌써 수태된 상태이고, 인간 생명은 수태되는 순간부터 시작됩니다. 배자를 가지고 실험을 한다는 자체가 존엄한 인간 생명을 유린하는 것과 같습니다. 그 자체로 도저히 용납될 수 없으며, 윤리적·법률적·도덕적인 엄청난 문제를 일으킬 것입니다. 생명공학의 연구는 좋은 일이지만, 항상 윤리가 뒤따라야 합니다. 인간을 위해 봉사하지 않는, 윤리적인 책임을 벗어나는 상태가 되는 것은 도저히 용납할 수 없습니다.

여자가 가장 아름다울 때

남성은 머리, 여성은 마음

인간에게 남성과 여성이 있다는 것은 확실합니다. 인간이라는 것은 남성만도 아니고 여성만도 아니고……. 그리고 인간이 인간다워지기 위해서는 이 양성이 조화를 이루어야 하는데, 이 조화라는 것이 꼭 양성이 같다는 이야기는 아닙니다.

남성의 특유한 점, 여성의 특유한 점이라 하면, 남성은 '머리', 여성은 '마음'이 아닐까 싶습니다. 여기서 '마음'이 더 높으냐, '머리'가 더 높으냐를 가리기는 어려울 것입니다. 물론 위치상으로는 머리가 더 위에 있지만, 그 가치로 따질 때 어느 것이 위인지 가릴 수는 없다고 봅니다. '마음 없는 머리' '머리 없는 마음'은 생각할 수 없는 것 아니겠습니까?

이렇게 보면, 성서에서 말하고 있는 아담과 하와의 이야기는 상당히 상징적인 의미가 있다고 봅니다. 남자와 여자가 한 몸에서 나왔다, 남성과 여성이 사랑할 때도 '이 사람은 바로 내 몸이다'라고 생각할 때, 그 사랑이 '완전한 것'이라고 봅니다.

여성들은 그 나온 장소에 너무 신경을 쓰는 것 같은데, 사실 옆구리라는 것은 옆에 있다는 말이고, 그것은 '동반자'라는 뜻입니다. 인생의 동반자, '늘 함께 있어야 하는 사람'이라고 해석할 때, 여기에는 굉장히 아름다운 상징이 깃들어 있다고 생각합니다.

● ●

여성다움은 우리 인간에게 무척 중요한 것입니다. 나는 여성의 사회 진출을 환영합니다. 그것이 사회 발전에 기여한다고 생각하기 때문입니다. 그렇지만 사회 진출로 인해 여성다움을 잃는다면 중대한 손실입니다. 여성적인 것 – 나로서는 모성적인 면에 포인트를 둡니다만 – 은 모든 것을 감싸 주고 받아 준다는 것을 의미합니다.

사회가 산업화로 치달을 때, 인간의 소외 현상은 심화됩니다. 여성적인 것이 사회에서 점차 없어진다면, 이 소외 현상은 가속화할 것입니다. 가끔 병원에 가게 되는 경우에 여자들을 많이 보게 됩니다. 극진히 병 간호를 하는 부인들, 환자들의 더러운 것까지 마다 않고 치워 주는 여자들을 보게 됩니다. 남자들이 하기 힘든 일을 여자들은 해내고 있습니다.

우리가 존귀하게 생각하는 관용과 사랑의 마음, 그것도 여성적인 것에 가까운 것입니다. 그렇다고 해서, 남성과 여성은 심리적인 분화(分化)가 필요하다는 이야기는 아닙니다. 여자에게도 남성적인 면이 있고, 남자한테도 여성다움이 있을 때가 이상적입니다. 내가 강조하고 싶은 것은 여성다움의 덕성은 사회에 필수적이라는 점입니다.

● ● ●

우리 사회는 아직도 여성에 대해 그 위치를 인정하는데 인색한 데서 볼 수 있듯이 미흡한 점이 많습니다. 그러므로 여성이 좀더 잠재능력을 개발하여 인정을 받으려면 여성의 인간화, 즉 여성의 여성다운 점이 뒤따라야 된다고 봅니다. 가령 남성이 가정에서 독재를 한다든가, 남성 지배 사상이 뿌리깊은 동양권에서 여성이 보다 창조적인 힘을 발휘하려면 '여성의 남성화'보다는 '여성의 여성화'가 깊은 의미로 더 강해야 할 것입니다.

또 여성의 본질은 '어머니'에 있습니다. 여성은 생명의 원천인 자식을 낳아 기르고 보호하고 아끼는, 이 세상에서 가장 귀중한 생명에 대해 소중함을 간직하는 위대한 존재입니다. 이런 모든 것이 가정에서 이루어지므로 그같은 어머니가 될 수 있는 자세를 가진 여자는 훌륭하고 행복한 가정을 지닐 수 있습니다. 모든 여성이 아기가 있고 없고 간에 이같은 어머니의 마음가짐, 즉 '슬픔이 있는 곳에 위로를 주고' '미움이 있는 곳에 사랑을 줄' 수 있는 마음가짐을 가질 때, 세상을 구원할 수도 있습니다.

부부 사랑은 생명의 뿌리

가족은 우리 사회를 이루는 기초공동체이고, 인간 생명의 원천이라 할 수 있으며, 사랑과 모든 것의 기본입니다. 부모자식 간, 부부 간의 사랑은 인간이 사는 뿌리입니다. 그러므로 사랑이 없는 가족이나 가정을 잃은 가족은 뿌리가 없어지는 것입니다. 이것은 기독교의 근본 원리라고도 말할 수 있습니다.

하느님의 구원의 뜻은 개인에 있지 않고 인류의 행복과 사랑에 있는데, 우리가 믿는 하느님은 혼자 있는 외로운 하느님이 아니고 공동체적 개념으로 '예수·하느님·성령'의 삼위일체이며, 그런 하느님의 사랑과 생명의 일체 속에서 모든 생명이 하나가 되는 것, 그것을 우리는 바로 '사랑'이라 하고, 또 그것을 반영하는 기본 단위가 '가족'입니다.

남자와 여자가 몇 해 살다가 헤어지자고 결혼하는 사람은 없을 것입니다. 죽는 날까지 살자는 것이 하나의 이상이고 약속입니다. 하지만 그렇게 하는 것이 단순하지만은 않습니다. 어려운 일입니다. 나는 그 어려움을 이해는 하지만, 죽기까지 살아야 한다는 원리 또한 포기할 수는 없다고 봅니다.

 이혼한 부부가 이혼을 하지 않은 부부보다 더 많으면 희생되는 것은 자녀밖에 없습니다. 얼마 전에 신문에 난 통계를 보니까, 10쌍이 결혼하면 그 중 한 쌍 정도는 이혼을 한다고 합니다.

 가톨릭 신자들까지 이같은 세태에 영합해서 결혼의 원리를 포기하는 양상을 보인다면, 어떻게 될까요? 옹고집이라고 할 지 모르지만, 세상이 "잘했다!" "가톨릭이 현대화되었다!"라고 박수갈채를 칠 것 같지는 않습니다. 그런 박수갈채는 여하간에 우리는 지킬 것은 지킨다는 자세를 지니고 있어야 합니다.

어머니 손은 '약손'

세상에서 으뜸 가는 어머니

어느 날, 가을 들녘이 보고 싶어 시골에 내려갔습니다. 어느 수도원의 손님 방에서 자고 아침에 일어나 커튼을 제치고 창문을 여니, 가을 하늘 아래 뜰 가득히 피어난 코스모스가 눈에 확 들어왔습니다. 상쾌한 아침 공기와 함께 그 모습이 얼마나 청초하고 아름다운 지 잃어버린 옛 고향집을 다시 찾은 듯했습니다. 어릴 때, 그러한 아름다운 뜰이 있는 집에서 살아본 일이 없건만, 내 마음의 고향, 어머님의 모습이 그 꽃밭에서 미소짓는 듯했습니다.

어머니는 코스모스처럼 키가 후리후리하게 크신 편이었습니다. 그리고 젊었을 때에는 분명히 그렇게 수려한 분이었을 것이라고 상상해 봅니다. 이 세상에서 가장 소중한 분, 나를 있게 하고 나를 가장 사랑해 주신 분, 나를 위해서는 열 번이면 열 번 다 목숨까지도 바쳤을 분, 그런데도 나는 이 나이에도 불구하고 아직도 어머니의 사랑을 깊이 깨닫지 못하고 있습니다.

어렸을 때에, 어머니는 가끔 '다리에서 바람이 난다'고 했는데, 나는 그 말씀의 뜻을 오랫동안 전혀 알지 못하다가 이제야 겨우 내 몸에 느껴 알게 되었습니다.

40여 년 전, 독일에 있을 때에 신학자 폴 틸리히(Paul Tillich; 1886~1965)가 정초에 독일 국회에서 한 연설을 방송으로 들은 일이 있습니다. 그 때, 그는 이런 말을 했습니다.

"독일, 독일, 이 세상 모든 것 위에 뛰어난 독일……. 우리 독일 국가의 뜻은 결코 다른 나라와 비교해서 제일이라는 것이 아니다. …… 우리에게 독일이라는 나라는 어머니 같은 존재요, 어머니가 비록 객관적으로는 평범한 한 여성에 지나지 않는다 할지라도 나에게는 둘도 없는, 세상에서 으뜸 가는 어머니이듯이, 그렇게 우리 독일도 우리에게는 으뜸이라는 뜻이다."

그렇습니다. 나에게도 우리 조국 한국이 으뜸이고, 우리 어머니가 세계에서 으뜸 가는 어머니입니다.

母港과 같은 분

어머니는 내가 막내였기 때문이었겠지만, 나에 대한 애정이 대단하였습니다. 그런데 자식이란 크면서 어머니의 품을 떠나고도 싶어하는 모양입니다. 이런 까닭으로 나는 가끔 갈등을 느꼈습니다. 어머니가 나를 너무 사랑하는 듯해서 그게 싫어졌고, 어머니한테서 해방되고 싶은 생각마저 들었습니다.

그럴 무렵에, 학병에 끌려가게 되었고, 하던 공부도 철학이어서 그런지는 몰라도 나는 죽음에 대한 생각을 했고, 만일 죽는다면 어머니가 보지 않는 먼 곳에서 죽고 싶었습니다. 어머니가 내가 죽는 것을 보고 괴로워하실 것을 차마 보지 못할 듯해서 그랬던 것입니다.

그런데 학병으로 나가 막상 죽을 위험에 임박한 지경에 이르러, 나는 정반대로 어머니가 보고 싶고 어머니 품에서 죽고 싶은 강렬한 소망에 사로잡혀 버렸습니다. 이 경험은 태평양 한 가운데에 떠 있던 배 위에서였습니다.

어머니 손은 '약손'

그 때, 우리가 탄 배는 근처에 나타난 미국 잠수함에게 어느 순간에 어뢰 공격을 받을 지 모를 급박한 상황에 놓여 있었습니다. 우리 배는 2천 톤 급의 작은 화물선인 데다가, 기름과 폭약 같은 것만 잔뜩 싣고 있어서 한 방 맞기만 하면 그 즉시로, 배도 사람도 한꺼번에 폭발해 버릴 수밖에 없는 지경이었던 것입니다.

그러한 갑판 위에서 어느 한 순간에 닥칠 지도 모르는 죽음을 기다리면서, 나는 수평선 위로 떠오르는 어머니의 모습을 보았습니다. 그 때, 불현듯 어머니가 보고 싶고, 그 품에 안겨 죽고 싶은 마음이 물밀 듯이 밀려왔습니다.

나는 평소에 내가 겉으로 생각하던 것과는 정반대인, 이와 같은 내 본심을 깨닫고는 참으로 놀랐습니다. 어머니 곁을 떠나 죽고 싶다는 것은 순전히 내가 만들어 낸 생각이고, 나의 본심은 어머니 곁으로 돌아가고 싶은 것이었구나 하는 깨달음을 그때 얻은 것입니다.

나는 이 경험 말고도, 두서너 번 꿈 속에서 평소에 내가 생각하고 느끼던 것과는 전혀 다른 심적 반응을 일으키는 경험을 하고 난 뒤에는 나의 본심이라는 것, 즉 나의 마음속 깊이 있는 참된 나의 모습이 무엇인가를 생각하게 되었습니다.

이 경험 뒤로, 어머니가 내게 얼마나 소중한 분인지, 참으로 모항(母港)과 같은 분이요 마음의 고향이라는 것, 그 품을 떠나서는 내가 살아 있을 수도, 아니 존재할 수조차 없다는 것을 깊이 느꼈습니다.

● ●

언젠가, 어느 수련장에서 잠시 쉴 때의 일이었습니다. 그 때, 누군가가 부엌에서 달그락 달그락 그릇 부딪치는 소리를 듣고는 이렇게 말하더군요. "부엌에서 그릇 소리 나면 생각나는 거 없어요?"

참 이상합니다. 그릇 소리 날 때에는 고향 생각, 어머니 생각이 납니다. 나의 고향은 대구인데, 마음의 고향은 따로 있는 것 같습니다.

어느 집이라고 지적할 수 없는 고향집에서 어머니와 가족들과 함께 살던 그 고향 말입니다.

팔자는 드세고, 성품은 곧고

내 마음에 새겨진 어머니의 영상은 늙은 모습입니다. 이마에 깊이 주름이 잡혀 있고, 칠십 년의 풍상을 겪은 모습입니다. 자식을 위하여 당신 자신은 비우고 또 비우신 분……. 그러나 위엄이 있으면서도 미소를 잃지 않던 모습이 떠오릅니다.

어머니는 연세가 많아질수록 얼굴이 더 밝아지고 미소가 많아졌던 듯합니다. 하루하루의 삶을 믿음 속에 받아들이고 초탈해졌기 때문일까? 아니면 당신이 원하신 대로 아들 둘을 모두 신부로 만들고 그 뜻을 다 이루었기 때문일까? 또는 귀여운 손자들 때문이었을까?

어머니는 당신 이름 석 자와 '하늘 천 따 지' 정도의 기초한문 정도와 한글밖에 아는 것이 없는 분이었습니다. 옹기 장수를 하던 아버지와 혼인하신 뒤로, 평생을 가난에 쫓겨 여기저기로 이사를 다니며, 옹기나 포목을 이고 그것을 파는 것으로 생활을 해야 했고 고생도 무던히 해야 했던 분이었습니다. 말띠였는데, 말띠는 '팔자가 세다'는 속설대로 팔자가 드셌다면 드셌다고 할 수 있는 한평생을 보낸 분이었습니다.

또 본디 성품이 곧은 분이었고, 거짓이나 불의와는 한사코 타협할 줄 모르는 분이어서 자식들 교육에도 그만큼 엄격한 분이었습니다. 특히 아버지가 돌아가신 뒤에는 '아비 없는 자식'이라는 말을 들어서는 절대로 안 된다고 하였고, 그 때문에 형님과 나, 두 어린 형제를 더욱 엄하게 키웠습니다.

따라서 어머니의 영을 거스른다는 것은 상상도 할 수가 없었습니다.

어머니 손은 '약손'

또 우리 형제는 어릴 때 거짓말은 물론이요, 욕 같은 상스러운 소리를 한 마디도 입에 올릴 수 없었습니다.

●●●

우리집은 참으로 가난하였습니다. 늘 초가삼간에서 살았고, 대구에서는 한 때 셋방살이도 했습니다. 그런데도 우리집은 언제나 깨끗이 도배한 방이었습니다. 군위의 시골 동네에 살 때에도 그러했는데, 그 무렵에 그 동네에서 도배한 방은 극히 드물었습니다. 우리보다 형편이 몇 갑절 나은 집도 벽에 도배할 줄 몰랐습니다.

그러나 어머니는 벽에 도배를, 적어도 한 해에 두 번씩 했고(봄 가을, 두 차례 시골 신자를 방문하러 오는 신부님을 우리집에 모셨기 때문이기도 하다) 우리가 입은 옷도 깨끗한 편이었습니다.

뿐만 아니라 밥 또한 늘 잡곡이 좀 섞인 쌀밥이었습니다. 이것도 그 즈음의 시골에서는 보기 드문 일이었습니다. 어머니는 자식의 교육에는 엄하셨지만, 먹는 것이나 입는 것은 마치 부잣집 자식들처럼 하였습니다. 그러나 사치란 있을 수 없었고, 심지어는 엿이나 과자 따위의 군것질도 할 수 없었습니다.

내가 어릴 때, 우리집에서는 떡을 한 일이 없었습니다. 어머니가 처음으로 떡을 한 것은 나의 큰 조카(어머니의 첫 친손자)의 돌잔치 때였습니다. 어머니는 이처럼 남들이 흔히 해 먹는 떡조차 하지 않았으나, 끼니마다 먹는 음식만은 그 즈음의 시골에서는 보기 드문 일류 음식이었습니다.

나는 지금도 이것을 신기하게 생각합니다. '그런 가난 속에서 어머니가 우리를 어떻게 그렇게 먹였을까' 하고 말입니다. 나는 뒤에 사람들한테서 부잣집 아들같이 보인다는 말을 가끔 들은 일이 있었습니다. 다시 말하면, 어릴 때부터 귀하게 자란 부잣집 아들처럼 전혀 궁해 보이지 않는다는 것이었습니다. 이것은 가난한 우리집 환경으로서는 상상하기 힘든 일이었습니다. 그러나 내가 궁해 보이지 않고 부잣집 아들처럼 보였다면, 그것은 순전히 어머니가 자식을 그 가난 속에서도 귀하게 키웠기 때문이라고 생각합니다.

바로 그 무렵, 나는 어머니의 손은 참으로 '약손'이라는 것을 알게 되었습니다. 배가 아플 때에 어머니의 따뜻한 손이 내 배를 부드럽게 어루만지면 아픈 것이 씻은 듯이 낫고, 체했을 때에 어머니가 바늘로 엄지 손가락 마디를 따서 맺힌 피를 흘리면, 체한 것이 곧바로 낫는 것은 흔한 일이었습니다.

그보다도 더 놀라운 것은, 큰 형님이 20대에 집을 나가 일본에 있다가 다리에 큰 화상을 입어 죽게 되었다는 소식을 듣자마자, 어머니는 바로 일본으로 건너가서 형님을 데려와 집에서 조약(調藥)으로 살린 일이었습니다.

어린 나이였지만, 나에게는 어머니가 일본말을 한 마디도 모르면서 일본까지 혼자 가서, 주소 하나만을 들고 형님을 찾아 내어 기어이 데려온 것이 참으로 놀라웠고, 약으로써 3년 뒤에는 완치시켜 – 약간 절기는 했지만 – 자유로이 다닐 수 있게까지 하였으니, 어머니의 의술은 참으로 신기했습니다. 나는 그 때에, 어머니는 어머니이기 때문에 자식의 병에 무슨 약이 좋은지 육감으로 아는 어떤 지혜를 지니고 있다고 느꼈습니다.

스물다섯에 장가 갈 꺼야

어머니는 장에 가서 알록달록한 「효자전」을 사와 그걸 밤마다 읽어주곤 했습니다. 그 「효자전」에는, 옛날에 부모가 죽은 후에 3년을 무덤에서 지키고 있었다든지 하는 이야기도 있었는데, 나도 그렇게 해야겠다고 혼자 결심했습니다.

군위읍을 지나다니다 보면, 일본 사람들의 점포는 좀 크고 깨끗한

어머니 손은 '약손'

데, 내가 국민학교를 졸업하면 바로 그런 점포에 가서 한 5년 동안 배운다면 그럭저럭 열일곱 여덟이 될 것이다, 그러면 자립해 가지고 스물댓까지 일하다가 스물다섯이 되면 장가를 가서 어머니를 모시고 효도를 해야겠다, 이렇게 혼자 생각을 했었습니다.

그 꿈은 무너졌지만, 다른 약속은 지켜 드렸습니다. 그 때 어머니에게 약속하기를 "내가 서른 살이 되면, 인삼을 사서 달여 드리겠습니다" 라고 그랬는데, 어머니가 그걸 기억하셔서 내 나이 서른 살에 인삼을 사서 달여 드렸습니다.

• •

어머니가 돌아가실 때 나는 울지 않았습니다. 불효 자식이었던 것 같습니다. 노환으로 조금씩 아프셨는데, 남의 셋방에서 돌아가시면 어쩌나 하고 늘 걱정했었습니다. 형편없는 집이었지만 다행히 집을 마련하여 어머니를 모시고, 어떤 의미로는 이젠 돌아가셔도 괜찮다 할 때 돌아가셔서 다행이었다고 생각합니다.

그리고 어머니는 '사순절 둘째 영복날(토요일)'에 돌아가시길 원하셨는데 바로 그날 가셨고, 평소 죽음 준비를 잘 하셨지만 그날도 오후에 당신 방의 십자가를 가지고 집 가까이에 있던 성당에 가서서 '십자가의 길' 기도를 하다가 마침 성당에 신부님이 계셔서 성사도 보시고, 집에 오셔서 저녁도 다 드시고 돌아가셨습니다. 그래서 눈물이 나오지 않았는지도 모르겠습니다.

밤에 어머니 시신 앞에서, 다른 사람 몰래 혼자서 어머니 고생을 생각하니 눈시울이 젖어오는 것을 느끼긴 했습니다만, 어쩌면 남이 보기보다는 훨씬 마음이 메마른 것 같습니다.

그렇지만, 눈물이 아주 없는 것은 아닌가 봅니다. 어떤 때는 텔레비전 드라마를 보다가 엉뚱하게 눈물을 흘리곤 합니다.

왜 신부가 되었냐고 묻거든

불효 자식을 때려 주십시오

나에게 신앙을 심어준 분은 물론 어머니였습니다. 그뿐더러 형님이 신학교로 간 뒤 — 그 위 형님들이 돈벌이 한다고 집을 나가 없을 동안에 — 집에는 어머니와 나 둘만이 살았습니다. 그 때에 어머니는 날마다 저녁이면 한참씩 긴 기도를 했고, 나는 그 뜻을 잘 모르면서도 졸면서 어머니와 함께 그 기도를 바쳐야 했습니다.

어머니는 그런 다음에 자기 전에 성서나 옛 성인들의 이야기, 또는 우리나라의 고담으로 「효자전」을 읽어 주었습니다. 그것은 물론 내가 그런 성인이나 효자처럼 되라는 뜻이었습니다. 이 때 들은 성인 이야기로 기억에 남는 것은 성 베네딕토 라브르(Benedict Labre; 1748~1783)라는, 거지 행각으로 하나에서 열까지 복음의 정신대로 청빈과 사랑의 일생을 살다간 성인입니다.

그리고 「효자전」을 자주 읽어 주었기 때문에 한 번은 어머니가 교리문답 공부(천주교 교리 공부)를 잘 안 한다고 꾸짖자, 어머니가 들려준 「효자전」의 이야기 그대로 밖에 나가 내 손으로 매를 만들어 와서 어머니께 드리며 종아리를 드러내고 "어머니, 이 불효 자식을 때려 주십시오"라고 한 때도 있었습니다.

어머니는 물론 그 매로 나를 때리지 않고 다시 한번 조용히 타이르는 것으로 그 일을 끝냈습니다. 이렇듯 비록 엄하게 다루었어도 내 기억으로 우리 어머니가 손수 매를 든 적은 한 번도 없었습니다.

신부되기 싫어한 소년

솔직히 말해서, 나는 어릴 때부터 신부가 되기 싫었습니다. 어느 의미로는 자주 '신부가 될 것인가' 하는 회의를 가졌었습니다. 여러 고비를 겪었는데, 아주 어릴 때에 예비신학교라는 데에 들어갔고, 그 다음에 소신학교라는 중고등학교 과정을 거쳐 대학(동경 상지대학)에 갔다가, 다시 성신학교에 전입하여 신학을 전공했는데, 꼭 18년이 걸렸습니다.

말하자면, 학교에 들어가서 신부가 되기까지 18년이 걸린 셈인데, 그 동안에 여러 번 고비를 겪었습니다. 처음엔 싫은 걸 억지로 그냥 지낸 경우도 있고, 어떤 때는 정말 '나 같은 것이 신부가 될 수 있는가' 하는 회의를 진지하게 가진 일이 있었는데, 결국에는 나 자신의 결정에 따라 신부가 되었습니다.

특별히 마지막 단계에 가서 생각한 것은, 하느님이 부르신다면 나는 그 부르심에 응답해야 한다는 것이었습니다. 그래서 마지막에 하느님의 부르심에 응답하고자 신품(神品)을 받기 위해 엎드렸을 때, 기도의 노랫소리를 들으면서 내가 생각한 것은, 하느님의 부르심에 대한 응답, 그분이 부르실 때 나는 전적으로 "네!" 하고 나아가야 되겠다 하는 것이었습니다.

● ●

동성학교에 다닐 때의 일이었습니다. 선생님들이 수업 시간에 한일합방 때의 이야기를 많이 들려 주었는데, 그럴 때마다 일기에다가 반일적인 이야기를 쓰곤 했습니다. 그 일기를 사감 신부님한테 들켜서

"야, 이 놈아! 너 이래 가지고 어떻게 할래!" 하고 야단을 맞은 일도 있었습니다.

또 한 번은 수신 시험을 보는데, '청소년 학도에게 보내는 일본 천황의 칙유를 받들고 황국 신민으로서의 소감을 써라' 하는 문제가 나왔습니다. 그래서 나는 그 시험지를 받고 '① 나는 황국 신민이 아님 ② 따라서 소감이 없음'이라고 써냈습니다. 그것 때문에 학교에서 쫓겨날 뻔했는데, 당시 교장이신 장면 박사님이 이해해 주시고 타일러서 괜찮았습니다.

● ● ●

동성학교에 다닐 때도 '신부가 될 것인가' 하는 회의가 있었습니다. 학교에 갈 때부터 가고 싶은 마음이 없어서 그런 회의를 갖게 되었고, 그러다가 중간에 신앙적으로 열심히 믿게 돼서 '나 같은 존재가 과연 신부가 될 수 있을까' 해서 또 회의를 갖게 되었습니다.

그 당시 프랑스 신부님인 공베르(Julien Gombert; 1877~1950) 신부님이 지도 신부였는데, 하루는 강론을 하면서 "양 우리가 있는데, 목자는 문으로 들어오지만 도둑은 울을 넘어서 들어온다. 너희 중에 그런 도둑이 있을 지 모르니 그런 사람은 하루빨리 나가야 한다"고 말씀하십니다. 가만히 들어 보니까, 나를 두고 하는 말씀이어서, 강론이 끝난 후 그분을 찾아가서 "저, 그만두겠습니다"고 했습니다.

"왜 그러느냐?"

"오늘 저녁의 강론은 저를 두고 하신 것 같습니다."

"왜, 너를 두고 한 걸로 생각하느냐?"

"제가 여기 오고 싶어 온 게 아니고 어머니가 가라고 해서 왔고, 그래서 두려워하고 있는데, 신부님이 그런 강론을 하시니 나가야겠다는 생각이 들었습니다."

"그래, 너는 신부가 되고 싶다는 생각이 없단 말이냐?"

"네, 그렇습니다."
그러니까 공베르 신부님은 이렇게 말씀합니다.
"신부는 되고 싶다고 되는 것이 아니고, 되기 싫다고 해서 안 되는 것도 아니다. 나가!" 그래서 내가 "어디로 나가란 말입니까?" 하고 물으니까 "이 방에서 나가!" 하던 기억이 납니다.

니체를 좋아한다는 첫사랑 여인

사제 서품 전에 있었던 일인데, 일본 유학 시절의 친구가 자기 여동생과 결혼하지 않겠느냐고 강하게 권한 일이 있었지만 사양했던 일이 있었습니다. 또 한 번은 니체를 좋아한다는 여인이었는데, 거의 1년 동안 내게 상당한 부담을 주면서 접근해 왔습니다.

그 때는 내가 정말 신부가 될 것인가에 대한 기로에 서 있던 때인지라 고민을 하기도 했습니다. 하지만, 한 여인을 완전히 사랑할 자신도 없고, 그보다는 오히려 보다 많은 이들을 위해 도움주는 일이 좋겠다고 생각하여 거절했습니다.

● ●

니체를 좋아한다는 그 여인은, 형님이 부산에서 성당을 맡고 있을 당시, 그 성당에서 경영하고 있던 고아원에서 일을 보던 분이었습니다. 어느 날, 그 여자분이 병이 나서 간호를 하게 됐는데, 내가 그의 동료들과 함께 밤을 샌 일이 있었습니다.

새벽이 되니까 다른 분들은 모두 잠이 들어, 나와 그 여자만 깨어 있게 되었습니다. 그 때, 그 여자는 자기의 지나온 생의 이야기를 쭉 하는데, 그 얘기를 들으니까 신부님에게 고해성사를 보게 했으면 좋겠다는 생각이 들었습니다. 그래서 새벽에 영도에 계신 프랑스 신부님에게 고해성사를 해 달라고 했습니다. 그 후 상태가 좋아져서 병이 낫게 됐는데, 결국 결혼을 하자는 말까지 나오게 된 것입니다.

당시 나는 신부가 되는 게 좋은가 안 좋은가 하고 망설일 때였고, 결국 그 여자는 내가 결정을 하는데 큰 도움을 준 셈입니다.

평범한 家長으로 살고 싶었는데

학병에 갔다가 돌아와서 다시 신학교에 가느냐 안 가느냐로 망설이면서 생각해 보니, 나 자신이 너무나 결함이 많았습니다. 그래서 마산교구장으로 계시던 고(故) 장병화 주교님을 찾아가서 내가 신부가 될 수 있는지 의문이라고 했더니, 한 달 후에 보자고 그러시더군요. 나는 까맣게 잊고 있었는데, 장 신부님이 꼭 한 달 후에 나를 부르시더니 "너는 결점이 많기 때문에 신부가 되어야 한다"고 말씀하시더군요.

내가 신부가 안 되었다면, 무엇을 해 먹고 살았을까요? 장사하자니 주변머리가 없고, 땅을 파자니 기력이 달리고…….

나는 원래 평범한 사람으로 살고 싶었습니다. 어릴 때부터 양지 바른 곳에 있는 집을 보면, 저런 데서 평범한 한 가장으로서 자식들과 살면 얼마나 좋겠는가 하는 생각을 했었습니다. 성장하면서도 늘 그런 생각을 해서, 기차를 타고 어디를 갈 때도 어스름하게 해가 질 무렵, 조그만 집에서 연기가 올라 오는 걸 보고는 저 집은 얼마나 단란하겠는가 생각하면서, 나 자신을 그 집의 주인공으로 상상해 보곤 했었습니다. '아! 그렇게 됐으면 얼마나 좋을까…….'

이제는 늦었습니다. 너무 늦어 그같은 생각은 못하겠고, 잘 죽었으면 합니다. 하느님 앞에 죄를 용서받고 그 품 속에 편안히 잠들 수 있었으면…….

'안심하라 아들아. 너는 죄를 용서받으리라'라는 기도서의 구절을 곧잘 읽는데, 이보다 더 위안받는 말이 없습니다. 한 인간으로서 일생을 살아가는 동안, 내가 누구를 온전한 마음으로 사랑한 일도 없고,

세월이 지나면서 덕을 자꾸 닦아야 되는데, 그것도 안 됩니다. 변덕만 자꾸 늘어 가는데, 변덕도 덕입니까?

일선 교회의 신부 시절이 그립다

신부로서의 보람을 손꼽아 본다면, 첫째로 신자들과 희로애락을 나누며 가깝게 호흡하던 것이라고 생각됩니다. 신부란 나같이 주교가 되고 교구장이 된다고 해서 보람이 있는 것이 아닙니다. 이들 직함이란 단지 행정직에 불과합니다. 일선 교회의 신부 시절이 나에게는 가장 보람에 찬 시간이었다고 생각됩니다.

그 다음에는 대구교구에서 가톨릭시보 사장으로 일했을 때에 보람을 느꼈습니다. 2년 동안 사장뿐 아니라 편집장이나 기자 일까지 거들면서 열심히 일했었습니다. 지금도 그때의 기억이 새롭기만 합니다.

셋째로는 대구교도소와 시립희망원을 방문하면서 우리 사회에서 소외당하고 있는 그들에게 삶의 희망을 불어넣어 주고 격려해 주는 일들이 보람찼었다고 생각됩니다. 그 때, 나는 며칠이 되든 몇 달이 되든 불우한 처지에 있는 그들과 기거를 함께 하면서 생활하고 싶은 충동을 자꾸 느꼈습니다.

그러면서 과연 그들 속에 들어가서 그들에게 무엇을 도와 주고 어떻게 생활할 수 있을 것인가를 생각하다가, 나의 능력과 의지를 시험해 볼 양으로 실행할 계획을 짜고 있었는데, 마산교구장으로 발령이 나서 실천에 옮기지 못하고 말았습니다.

이것은 하나의 꿈 같은 이야기가 될는지도 모르겠습니다만, 만약 지금이라도 교회에서 허락만 해 준다면, 가난하고 불우한 사람들 속에 들어가서 생활하고 싶은 것이 나의 간절한 소망입니다. 그들과 함께 동고동락(同苦同樂)하면서 생활하는 것이 인생의 크나큰 보람이 되지 않을까 생각됩니다.

삶의 길목에서

혹시 추기경님이 아니세요?

앞으로 꼭 하고 싶은 일을 한 가지 말한다면, 정말 잘 살고 싶습니다. 잘 살려면 나 자신이 완전히 죽어야 하는데, 나는 아직도 그렇게 죽지 못하고 있습니다.

그리고 마음으로 원하는 것이 있다면, '김삿갓'처럼 정처없이 돌아다니는 방랑이라고 할까, 이것에 대한 그리움이 늘 있습니다. 언젠가, 토요일에 수원 근처로 노타이 남방 차림으로 전철을 타고 갔었던 일이 있었고, '작은자매회' 수녀님들이 계시는 일산에도 간 일이 있었습니다. 일종의 '바람'이라고 할까요. 전철 타고 버스 타고, 올 때도 역시 그렇게······.

늘 자동차를 타고 비서 신부가 수행하고 주변에서 자꾸 그렇게 해주는데, 나 자신이 독립성을 잃는 것 같기도 하고 해방되고도 싶어서······. 사람들이 쳐다보고 인사하면 나도 인사하고, 자꾸 쳐다보면 다른 데 얼굴 돌리고, 어떤 때는 "혹시 추기경님이 아니세요?" 라는 질문을 받을 때도 있습니다. 그러면 "나도 그런 말을 많이 듣습니다" 라고 대답하곤 합니다.

••

다른 사람들의 입에 자주 오르내릴수록 그 사람 자신은 더 고독해지는 것이 아닐까요. 요즘의 생활에서 나도 그런 것을 느낍니다. 나 자신은 그렇지도 않지만, 다른 한편에서 거리감을 느끼는 모양입니다. 친구들도 찾지 않게 되고, 사신(私信)도 점점 줄어들고 있습니다.

어느 해인가, 성탄과 영명축일(12월 26일)에 스웨터를 여러 벌 받고 보니, 나 또한 정말로 무엇인가를 선물하고 싶어졌습니다. 그러나 내가 과연 무엇을 선물할 수 있겠습니까? '아기예수'가 당신 안에 탄생하기를 기도 드립니다. 나의 선물은 영광과 권세로서가 아니라 가난하고 비천하게 오신 '아기예수'입니다.

추기경의 말 한 마디

방문 앞 복도에 걸어둔 까닭

내 방 앞에 가면 복도에 목각 현판이 하나 있습니다. '말 한 마디'라는 제목의 시(詩)가 새겨져 있는데, 내용은 다음과 같습니다.

부주의한 말 한 마디가 싸움의 불씨가 되고
잔인한 말 한 마디가 삶을 파괴합니다.
쓰디쓴 말 한 마디가 증오의 씨를 뿌리고
무례한 말 한 마디가 사랑의 불을 끕니다.
은혜스런 말 한 마디가 길을 평탄케 하고
즐거운 말 한 마디가 하루를 빛나게 합니다.
때에 맞는 말 한 마디가 긴장을 풀어 주고
사랑의 말 한 마디가 축복을 줍니다.

이 시는 내가 방문을 열고 나서기만 하면 즉시 볼 수 있습니다. 정말로 '부주의한 말 한 마디가 싸움의 불씨가 되고, 잔인한 말 한 마디가 삶을 파괴하는' 경우가 얼마나 많습니까? 그런가 하면, '은혜로운 말 한 마디가 길을 평탄케 하고, 사랑의 말 한 마디가 축복을 주는' 경우 또한 많습니다.

 예부터 '말 한 마디로써 천 냥 빚을 갚는다'고 했듯이, '말'이란 이렇듯 사람을 살릴 수도 있고 죽일 수도 있는 힘을 지녔습니다. 이것은 우리 개개인이 비록 한 마디의 말이라 할지라도 그 결과가 어떤 것인지 잘 생각해야 한다는 교훈의 뜻으로, 누군가가 지은 시일 것입니다.

 그리고 나에게 이것을 보낸 분은 추기경의 위치에 있는 당신의 말 한 마디가 얼마나 중요한지, 매일 생각하며 살라는 뜻으로 보내 주신 것이 아닌가 생각합니다. 그래서 나는 방문 앞 복도에 걸어 두었습니다.

지금, 그리고 내일의 신세대

컴퓨터가 못 만드는 「사람의 마음」

15년쯤 전에 로마의 어느 공원에서, 나를 초대한 분들과 함께 산책도 하고 밥도 해 먹은 적이 있었습니다. 밥을 먹고 난 다음에, 마침 가을이라 잔디 위에 누워 하늘을 보면서 쉬고 있는데, 옆에서 이탈리아 사람들이 가족과 더불어 노는 모습을 보노라니 문득 우리 서울이 머리에 떠올랐습니다. 같은 도시이면서도 서울과 비교할 때, 로마는 무척 아름답습니다.

고적이나 공원이 많은 도시 속에서 자란 아이들은 분명히 태어난 곳에 대한 애향심, 고향에 대한 소중한 사랑이 어릴 때부터 있을 텐데, 우리 서울의 아이들은 어떨까, 푸르름도 별로 없는 삭막한 시멘트에 둘러싸여 있는 아파트의 밀집 속에서 자란 아이들이 과연 자기들이 자란 서울, 고향에 대한 사랑을 지니면서 자랄까를 생각하니, 어쩌면 고향을 잃은 아이들이 되지 않을까 하는 생각이 들었습니다.

지금 10대와 20대의 우리 아이들은 고향에 대해 무엇을 갖고 있을까요? 옛날 우리가 자랄 때, 시골에서 자랄 때의 그 추억, 비록 시골이었지만 지금도 잊을 수 없는 고향에 대한 사랑이 있는데, 지금 우리 아이들은 그것을 가지고 있는가, 나는 이것이 정신적으로 볼 때 하나의 문제가 아닌가 생각합니다.

지금 우리 아이들은 어떤 환경 속에 있습니까?

모두가 경쟁입니다. 일류 의식, 일류 대학을 향한 교육 정책, 입시 위주의 교육. 그래서 우리 아이들은 밤늦게까지 학교에 있어야 하는 현실입니다. 명동성당 바로 옆에 학교가 있어서 나는 늘 보고 있습니다. 매일 밤 10시, 11시에 집에 가는 그 아이들을 볼 때마다 우리 어른들이 그 아이들을 어디로 끌고 가는가를 생각해 보곤 합니다.

가정적으로 보더라도 그렇습니다. 요즘 인구 억제 정책으로 가정마다 아이들이 하나, 아니면 둘입니다. 그러니 자연히 과잉 보호랄까, "오냐, 오냐" 하며 키우게 됩니다. 그렇게 하는 것이 교육적인 의미, 부모로서의 사랑이 전혀 없다는 것은 아니지만, '과잉 사랑'이고 맹목적인 사랑입니다.

게다가 아이들이 너무 피곤해 하니, 부모로서 어떻게 하겠습니까? 부모와 자식이 만나는 시간도 얼마 안 됩니다. 더구나 아버지와의 만남은 하루에 얼마 되지 않는 현실입니다. 이런 환경 속에서 우리 아이들이 자라고 있습니다. 결국 우리 청소년들은 한 인간으로서 살아갈 만한 가치관을 근본적으로 어디에 바탕을 두고 있는가, 또 어떤 가치관을 우리가 주고 있는가를 생각해 보지 않을 수 없습니다.

실제로 기성 세대들이 그들에게 보여 주는 것이 있다면 돈 위주, 물질 위주 속에서 먹고 마시고 환락을 추구하는 모습들입니다.

내가 잘못 보았습니까? 과장입니까?

이같은 환경 속에서 자라난 아이들이 어떻게 되겠는가, 나는 어떤 의미에서는 그들의 심성이 완전히 황폐되지 않는 것만도 퍽 다행이라고 봅니다.

흔히 세대 간의 단절을 말하지만, 그 단절이 어디서 옵니까? 그들에게서 옵니까, 우리에게서 옵니까? 우리가 그들에게 정직하지 못한 모습, 부정 부패에 싸여 있는 모습, 권력 위주의 모습 같은 것만을 보여 주지 않습니까? 그렇다면 아이들이 나름대로 신선한 것을 찾으려 할 때에 저항심리가 안 일어나겠습니까?

나는 그들이 극단적으로 가는 현상에 대해 우려하지 않는다는 말이 아니라, 신세대에게 어떤 부정적 의미가 있다면, 왜 그런 것이 나왔느냐를 따질 때, 그것은 바로 우리 기성 세대의 탓이고 그들에 대한 진정한 애정이 없기 때문이라고 봅니다. 우리 기성 세대에게는 그들에 대해 진실한 의미의 배려와 관심 등이 필요합니다.

결국, 문제는 오늘날의 문화가 염려됩니다. 애정이 메말랐는가 하면, 어느 경우에는 과잉 보호를 받아 제멋대로 행동하는 일도 생기지 않습니까?

또 요즘 아이들을 보면, 인스턴트 식품을 너무 좋아하는 것 같습니다. 라면이니 뭐니……. 사실 생활환경 구조부터 그렇게 되어 있습니다. 웬만한 집에는, 냉장고 문만 열면 모든 것이 다 준비되어 있습니다. 어머니들도 그렇게 알고 마련해 놓습니다. 그러니까 아이들이 느긋하게 인내하며 기다릴 줄 모르게 됩니다. 밥하는 동안 기다릴 줄 안다든지, 그런 게 없습니다. 생활문화적으로 아이들이 조급해지고, 특히 신중하게 생각하는 것이 없어진 것 같습니다.

나는 컴퓨터가 좋은 점도 있지만, 우리 인간에게서 생각하는 것, 창의력을 빼앗아 간다고 생각합니다. 나중에는 '컴퓨터화한 인간'이 되지 않을까 걱정도 됩니다.

● ●

80년대 초, 미국에 들렀다가 교포들의 가정을 방문했을 때의 일이 지금도 두고두고 생각납니다. 그 때 나는 어느 한국인 가정에서, 그날 낮에 보았던 대학 도서관의 컴퓨터 시스템에 대한 놀라움을 이야기하고 있었습니다. 도서 열람이나 대출 등 모든 업무가 자동화 시스

템으로 이루어지고 있는 것이었습니다.

그런데 그 집의 8학년(중2)짜리 아들이 끼여들면서 하는 말이 "컴퓨터로 뭐든지 다 만들 수 있다지만, 만들지 못하는 것이 꼭 하나 있어요" 하더군요. 그 자리에 있던 사람들이 그게 뭐냐고 일제히 반문했습니다.

소년은 '사람의 마음'이라고 대답하더군요. "너, 참 명언을 했다!"고 즉석에서 감탄을 했지만, 두고두고 생각나는, 그리고 계속 감동을 주는 소년이었습니다.

진정, 내가 얻은 것은 무엇인가?

지금부터라도 우리는 다시 한번 자신들을 반성하고 뭔가 근본적으로 우리 후세들을 위해, 신세대와 2세, 3세, 그리고 미래를 위해 그들에게 애정을 갖고서 따뜻하게 대해 주고, 따뜻하게 이끌어 주어야 한다고 생각합니다.

아직 희망은 있습니다. 부모 자식 간에 관계가 완전히 끊어진 게 아닙니다. 사제 간의 관계도 완전히 끊어진 게 아닙니다.

얼마 전인가, 어느 고등학교에 갔을 때, 아이들이 교장 선생님을 반기고 따르는 모습을 보았습니다. 처음에는 교장 선생님과 같이 걸어가는데 박수를 치고 반가워하기에, 내가 손님으로 가서 그러는 줄 알았습니다.

그런데 그게 아니라, 교장 선생님을 보고 그러는 것이었습니다. 이유를 알고나서는, 한편으로 섭섭하기도 했지만 오히려 좋은 일로 보였습니다. 아이들이 교장 선생님을 따르고 박수치고 좋아하는 모습은 참 아름답다고 생각되었습니다. 그만큼 아이들에게 애정을 쏟고 사랑하면, 우리 신세대들도 진정한 인간으로 훌륭하게 성장할 가능성이 있다고 봅니다.

지금, 그리고 내일의 신세대

어느 대 재벌 회사의 총수 한 분이 이런 말을 했습니다. "내가 돈을 이만큼 모았는데 얻은 것이 무엇인가?" 하고, 자신을 향해 질문하게 된다고 말입니다.

우리는 지금 모든 이들이 자기 성취만을 위해 살고 있습니다. 그런데 자기 욕심을 달성하는 것을 '성취'라고 생각할 때, 그 결과는 이기적이고 자기 중심적인 인간만이 나오게 되어 있어 이 사회는 삭막해집니다. 자기를 내어줄 줄 아는 삶을 '자기 성취'라고 목표로 삼는 사람이 많아졌으면 합니다. "누구든지 얻으려면 잃고, 잃고자 하면 얻으리라"는 성경 말씀대로 욕심의 그릇을 비워야 합니다.

요즘 젊은 세대들은 많은 좌절과 갈등을 느끼고 있습니다. 참으로 염려스럽습니다. 하지만, 젊은 세대들의 행동은 우리 자신이 뿌린 씨앗입니다. 기성 세대가 미래의 희망이나 비전을 주지 못하기 때문입니다. 젊은이들과의 공감대가 사라지고 대화가 단절된다는 것을 느끼게 됩니다.

젊은이들을 '미래'라고 할 때, 현재와 미래의 단절은 역사의 단절을 가져올 것이므로 크게 우려됩니다. 모든 젊은이들이 자기 혼자이며 고립되었다고 생각할 때, 긴장 관계를 가져 오고 타인과의 관계는 존재적(存在的)인 적대 감정을 갖게 될 뿐입니다. 위정자들을 비롯한 기성 세대가 젊은 세대를 수용하지 않으면 안 됩니다.

툭 터놓고, 이야기해 보자꾸나

80년대 초의 일입니다. 어느 젊은 여학생이 법정에서 "저는 아직 어립니다. 아직도 어머니 품이 더 좋고, 꽃을 보면 귀여운 그런 청순한 젊은이입니다" 라고 말하면서 "우리 같은 어린 사람들이 옳은 것을 보고 옳다, 그른 것을 보고 그릇된 것이라고 말할 수 있고, 말해도 공포나 불안을 느끼지 않아도 되는 그런 어른들이 좀 되어 주십시오"라고 말했다는 것을 듣고는 참 느낀 것이 많았습니다.

사실 오늘의 젊은이들은 이 여학생처럼 기성 세대와 단절되어 있습니다. 그리고 그것은 참 슬픈 일입니다. 이럴 때, 대부분의 젊은이들은 어쩌면 '되는 대로 살자'는 데카당이 되는지 모릅니다.

오늘의 우리 사회는 젊은이로 하여금 진실되게 살 수 있도록 하는 길은 막혀 있고 부패할 수 있는 길은 많이 열려 있다고 볼 때, 대부분의 젊은이들은 타락하기 쉽습니다. 정신적으로도 의지할 데가 없습니다. 때로는 소수의 젊은이들이 극한으로 나가게 되기 쉽고, 또 나가고 있다고 보여지기도 합니다.

그렇다면, 그것이 연장되어 어디까지 나갈 것인가. 내가 보기에도 힘들 만큼 상황이 되어 가는 것 같은데, 그 파급효과가 크다 보면 나라 전체의 운명과도 관계되지 않겠는가 생각됩니다.

내가 젊은이들에게 특별히 말하고 싶은 것은, 참된 발전이란 고난을 통해서 온다는 것, 그리고 그 고난 때문에 좌절하지 말아야 된다는 것, 오히려 그 고난이 우리를 성장시켜 준다고 할까, 어떤 고난이 있더라도 젊은이들이기 때문에 그 고난에 더 용감하게 대면할 줄 알고 절대로 좌절하지 말라고 말하고 싶습니다.

자주 이야기하는 것입니다만, 「길」이라는 영화에서 마르코가 돌 하나를 주워 가지고 제르소미나에게 "이 돌 하나에도 의미가 있다!"고 말한 것은 인상적입니다. 사실 돌 하나에도 의미가 있듯이, 모든 존재에게는 의미가 있습니다.

더구나 그 존재 가운데 가장 탁월한 존재인 인간에게는 더욱 특별한 의미가 있습니다. 우리는 그 의미를 각자가 소중히 생각하고, 자기 자신에게 주어진 것을 그대로 받아들이면서, 나의 인생의 의미가 무엇인가를 진지하게 적극적인 방향으로 생각할 때, '자기 성장'이라는 게 있다고 봅니다.

　세상이 어지럽다고 해서, 나의 인생도 의미가 없다고 하여 좌절해서는 안 됩니다. 지금 우리 모두는 삶의 의미가 없는 쪽으로 많이 생각하여 흘러가는 대로 내맡기는 경향이고, 사회 전체의 메카니즘 속에 떨어지고마는 상황인데, 우리나라 사람들의 다수가 삶의 의미가 있다는 걸 발견하고 산다면 사회는 달라질 것입니다.

●●

　젊은이들이 우리들의 미래임은 확실합니다. 우리 기성 세대가 보면 젊은이들의 못마땅한 점이 많지만, 젊은이가 보면 기성 세대가 옳지만은 않습니다. 우리가 젊은이들을 보고 자꾸만 "너희들은 틀려먹었다!"고 해서는 문제의 해결점을 찾을 수 없습니다. 기성 세대나 젊은이들이나 저마다의 주장에 상당한 일리가 있고 보면, 서로 대화를 할 수 있게끔 되어야 합니다. 어른이 먼저 "자, 우리 한 번 이야기해 보자!" 이렇게 나와야 됩니다.

　젊은이들이 지적하는 모순이 우리 기성 세대에게 계속되는 한, 그들은 기성 세대와 점점 격리되고, 행동의 타당성을 기성 세대의 비리에서 찾게 되고, 점점 격화되어 갈 것입니다. 그런 의미에서 가정이나 사회적으로 대화의 채널이 활성화되고, 사회의 전반적인 분위기가 그런 문제를 양성화하여야 된다고 생각합니다.

평화가 머무는 그곳에

평화를 전해 주고, 싸우는 사람들을 화해시키며, 미움의 불을 끄고, 갈라진 자들을 맺어 주는 사람들은 참으로 행복한 사람들입니다. 매일의 생활에서 화해시킬 수 있는 아주 단순한 태도, 행동, 말, 그리고 하느님으로 꽉 차 있는 마음이 얼마나 중요합니까? 사리사욕을 떠나서 순수한 지향으로 모든 인간 사이와 민족 간에 평화를 심어 주려는 집념에 사로잡힌 이는 행복한 사람들이고, 특히 하느님과 사람들 사이에 평화를 건설하는 사람은 행복한 사람들입니다.

칼을 갈면 언젠가는 쓴다

여러 해 전의 자료입니다만, 세계의 모든 나라가 군사력을 위해 쓰는 돈은 매 1분간 1백만 달러가 넘고, 연간 총액은 5천억 달러라고 합니다. 이는 발표된 군사 비용이고, 실제로는 그 두 배가 넘는 1조 달러 수준이라고 합니다.

1조 달러. 우리로서는 상상도 할 수 없는 큰 돈입니다. 설령 5천억 달러라고 하더라도, 만일 해마다 이 돈을 평화적 목적과 구호 자금으로 쓴다면, 아직도 절대 빈곤 속에 굶주리고 있는 전세계 5억이 넘는 기아 선상의 사람들을 구제하고도 남는 돈입니다. 그런 막대한 돈을

평화가 머무는 그곳에

오늘의 세계는 인간 구제보다, 오히려 그 반대로 인간을 죽이는 무기에 투자하고 있습니다.

생각해 보면, 납득할 수 없는 일입니다. 현대 세계가 미쳤다고밖에 볼 수 없습니다. 한 사람 앞에 10톤씩이나 돌아가는 핵무기를 만들어 내다니……. 무엇 때문인지, 누구를 위한 것인지 정말 알 수가 없습니다.

우리는 평화를 필요로 합니다.

지금 당장 우리 모두 평화를 위하여 일해야 합니다. 그렇지 않으면, 머지않은 미래에 세계는 지역 분쟁의 격화와 함께 핵무기로 폭발될 위험이 대단히 크기 때문입니다. 아니면, 그런 무기와 아울러, 이를 생산해 내는 중화학공업이 만들어 내는 대기오염이 인간 생명과 그 환경을 위협하고 있기 때문입니다. 핵무기가 사용되면, 우리 자신과 우리의 사랑스러운 자녀들을 포함해서 모든 생명이 죽고, 모든 문화는 파괴되고 말 것입니다. 고(故) 케네디 대통령의 말대로 '인류가 전쟁에 종지부를 찍지 않으면 전쟁이 인류에 종지부를 찍을 것'입니다.

우리는 흔히 무기가 우리의 평화를 지켜 준다고 믿고 있습니다. 남북한의 상황에서 북한의 군비 증강이 사실이라면, 우리의 평화는 군사력 증강으로써만 지켜질 수 있다고 생각하는 것은 당연하고 자연스러워 보입니다.

그러나 서로 칼을 갈면, 언젠가는 서로 칼을 쓰게 마련입니다. 무력 증강은 우선은 평화 유지를 위해 필요해 보여도, 결국 평화와는 정반대되는 전쟁 준비가 되고, 그 결과는 모두의 죽음과 멸망이 됩니다. 무력에 의한 평화가 참평화일 수는 없습니다. 무력이 잠정적으로 전쟁 억제 역할을 하는 것은 사실이지만, 우리가 그것에만 의존하면 참평화는 절대로 오지 않습니다.

참평화는 단지 전쟁이 없는 상태만도 아니고 물리적 힘의 균형만도 아닙니다. 더욱이 전제적 지배로 말미암은 안정을 평화라고 할 수는 없습니다. 그런 평화는 '죽음과 침묵, 공동묘지의 평화'입니다.

  참평화는 모든 인간이 인간의 존엄성을 지닌 인간으로서 자유를 누리고, 육체만이 아니라 정신적으로도 인간답게 숨쉬고 살 수 있을 때, 바로 그때 그곳에 평화가 있습니다. 평화는 진정 인간이 참인간이 되기 위해 필요하고, 이 지구상의 생명이 자라고 인류 공동체가 생존하기 위하여 절대로 필요합니다.

  가령, 우리 가정의 평화가 어떤 것인가를 예로 들어 봅시다. 아버지가 무섭게 한다고 해서 모두 쥐죽은 듯이 있는 게 평화입니까? 그것은 평화가 아닙니다. 불평이 있는 데도 침묵하고 조용히 있는 게 평화입니까? 그것도 아닙니다. 또 어떤 의미로 총을 든 사람이 지키고 있으니까 가만히 있다고 해서 그게 평화입니까? 결코 아닙니다. 부모와 자식 사이에 서로 사랑하고 화평을 누리고 웃고 할 때, 그것이야말로 바로 가정의 평화입니다.

  넓게 생각하면, 세계 평화도 인류 전체의 공동체로서 인종이라든지 국가라든지, 혹은 언어 같은 모든 차이를 넘어서 서로 형제같이 얼싸안을 수 있을 때, 바로 그것이 평화입니다.

사랑과 정의가 강물처럼

  오늘날 왜 평화가 인간에게 주어지지 않습니까? 왜 평화는 위협받고 파괴됩니까? 평화를 위협하고 파괴하는 것은 누구입니까? 신이나 부처인가요? 아닙니다. 잡귀나 악마인가요? 아닙니다.

  바로 인간입니다. 인간이 이웃과 다투고, 남을 미워하고 해치고 죽이기 때문입니다. 그리고 그 동기는 자신의 욕망, 미움, 이념이나 기타 맹목적 신념 등 여러 가지가 있습니다. 근본적으로 인간이 함께 더

평화가 머무는 그곳에

불어 살아야 할 이웃, 인간을 같은 인간으로 위하고 사랑할 줄 모르기 때문입니다.

결국 평화의 문제는, 우리가 진정 인간을 인간답게 위하고 사랑하느냐 하는 사랑과 정의의 문제입니다. 그렇기 때문에 평화를 이룩하려면, 안으로는 사람의 마음에서 평화를 깨뜨리는 모든 것을 이기고 없애야 합니다. 불화의 뿌리를 뽑아야 합니다. 남을 인정하지 않는 오만, 믿지 않으려는 불신, 용서할 줄 모르는 미움, 나만을 위하는 소유욕과 지배욕, 질투와 경계심을 버려야만 합니다.

● ●

60년대 초에 열린 제2차 바티칸 공의회에서 채택된 「현대 세계의 사목헌장」은 평화에 대해 다음과 같이 말하고 있습니다.

"평화는 전쟁없는 상태만도 아니요, 적대 세력 간의 균형 유지만도 아니며, 전체적 지배의 결과도 아니다. 정확하게 말해서, 평화는 정의의 실현인 것이다. 인간 사회의 창설자이신 하느님께서 인간 사회에 부여하신 질서, 또 항상 더욱 완전한 정의를 갈망하는 인간들이 실현해야 할 그 질서의 현실화가 바로 평화인 것이다."

그렇다면, 여기서 말하는 '정의'란 무엇을 의미합니까? '정의'란 존엄한 인격체로, 인간 서로가 올바른 관계에 서서 의롭게 사는 삶을 뜻합니다. 이것을 실현하는 것이 곧 평화입니다. 그러므로 폭력, 억압, 공포, 위협에 의해 강요된 질서와 함께, 강자가 약자를, 물질적인 부를 가진 사람이 가난한 사람을 지배하는 질서는 거짓된 질서이며, 그렇게 해서 유지되는 평화는 거짓 평화인 것입니다.

'평정'이라는 말은 흔히 압제를 의미합니다. 거짓된 질서 위에 세워진 거짓 평화는 진정한 평화가 아닙니다. '평화(平和)'라는 두 자를 보아도 벼(禾), 즉 밥이 모든 입(口)에 골고루(平) 들어감을 드러내고 있습니다.

115

●●●

여러 해 전, 인도 캘커타의 '빈자의 어머니' 마더 데레사 수녀님이 한국에 왔을 때, 어떤 기자가 수녀님에게 가난한 사람은 왜 있는지 물어 보았습니다. 수녀님은 우리가 나누지 않기 때문이라고 말했습니다. 그러자 그 기자는 "어떻게 하면, 가난의 문제를 해결할 수 있습니까?" 하고 다시 물었습니다. 수녀님은 "우리가 서로 나눔으로써입니다" 라고 답했습니다.

나는 평화의 문제도 같다고 생각합니다. 모두가 평화를 갈망하면서도 평화가 없는 것은 우리가 서로 나눌 줄 모르기 때문입니다. 가진 자가 가지지 못한 자와 나눌 줄 모르고, 부자 나라가 가난한 나라와 나눌 줄 모르기 때문입니다. 결국 인간이 서로 사랑할 줄 모르기 때문입니다.

우리가 참으로 서로 사랑하고 나눌 줄 안다면 서로 형제로 받아들이고 서로의 잘못을 용서할 줄 안다면 우리는 평화를 누릴 것입니다. 결국 서로 사랑하는 것이 평화의 길입니다. 그런데 이렇게 단순한 것을 우리는 할 줄 모릅니다. 서로 사랑할 줄 모를 뿐아니라, 서로 미워하고 서로 다투고 싸우고 죽이기까지 합니다. 드디어 하느님의 모습으로 창조된 인간의 존엄성마저 상실하고 있습니다.

●●●●

참사랑은 무력합니다. 사랑하는 자를 위해서는 아무 것도 거절할 수 없을 만큼 무력합니다. 어떠한 고통도 죽음까지도 받아들입니다. 때문에 사랑은 가장 무력하면서도 가장 강인합니다. 사랑은 온 세상을 분쟁과 갈등과 파멸로부터 구할 수 있는 구원의 첩경입니다.

「인간이 아쉽다」는 소망의 눈물

나는 아시시 프란치스코(Franciscus Assisiensis; 1182?~1226)의 '평화

를 위한 기도'를 애송합니다. 그는 우리 하나하나가 평화의 도구로 되려고 할 때, 평화가 온다고 말했습니다. 그는 '미움이 있는 곳에 사랑을, 다툼이 있는 곳에 용서를, 분열이 있는 곳에 일치를, 의혹이 있는 곳에 신앙을, 그릇됨이 있는 곳에 진리를, 슬픔이 있는 곳에 기쁨을 가져오는 자가 되게' 해달라고 빌며, '위로하고 이해하며 사랑함으로써 평화가 온다'고 했습니다.

• •

'평화의 기도'라든가, '평화의 문제'는 무엇을 말하는 것입니까?
그것은 궁극에 가서는 인간 본연의 기도이고, 인간 본연에 관한 문제입니다. 그렇다면, 우리가 평화를 간절히 희구할진대, 끝까지 지켜야 할 가치는 인간의 존엄성이고 그것의 회생(回生)입니다.
인간 회생의 문제는 비인간화 되어 가는 사회 안에서 가장 크고, 가장 핵심적이며, 가장 본질적인 문제라고 볼 수 있습니다. 인간 회생 없이 기아(飢餓)를 비롯하여 전쟁, 사회 부조리, 정치 권력의 물리적 위협에서의 인간 해방, 즉 평화를 기대할 수는 없습니다. 더욱이 현대의 '사회적 소외', 더 깊게는 '인간의 실존적 소외'가 안겨 주는 내적 고뇌, 갈등, 불안, 공포 등에서의 해방, 다시 말해 참된 평화의 길은 찾을 수 없을 것입니다.
우리가 살고 있는 이 땅, 특히 서울은 문자 그대로 초만원입니다. 사람의 홍수를 이루고 있습니다. 이런 소용돌이 속에서 우리는 모두 무엇인가 소중한 것이 자기 안에서부터 잃어져 가고 있음을 느끼지 않을 수 없습니다.
인간성. 그렇습니다. 우리는 모두 이것이 내 속에서부터 점차 무산되어 가는 공허에 제읍(啼泣)하고 있습니다. '사람이란 무엇입니까?' '왜 삽니까?' '왜 이렇게 모두 아귀다툼을 해야만 살 수 있습니까?' 하고 진지하게 이야기를 나눌 만한 사람이 거의 없는 듯합니다. 때문에

삶의 길목에서

그 많은 사람 속에서 오히려 내게는 '인간이 아쉽다'는 소망의 눈물이 가슴 속에 선혈처럼 흐르고 있는 것입니다.

●●●

개인의 이기심은 직접 이웃의 기본권을 짓밟으며, 나아가 집단적 이기심을 자극하여 사회 계층 간의 격차를 초래하고, 드디어는 참혹한 전쟁까지 유발하게 됩니다. 요컨대, 평화의 원수는 바로 우리들 마음 속에 도사리고 있는 이기심이라 하지 않을 수 없습니다.

평화 성취의 제일 단계는 바로 이 이기심의 극복입니다. 개인이건 집단이건 간에 이기심을 제거하지 않는 한, 불목(不睦)과 전쟁은 계속되게 마련입니다. 이기심을 마음 속 깊이 간직한 채, 평화를 원한다는 것은 자가당착입니다.

또 진정한 평화는 '전쟁 없는 국제관계' '분열 없는 인간관계'라는 소극적 균형이 아니라, 적극적인 정의의 구현이며 공동 발전의 노력입니다. 그러므로 평화 성취의 다음 단계는 진정한 사랑의 실천입니다.

이기심의 극복과 사랑의 실천이 평화의 요건일진대, 평화는 개인의 마음 속에 그 기초를 두고 있습니다. 이기심의 노예인 인간이 거기서 해방되고 진정한 사랑을 실천하려면, 먼저 회개하고 속죄하며 사랑 자체인 하느님에게로 회두(回頭)해야 합니다.

이기심이 낳아 놓은 죄악을 속죄하는 고통의 수난과, 자기를 부정하는 자아 극복의 정신적 죽음, 하느님의 모상을 되찾는 새 생명에로의 부활이란 과정을 통해서만 인간은 '평화의 사도'가 될 수 있습니다. 좁게는 가족끼리, 넓게는 기업주와 노동자, 위정자와 국민, 강대국과 약소국 사이에서 이기심이 사라지고 서로가 서로를 원하는 사랑의 공동체를 형성하고 공동의 발전을 도모할 때, 비로소 평화는 가능합니다.

온갖 횡포와 착취, 갖은 탄압과 불균형이 이기심에 그 뿌리를 박고 있을진대, 이기심을 극복하는 속죄와 자아 극복이 선행되고, 거기에서 공동의 발전을 도모하는 사랑의 불꽃을 꽃 피워야 평화는 가능합니다. 이같은 노력 자체가 평화이므로, 평화를 이룩하기 위해서는 각 사람이 제 위치에서 이기심 극복의 노력을 계속해야 하겠습니다. 말하자면, 평화는 '너'와 '나', 그리고 모든 사람에게 달려 있는 것입니다.

평화를 위한 지름길

무엇보다도 평화 교육을 해야 합니다. 그리고 아주 근본적으로는 그것을 위해 인간에 대한 사랑의 교육을 해야 합니다. 평화와 관련하여 어떤 분은 이렇게 말했습니다. 유명한 성자인 '아시시의 성 프란치스코 손에 쥐어진 원자폭탄은 강도의 손에 들려진 권총보다 덜 위험하다'고.

아무리 원자폭탄이라도, 그것이 성자의 손에 들려 있으면 터질 염려는 없지만, 아무리 그보다 작은 무기라도 강도의 손에 쥐어져 있으면 언제 발사될 지 모른다는 말입니다. 이 말의 뜻은 평화를 이룩하고자 하는 인간의 마음, 그것이 오늘 평화를 이룩하는 데 가장 중요한 핵심이라는 뜻입니다. 그러므로 그런 마음의 주인공들이 되기 위해서는 평화의 교육이 필요합니다.

평화의 교육은 곧 이웃에 대한 사랑의 교육, 정의의 교육입니다. 바로 이런 의미에서 우리의 교육에는 미움의 교육이 절대로 있어서는 안 되겠다고 생각합니다.

앞서 이야기했듯이, 내가 공산주의를 싫어하는 이유 중의 하나가, 공산주의는 '미움의 교육'이기 때문입니다. 공산주의는 어릴 때부터 사람을 미움으로 교육시킵니다. '반동자는 다 제거하라.' 그들은 자기들과 의견이 틀리면 용납할 줄 모릅니다.

이와 관련하여, 요즘 우리나라의 젊은이들에게서 조금 염려되는 것은 자기들의 이상을 추구한 나머지, 자기들과 생각을 같이 하지 않는 사람을 제거시킨다고 할까, 배척하고 배타적으로 나가고 그 누구도 받아들이지 않는다는 점입니다. 이것은 아마도 그들이 자라온 배경, 즉 가정으로부터 학교에 이르기까지 삭막한 환경 때문일 겁니다.

보다 직접적인 원인이라면, 우리 기성 세대가 그들에게 믿음을 주지 못했다는 것, 다시 말해서 우리 기성 세대가 정직하지 못했고, 우리의 부정직과 아울러 사회 전체의 부조리, 또 정치의 비민주성, 이런 것들이 젊은이들로 하여금 그토록 극한적으로 나아가게 한 것이 아닐까 싶습니다.

그리고 더욱 염려스러운 것은 젊은들이 남을 받아들이지 못하는 마음, 더 나아가 미움의 마음을 갖고 있다는 점입니다. 미움에서는 어떤 의미의 좋은 것도 생성될 수 없습니다. 비록 그 동기가 정의에 있다 하더라도 미움에서는 어떠한 좋은 것도 나오지 못합니다.

나는 가장 큰 빛은 가장 깊은 어둠 속에서 나온다는 것을 믿고 있습니다. 그 밝은 빛의 날은 시련과 고통의 날을 겪으면서도, 그럴수록 더욱 평화를 위해 일하는 사람들에 의해 훨씬 앞당겨질 수 있다고 믿고 있습니다.

기도하는 즐거움

기도는 기도로써 익힌다

사람이 24시간 중 일정한 시간, 기도를 드리는 것은 극히 좋은 일입니다. 그것은 비단 가톨릭 신자만이 아니라 신앙을 갖지 않은 사람도 마찬가지입니다.

사실 믿음은 반드시 기도하는 마음 속에서 찾아지는 것이기 때문에 우리의 삶 그 자체가 기도가 되어야 합니다. 현대를 사는 사람들에게는 허탈감이 밀물처럼 밀려들어 올 때가 많습니다. 서울 한복판을 걷고 있자면, 밀려드는 자동차의 홍수와 빽빽이 들어선 고층 빌딩, 무수한 인파로 해서 설 자리를 잃었다고 생각하게 될 것입니다. 그런 상황에서 사람들은 자신이 어디로 가는 것도 모르는 채 방황하게 되는 것이 아닐까요.

바로 이럴 때에 기도가 필요합니다. 믿지 않는 사람들에게는 반드시 기도가 아니더라도, 자신의 육신이 자신의 마음과 마주 앉아 보자는 것입니다. 과연 무엇이 소중한가를 음미하는 명상이 바로 기도로 통하는 것입니다.

교회에 관계없이 초월하는 자세로 명상할 때 빛을 구할 수 있는 것이고, 또 내적으로 풍요를 누릴 수 있습니다.

삶의 길목에서

••

 퍽 오래 전에, 기도를 삶의 중심으로 삼고 있는 평신자들과 만난 일이 있었습니다. 그분들에게 내가 던진 질문은 한결같이 "어떻게 기도를 합니까?" 라는 것이었습니다. 이 질문에 대한 여러 답을 듣던 중, 어느 중국 여성이 "기도는 기도하면서 어떻게 하는 것인지 알게 됩니다" 라고 한 대답은 오늘날까지도 잊혀지지 않고 있습니다.

 생각해 보면, 사실 이밖에 다른 답은 있을 수도 없을 것 같습니다. 기도는 결국 끊임없이 기도함으로써 알 수 있는 것입니다.

제 **3** 부

더불어 사는 사람들

진실로 사랑해서 때리는 매는 누구를 내쫓는 매가 아니라 더 따뜻하게 끌어안는 매이어야 합니다. 때리는 사람의 아픔과 고통이 맞는 사람의 그것보다 더 큰 것일 때 사랑의 매가 될 수 있습니다. 때리는 것은 미움이 아니라 보다 더 뜨겁게 사랑한다는 것의 역설적인 표현일 수 있습니다.

가진 자와 못 가진 자

비싼 코냑을 마시는 심리

89년 서울 세계성체대회를 끝내고, 교황님께 감사 인사를 드리기 위해 유럽에 갔다가 프랑스 파리에 들른 적이 있었습니다. 그곳에 있는 한 외국인 신부님으로부터, 프랑스에서는 2~3만 원 정도 하는 코냑이란 술이 서울에서는 50만 원이라는 말을 듣고 놀란 적이 있었습니다. 도대체 이처럼 비싼 것을 수입해서 돈을 벌겠다는 사람이나, 또 막대한 금액이 붙은 술을 사서 마시는 사람들은 어떤 사람들인지 궁금합니다. 이런 현상은 어디서 비롯될까요? 근본적으로는 속이 비어 있기 때문이 아닐까 생각합니다. 속을 채울 수 없기 때문에 값비싼 사치품으로 때우려는 심리 말입니다.

수입상들이 자제하도록 법과 제도의 마련도 필요하겠지만, 사는 사람들도 우리 주위에 몇십만 원의 전세금이 없어 자살하는 사람, 점심을 굶는 아동들, 철거민과 달동네에 사는 사람들의 어려운 생활을 생각한다면, 그런 식으로 과소비 생활을 하지는 못할 것입니다.

이웃의 아픔, 아직도 외면하려는가

오늘날 우리나라는 새 시대를 맞이하고 있습니다. 무엇보다도 이 시대는 민주적 정치발전을 기약하고 있습니다. 민주적 정치발전의 바탕은 무엇이며, 그 목적은 무엇입니까? 그것은 다름 아닌 인간의 존엄성이요, 거기서 우러나오는 인권의 수호 발전 및 공동선(共同善)입니다. 이것을 빼면 민주주의는 무너지고 맙니다. 그 존재의 의미조차 없습니다.

민주주의의 바탕은 단지 주권재민과 삼권분립에 있는 것이 아니라 우리 국민 모두가 근본적으로 하느님의 인간에 대한 그 사랑의 깊이와 너비를 깨닫고, 그 사랑에서 모든 이를 차별 없이 진정 존경하고 사랑하는 데에 있습니다.

인간의 가치를 권력이나 물질적 부에 두지 않고 어떤 인간이든지 — 비록 가난하고 약하다 할지라도 — 인간인 한에 있어서 존엄하며 가치가 있다는 인식이 깊어져야 합니다.

이같은 인간 존중의 가치관이 우리 사회의 가치관이요 기본 정신일 때, 특히 민족 사회를 이끄는 지도층의 가치관이요 기본 정신일 때, 우리는 정치·경제·문화 등 모든 면에 있어서 성장할 뿐 아니라 참으로 진정 빛나는 사회로 발전할 것입니다. 누구도 가난하고 약하기 때문에 천시받고 억눌리며 밀려나는 불의가 없는 정의로운 사회로 발전할 것입니다.

진정 세계의 존경과 지지를 받는 대한민국이 될 것입니다.

흔히 우리는 정치나 경제가 인간애(人間愛)와는 무관한 양 생각합니다. 하지만 그렇지 않습니다. 정치에서 인간애가 빠지면 결국에는 독재와 억압으로 타락할 수밖에 없고, 경제에서 인간애가 빠지면 결국에는 탐욕과 수탈밖에 남지 않습니다. 그럴 때, 그런 정치와 경제가 지배하는 사회는 비인간화될 수밖에 없습니다. 인간은 한낱 도구로 타락하고 사회 전체는 몰락하고 맙니다.

인간애는 참으로 정치와 경제의 기본 윤리요 그 대도(大道)입니다.

가진 자와 못 가진 자

●●

그런데 우리는 어떻습니까? 참으로 이웃을 사랑합니까? 가난한 이웃에 마음을 열고 있습니까? 가진 것을 그와 나누고 있습니까? 우리는 반대로 재산을 늘리기 위해 부동산 투기를 하거나 전세값을 올림으로써 가난한 이웃을 울리며, 그의 고통을 가중시키고 있지는 않습니까? 또는 과소비로 자기 만족에 빠져 있지 않습니까?

요즘 우리 사회에는 인명 살상, 성폭행 등 인륜을 거스르는 범죄가 범람하는 가운데 여러 가지 이유로 가난한 이들이 극심한 고통을 겪고 있습니다. 여기에 대하여는 정부는 참으로 민생 문제 해결을 우선하는 희망의 정치를 펴야 하겠습니다. 특히 가난한 이들의 고통을 덜어 주는 복지 정책을 세우고 실천하는 데 최선을 다해야 하겠습니다. 네루의 말대로 '정치는 가난한 사람들의 눈에서 눈물을 닦아주는 것'임을 잊지 말아야 합니다.

동시에 가진 이들도 이 사회의 평화를 위해서나 자신들의 안녕을 위해서, 자기의 이익 추구 때문에 영세민을 울리는 악을 절대로 행하지는 말아야 합니다. 그렇지 않으면, 이 사회, 곧 우리 자신은 극심한 물질주의와 이기주의로 도덕적 붕괴와 정신적 파탄을 면치 못할 것입니다.

가난한 이를 품지 못하고 계속 못 살게 밀어 내는 사회는 축복을 받을 수 없고, 서민들로부터 삶의 의욕을 빼앗아 가는 사회는 번영할 수 없습니다. 그런 사회는 비인간적·반생명적 사회로 몰락할 수밖에 없습니다. 그런데도 우리는 지금 그 길을 가고 있습니다.

분명한 것은, 우리는 이웃의 형제, 특히 가난한 형제를 사랑하지 않고는 구원될 수 없다는 점입니다. 사랑하지 않는 사람은 죽음 속에 그대로 머물러 있기 때문입니다.

우리는 이 죽음을 벗어나야 합니다.

더불어 사는 사람들

어둠에 갇혀 있는 이 사회에 빛을 밝혀야 합니다. 이를 위해 우리는 모두 자신의 무덤, 폐쇄된 '자아의 벽'을 헐어야 합니다. 남을 향해 '마음의 문'을 열어야 합니다. 진정 이웃을 사랑할 줄 알아야 합니다. 이웃을 해치거나 미워하지 말아야 함은 물론이요, 이웃과 가진 것을 구체적으로 나눌 줄 알아야 합니다.

가난은 「제 탓」만이 아니기에

가난은 가난 그 자체로서 문제되기보다는 고르지 못한 데서 문제되는 것입니다. 정직하고 성실한 사람이 뒤에 처지고, 그렇지 못한 사람이 앞질러 가는 데서 사회 정의의 문제가 심각히 제기되는 것입니다.

우리 사회에는 부지불식 간에 가지지 못한 사람과 가진 사람 사이의 위화감이 상당할 정도로 팽배해 있습니다. 동창이나 혹은 가족 사이에서도 가진 사람과 가지지 못한 사람 사이의 위화감과 거리감을 유발시키고 있습니다. 이러한 상대적 빈곤의식과 위화감은 또 다른 측면에서 우리 공동체의 화해와 일치를 저해하는 중요한 요소로 등장하고 있는 것입니다.

또한 우리나라에서의 가난의 문제는 자신이 게으르다거나 낭비에서 비롯되거나 하는, 즉 가난이 '제 탓'으로만 연유하는 것이 아니라 사회적 성격을 띠고 있습니다.

고향에서 쫓아낸 것은 아니지만 농촌에서는 도저히 살 수 없어 고향을 등지고 나온 사람이 달동네에 와서 정착합니다. 여기는 일종의 전진기지이기 때문에, 서양에서 도시 패배자들이 사는 지역과는 비교가 되지 않을 만큼 생활하는 모습이 건실하고 도덕적으로 건강합니다.

그런데 이제는 다시 도시의 전시 행정에 밀려 쫓겨납니다. 단순히 주거가 헐리는 것이 아니라 도시 정착에의 모든 꿈, 삶의 터전, 가난

가진 자와 못 가진 자

하지만 서로 돕고 건실하게 사는 삶의 방식까지 빼앗기게 됩니다. 여기서 철거민의 문제가 나오는데, 정치가 그들의 눈물을 닦아 주지는 못할 망정, 그들의 눈에서 피눈물을 흘리게 하는 것은 차마 못 볼 일이요, 있어서는 안 될 일입니다.

노동자와 농민의 문제도 마찬가지입니다. 노동자와 그 가족, 그리고 농민을 합치면, 우리나라 전체 인구의 3분의 2를 차지할 것입니다. 이들의 삶의 조건은 이 나라 국민의 '삶의 질'을 가늠하는데, 이들의 인간다운 대접에의 요구와 호소를 단지 치안 차원에서만 대처할 수 있겠습니까?

이들도 가난의 구조와 원인을 알려고 하고 있고, 또 알고 있습니다. 우리는 차제에 정치적 민주화와 함께, 모든 인간에게 인간다운 존엄이 지켜지는 가운데, 더불어 함께 인간답게 살 수 있는 사회 정의와 화해를 추구하는 '사랑의 경제'로 전환해야 할 때라고 생각합니다.

가난한 사람들은 오랜 소외와 희생 속에서 사랑과 화해에 굶주려 있습니다. 그들에게 이 시대 우리 모두의 사랑을 말로만이 아니라 마음 깊은 곳에서부터 우러나오는 현실을 보여 주어야 합니다.

• •

85년 여름에 사북탄광에 간 적이 있었는데, 그때 그곳 광부들은 자신들이 이 사회와 인생의 막장에 와 있다는 생각들을 갖고 있는 것을 보고는 무척 마음이 아팠습니다. 마찬가지로 농사 짓는 사람한테 뭐 하느냐고 물으면, 머리를 긁적거리면서 놀고 있다고 그럽니다. 지지리도 못나서 농사 짓는다는 의식이 깔려 있는 것입니다. 지금도 마찬가지일 것입니다.

나는 이들에게 자신의 직업에 긍지를 되찾아 주고 자신들의 미래에 희망을 주는 그런 방향으로 정책의 변환, 정책 발상의 전환이 절실히 요청된다고 봅니다.

더불어 함께 인간답게 한 시대를 같이 살아가야 한다는 의식이 경제적인 평등을 향해 나가는 첫걸음이요 바탕입니다. 불균형 경제로부터 화해와 사랑의 경제로 모든 생각과 정책이 바뀌어야 합니다. 경제적 평등은 결국 그 사회의 도덕성을 나타내는 지표입니다.

● ● ●

나는 가끔 정부나 서울시 당국이 왜 무리한 도시개발 정책을 밀고 나가는지 참으로 이해할 수 없을 때가 많습니다. 왜냐 하면, 도시의 철거민은 결국은 정부에 대하여 원한을 품게 될 것이고, 그것은 곧 사회 안정을 크게 해치는 무서운 요인이 될 것이 불을 보듯이 분명한데, 그런 불안 요인을 왜 정부는 스스로 만들고 있는가?

'도시 미화'라고 하지만, 가난한 사람들을 더 가난하게 만들고, 그들 눈에서 피눈물을 흘리게 하면서 도시 미화를 한들, 그것이 참된 아름다움입니까? 인간을 무시하고 짓밟아 세워진 도시는 아름답지 않을 뿐아니라 날이 갈수록 비인간화의 괴물로 변해 갈 것이고, 마침내 그곳은 약육강식의 피비린내 나는 '비극의 도시'로 변모되고 만다는 것을, 왜 내다보지 못하는지, 참으로 이해하기 힘듭니다.

나는 참으로 우리 서울이 아름답기를 바랍니다. 그러나 그것은 먼저 이 도시가 안정과 인간미 넘치는 도시로서의 아름다움입니다. 가난한 이들을 쫓아냄으로써 도시미를 추구하는 것이 아니고, 오히려 그들을 따뜻하게 품고, 가진 이들이 그들과 가진 것을 나눔으로써 인정이 아름답기에 도시가 아름다운 서울이 되기를 바랍니다.

농촌 살릴 身土不二

얼마 전, 가톨릭농민회 간부들이 쌀 개방 문제와 관련하여 기자회견을 가졌을 때, 어떤 분이 나보고 "쌀 개방은 최선을 다하여 막아야 합니다. 그러면서, 쌀 개방만 없으면 농촌 문제는 해결되는 것처럼 생각한다면, 그것은 잘못입니다. 농촌 문제는 쌀 개방 여하에 앞서 이미 있는 것입니다" 라고 말했습니다.

내가 이 말을 나름대로 새겨들을 때, 오늘의 한국의 농촌이 안고 있는 문제, 곧 농촌의 피폐는 쌀 개방 여하에 앞서, 보다 더 깊은 데에 그 원인이 있다는 것을 알았습니다.

농촌은 참으로 우리의 고향입니다. 반만 년, 우리 민족의 생존을 지켜온 터전이요, 우리의 얼이 담긴 곳이요, 우리 문화의 모태입니다. 농촌을 잃으면 곧 우리는 고향을 잃습니다. 농촌이 망하면 우리 자신이 망하는 것과 같습니다.

때문에 우리 모두는 농민들의 아픔을 우리 자신의 아픔과 같이 생각해야 합니다. 그들의 근심 걱정을 우리 모두 함께 나누고자 하는 뜻을 굳게 가져야 합니다. 이렇게 국민의 뜻이 모아지면, 그리고 힘을 합하면 우리는 우리의 농촌을 참으로 다시 살릴 수 있을 것이고, 다시 아름다운 우리 고향으로 만들 수 있을 것입니다.

또한 우리는 국제화·개방화 시대를 두려워할 것이 아니라 보다 적극적으로 대처해야 합니다. 오히려 국제화·개방화에 있어서 그 경쟁력을 이겨 내겠다는 결의를 가져야 합니다.

다른 나라가 품질 좋은 농산물을 만들어 팔 수 있다면, 우리는 왜 할 수 없겠습니까? 거의 무(無)에서 출발하다시피 하여, 오늘날 이만큼 경제를 중진국으로까지 이룩한 우리는 농업에 있어서 경쟁력을 이겨내는 농산물을 생산할 수 있습니다. 이것은 바로 우리 자신, 우리 농민과 우리 국민의 의지와 결심 여하에 달려 있습니다. 지금이 바로 그렇게 뜻을 합하고 힘을 모으기에 가장 좋은 때입니다.

가톨릭농민회의 기자회견이 있은 그 날, 또 한 분은 이렇게 말했습니다. "정부가 이 시점을, 농촌을 다시 살리는 계기로 삼아서 구조 개선을 하고 제도적으로나 물심 양면으로 적극적으로 지원한다면, 그리고 무엇보다도 도시에 사는 이들이 신토불이(身土不二)의 진리, 곧 '우리 몸과 우리 땅, 우리 흙은 둘이 아니요 하나이다' 라는 진리를 깨닫고 우리 농산물을 사 먹는 운동을 적극적으로 전개한다면, 10년 후에는 농촌은 반드시 다시 살아날 것입니다" 라고 말했습니다.

우리는 이 농민의 소리에 참으로 귀를 기울여야 하겠습니다. 그런 농민의 기대를 헛되게 만들지 말아야 하겠습니다.

민중의 의식화가 가야 할 길

나는 '민중'이라는 말에 대해 깊이 생각해 보지 못한 까닭에, 그 개념에 대해 자신있게 의견을 말하기는 어렵습니다만, 그런 민중층에 속한다는, 예를 들면 노동자들, 농민들, 도시 빈민 등의 사람들이 자기의 의식을 갖기 시작했다는 사실은 대단히 뜻 깊은 일이 아니겠는가 생각합니다.

즉, 우리도 인간다운 대우를 받아야 한다, 우리가 우리 자신을 위해서 무엇인가를 하지 않으면 누구도 우리를 위해 아무것도 해 주지 않는다는 식의 의식화는 상당히 뜻 깊은 일이라고 생각합니다. 그것은 결국 나라 전체를, 우리 민족 전체를 발전시키는 데에도 큰 힘이 되기 때문입니다.

물론 매사에 부딪쳐서 투쟁으로만 나간다면, 거기에는 좌절도 있겠고 시련이나 문제도 뒤따르겠지만, 그러나 그 사람이 국민으로서의 주인의식을 가진다는 것, 그것을 위해서 일어선다는 것, 그리고 꼭 혁명적인 의미로 일어서는 것이 아니라 인간화를 위해서 일어선다고 할 때, 그것은 그 사람 자신을 위해서 뿐만 아니라 민족 전체의 발전을 위해서도 상당히 뜻 깊은 일이라고 생각하고 있습니다.

그렇지만 그 의식화가 단지 자신만의 권력 획득을 뜻하는 것이어서는 안 되고, 민족 공동체나 사회 공동체로서의 의식화도 겸해야 할 것입니다. 그렇지 않으면 개인의 권리만을 주장하고 남의 사정은 생각하지 않을 것이기 때문입니다. 이웃이 있어야만 나 자신의 권리도 향상된다는 의미에서의 공동체 운동은 상당히 중요하다고 봅니다.

애정 가진 위정자 아쉬운 세상

요즘 우리 주변에서 일어나는 부정과 불의에 대한 항간의 반응이 대체로 이런 것 같습니다. 큰 사건이 터져도, 너무나 돈의 액수가 높아 몇십만 원이 왔다갔다 하는 정도, 몇백만 원이 왔다갔다 하는 정도는 나부터도 그렇지만, "뭐 그까짓 것 가지고……" "그것 가지고, 뭐 째째하게……" 이렇게 말합니다.

사람들의 감각이 무뎌졌다는 이야기입니다. 그러니까 만약 내가 뇌물을 받을 때, 그 액수가 낮으면 "이거야 뭐, 얼마든지……" 한다는 것이죠. 하지만, 아무리 금액이 적더라도 그것이 쌓이고 쌓이면 나라 전체의 경제까지 저해하게 됩니다.

우리나라와 경쟁도 되고 비슷한 점이 많으면서, 어떻게 보면 양상이 다른 대만에 10여 년 전에 다녀온 적이 있었는데, 당시 그 곳에도 부정과 불의는 있지만, 전체적으로 보면 우리나라보다 결백한 나라라는 인상을 받았습니다.

대만이 추구하는 경제 목표는 안정이었습니다. 그리고 그 안정을 어디서 찾느냐 하면, 빈자와 부자의 격차를 자꾸 줄이는 일에서입니다. 20여 년 전에 가진 자와 가난한 자의 비율이 1대 15였으나, 내가 방문할 당시는 1대 4로 줄어들어 있었습니다. 말하자면, 대만은 경제적 안정을 찾았고 국민은 경제적 측면에서 정부를 신임하고 있는 나라입니다.

위정자가 가장 관심을 두어야 할 대상은 소외된 계층입니다. 위정자가 그 사회, 그 나라 안에서 약한 자와 가난한 자들에게 정말 애정을 기울이고, 그래서 정책 수립에서부터 언제든지 소외된 계층을 먼저 배려하는 마음을 가져야 합니다.

위정자나 사회적으로 영향을 줄 수 있는 사람들은 "다른 나라의 GNP가 얼마가 되니까, 우리는 적어도 얼마가 되어야겠다"는 식의 숫자로 국력을 재려고 하기보다는, 차라리 GNP가 낮아지더라도 사회가 안정되는 쪽으로 이끌어야 합니다. 그리고 사회가 안정되려면 소외된 계층이 적어지는 가운데 점진적으로 빈부의 격차가 줄어져야 합니다.

한두 가지 예를 들면, 대만에는 우리처럼 20층, 30층 되는 고층 건물이 별로 없습니다. 높은 건물이 있다면 10층 정도가 대부분입니다. 요즘 우리나라를 보면, 서울의 4대문 안도 그렇고, 무엇이든 '동양 최대, 최고'만을 좋아합니다. 그 결과, 빈부의 격차뿐 아니라 건물의 격차도 심하지 않습니까?

언젠가, 롯데 빌딩에 가 본 일이 있었는데, 제일 높은 데서 보니까 무교동 쪽으로 있는 옛날 집들이 아주 초라하여 불균형을 이루고 있습니다. 바로 가치관의 언밸런스입니다. 심지어 가톨릭 교회와 신자조차 신자 수가 많아지고, 성당이 높아지는 것을 '성장'으로 알고 있습니다. 이웃 교회보다 더 크게 성당을 짓고자 하는 생각들을 갖고 있는 것입니다.

●●

가지지 못한 자들을 위해 이 사회가 해야 할 일은 무엇인가. 나 자신부터 늘 그 점에 대해 반성을 많이 해야 한다고 생각하고 있습니다. 내가 아무리 가난한 사람들을 위해 관심을 갖고 있다고 하더라도, 그리고 내가 사는 방이 비록 조그맣고 춥더라도 그들보다 나은 것을 반성하고 있습니다.

문제는 우리 모두가, 특히 정치를 하고 있는 위정자들, 경제계를 좌지우지하는 분들이라면 누구나 다 근본적으로 그 나라, 그 사회의 밑

가진 자와 못 가진 자
━━━━●━━━━

바닥에 있는 가난한 이들, 소외된 이들에 대해 애정을 갖는 일입니다. 바로 이런 점에서 정치가가 애정을 가진다는 점은 무엇보다 중요합니다.

자주 인용하는 말입니다만, 네루는 '정치는 사람들의 눈에서 눈물을 닦아 주는 것'이라고 했습니다. 이 나라의 정치하는 이들이 가난한 이들의 눈에서 눈물을 닦아 주고 고통을 함께 나눈다면, 자연히 거기에 따른 정책이 나올 겁니다. 그런 정책을 통해서 가난한 자들의 문제가 해결되고, 빈부의 격차가 해결되지 않겠는가 봅니다.

가진 자들이 특권의식 버렸으면

명경지수(明鏡止水)란 말이 있습니다. 요즘 이 말의 참뜻을 가끔 생각하는데, 거울같이 맑은 마음, 사심(邪心)이라는 것은 조금도 없고, 깨끗하게 자기 자신을 볼 수 있을 뿐아니라 그 거울 속에서 자기가 해야 될 일을 똑바로 볼 줄 알고, 또한 그 일을 용기 있게 헌신적으로 추진해 나갔더라면, 또 책임 있는 자리에 있는 모든 사람이 빠짐없이 그렇게 해 나갔더라면, 오늘날 우리가 처해 있듯이 이렇듯 어려운 처지에는 와 있지 않았겠다는 생각이 듭니다.

보다 많은 사람들의 불행을 지도층에 있는 사람들이 덜어 주었어야 했는데 덜어 주지 못한 것 같습니다. 많은 사람들의 슬픔, 많은 사람들의 가슴 속에 맺혀 있는 한(恨), 이런 것들은 지도적 위치에 있는 사람들이 양심적으로 행동하지 않았기 때문에 더욱 커지는 것 같습니다. 어디 가서 고행을 하든지 보속을 하든지, 모두 한 자리에 모여서 너나 없이 흉금을 터놓는 고행의 시간을 가져야 되지 않을까 반성도 해봅니다.

● ●

사회 지도층에 속하는 사람들은 특히 특권의식을 버려야 합니다.

나 자신도 신분과 지위 때문에 어디 가든지 대접을 받는 편이고, 때로는 그것을 기대하기도 합니다. 그래서 스스로 이것을 반성하면서 기대를 버리도록 노력해 봅니다만, 나의 잠재의식 속에는 항상 대접받기를 바라는 불순한 심리가 있는 것 같습니다.

이처럼 나는 '장관이다' '국회의원이다', 그러므로 나의 신분, 지위, 위신을 생각해서, 나는 이러이러한 대우를 받아야 한다는 우월감, 일종의 콤플렉스에서 우리는 벗어나야 합니다. 우리가 이런 우월감을 가지고 있는 한, 우리 사회에 인간의 존엄과 평등의 사상이 뿌리내리기는 힘듭니다.

노동자들이 흔히 하는 말로 "우리가 원하는 것은 단순히 임금 인상이 아니라 사람 대우이다. 사주나 관리직에 있는 사람들이 우리에 대한 말씨나 태도가 달라져야 한다"고 하는 말을 듣는데, 이를 보면 노사 문제는 단지 임금 문제와 같은 이해관계 문제만이 아니라고 생각됩니다. 그것은 보다 깊은 인간 관계의 문제입니다.

때문에 기업을 하는 분들은 나름대로 애로가 크겠으나, 이런 근본적인 문제점에 있어 인식이 달라져, 노동자를 진심으로 자신과 같은 인간으로 알고 존중한다면, 노사 분규도 지금보다 훨씬 적어질 것이고, 노사 간의 협조가 잘 이루어져 사회 안정과 경제발전에 큰 도움이 될 것이라 믿습니다.

그리고 이런 인간 존중의 정신이 정치·경제를 비롯하여 사회 전반에 깊이 뿌리를 내리고, 우리 자신의 가치관 정립의 기틀로 될 때에 우리는 참된 의미의 국민화합을 이룩할 수 있을 것입니다.

●●●

얼마나 잘 사느냐 못 사느냐의 문제에 앞서, 인간성을 잃어 가고 있는 것이 오늘의 세계가 당면한 가장 큰 문제입니다. 우리 한국 사회에서도 상류층에 갈수록, 조금 더 풍요롭게 살아가는 사람들일수록 희생적 정신이 감소되고 있는 것을 역력하게 볼 수 있습니다.

비근한 예로, 아이를 적게 낳겠다는 생각만 해도 오히려 더 교육받은 사람들, 더 여유있는 계층에서 더욱 강렬합니다. 바로 그런 생각의 동기가 자신들이 편하자는 데서 온다는 데에 문제의 심각성이 있는 겁니다.

세상이 구원받는 조건

세상은 가난한 사람들이 구원될 때에 참으로 구원될 수 있습니다. 가난하고 소외된 사람들이, 빵만이 아닌 인간으로서 회복될 때에 — 인간으로서 인정받고 존중되고 사랑받을 때, 인간으로서의 긍지와 자유를 다시 찾을 때, 비로소 세상은 밝고 따뜻해질 수 있습니다.

사실 이들이 필요로 하는 것은 빵만이 아닙니다. 또 우리가 적선으로 던지는 돈만이 아닙니다. 물론 의식주의 안정도 필요하겠지만, 이들이 더 필요로 하는 것은 인간으로서의 인정, 정의로운 대우와 사랑이며, 그들의 인간 존엄성을 비추어 주고 드높여 주는 진리입니다.

그들을 구하는 메시아는 다른 이가 아니라 바로 이들과 일치되면서, 이들과 온갖 시련과 삶을 함께 나누면서 사랑을 주고 정의와 진리로 그들의 짓밟힌 인격과 인권을 회복시키고, 사람다운 사람과 가치를 소생시켜 주는 사람입니다.

이 얼마나 아름답고 거룩한 모습입니까?

모든 인간이 울고 싶도록 간절히 바라는 것이 바로 이같은 사랑이고 해방이 아닙니까? 온 인류가 마음 속 깊이 갈구하며, 모든 피조물이 신음하며 동경하는 것이 이것 아닙니까? 모든 민족과 인종과 계급의 차별 없이 누구도 버림받고 소외당하거나 짓밟히지 않으며, 평등한 인격자로서 서로 사랑하는 형제 자매로 되는 것이 온 인류의 꿈이요 미래의 이상입니다.

마더 데레사 수녀님이 왔을 때, 우리나라 언론은 온통 법석이었습니다. 교회에서 그렇게 표현한 적이 없는데 '살아 있는 성녀'라는 타이틀을 갖다 붙이고 그랬습니다. 사람들이 바라고 있는 참된 인간의 모습, 정말 거룩한 인간의 모습을 그분에게서 보았기 때문이 아닌가 하는 생각이 들었습니다. 그가 그리스도를 정말 닮으려 했고, 정말 사랑을 실천했기 때문에 그런 것이 아니었겠습니까?

참된 인간에 대해서 굶주리고 있는 오늘의 세계에서 누가 그런 메시지를 줄 수 있느냐. 정말 우리에게 위로가 될 수 있는 것을 누가 줄 수 있느냐 했을 때, 권력을 가진 각국의 대통령이냐, 유명한 대학의 학자들이냐, 세계의 유수한 언론인들이냐, 그렇지 않을 겁니다. 정말 그리스도를 닮아서 마음으로 겸손하고, 그리고 인간을 참으로 사랑하는 소박한 그런 사람들의 진실과, 그런 사람들의 메시지가 우리에게 도움이 되는 것입니다.

나폴레옹은 무인으로서는 역사상 가장 위대한 사람 가운데 한 사람입니다. 그 나폴레옹이 '정신의 힘'과 '칼의 힘'을 비교하고는 '정신의 힘'이 결국은 강하다는 말을 한 적이 있습니다. 세계는 '칼'로써 정복되는 것이 아니라 '정신'에 의해서만 정복된다는 이야기일 것입니다.

미국 등 몇몇 나라가 오늘날 초강대국으로서 세계에 군림하고 있지만, 사람들의 마음을 사로잡고 있지는 못합니다. 사람의 마음은 감동을 통해 화합하는 것이고, 사람들의 심금을 울리고 마음을 열게 하는 것은 정신이며 사랑입니다.

사랑이야말로 인간을 구하는 것입니다. 사랑이 있는 정치, 사랑이 있는 경제, 사랑이 있는 체제가 바람직한 것이고 우리가 나아가야 할 지향입니다.

그대는 누구를 사랑하는가

죄악에 젖은 인간을 회개시키고, 돌같이 굳은 마음을 살같이 부드러운 마음으로 바꿀 수 있는 것은 물리적 힘도 기적도 아닙니다. 오직 사랑뿐입니다. 사랑만이 인간과 세상을 참으로 변혁시킬 수 있습니다.

살아 있는 기도

나는 오늘 아침 안토니 블룸(Anthony Bloom; 1914~?)이 쓴 「살아 있는 기도」라는 책에서 다음과 같은 뜻 깊고 아름다운 기도를 읽고, 이것이 오늘날 우리 모두의 기도가 되어야겠다고 생각했습니다. 이 기도는 2차대전 당시 독일 나치의 강제 노동수용소 안에서 한 유대인이 쓴 것입니다.

> 약한 이에게 평화를 주소서!
> 모든 복수심과 증오와 보복하고자 하는 욕구가
> 종말을 고하게 하소서!
> 죄악이 모든 척도를 능가하고 있으며
> 인간의 이해심은 더 이상 이들을 다스릴 수 없습니다.
> 순교자들이 너무나 많습니다.

주여,
당신의 공정한 저울 위에서 그들의 고통을 재지 마시고
박해하는 사람들에게 무시무시한 셈에 의한
정확한 고통을 주지 마옵소서.
이들에게는 달리 보답하소서!
사형을 주관하는 사람들, 반역자
모든 악한 인간들에게는
용기와 영적인 힘과 겸손과 위엄과
끊임없는 내적인 노력과 회상과
눈물을 거두는 미소와 죽음
아니, 가장 연약한 순간에 있어서도
남아 있을 수 있는 사랑을 마음에 내려주소서.
오 주여!
이 모든 것들이 당신 앞에
죄의 관용을 위해 놓여지고
악이 아닌 선을 고려해 주옵소서!
그리고 저희들은 적대감을 가진 자들의 기억 속에서
회한(悔恨)으로서가 아니라,
또한 악몽이나 유령으로서가 아니라,
그들이 범하는 죄악에서 벗어나려 할 때
도움을 줄 수 있는 자 되게 하소서!
저희가 원하는 것은 이 외에는 아무것도 없습니다.
이후에는 저희로 하여금
사람으로서 사람 중에 살 수 있도록 해 주시고
우리의 가난한 지상에도
선한 자와 악한 자에게 평화가 오게 해 주소서!

현대인의 「소외감」 고치는 약

오늘날 우리가 살고 있는 이 사회나 세계가 무엇을 가장 필요로 하는가? 이렇게 물으면, 대부분은 우선 당장 우리가 쓰는 일상 생활에서 너무나 피부로 느끼고 있기 때문에 '돈이 필요하다'고 말할 수 있을 것입니다. 그러나 우리 가슴에 삶과, 우리의 가정에서 인생 문제를 보다 깊이 생각할 때에는 역시 가장 필요로 하는 것은 '사랑'입니다. 인간과 인간 사이에, 참으로 서로를 존경하고 서로를 돕고 사랑하는 것이 무엇보다도 필요하다고 느끼실 것입니다.

노벨 평화상을 받은, 인도에서 '빈민가의 어머니'라고 불리는 마더 데레사 수녀님이 이렇게 말한 일이 있습니다.

"오늘 세상이 안고 있는 가장 큰 병은 버림받은 사람들의 수가 자꾸 늘어 가고 있다는 점이다. 오늘은 의학이 발달해서, 전에는 잘 고치지 못하는 병을 거의 다 고칠 수 있다. 폐병도 고치고, 나병도 고칠 수가 있다. 그런데 원치 않는 존재가 되었다고 생각하게 되는 병 — 정신적으로나 육체적으로 느끼는 '소외감'이라는 병을 고치는 약은 무엇인가. 그것은 따뜻한 사랑의 손길이다."

◦◦

나는 문학에 대해서는 잘 모르지만, 언젠가 출옥한 한 시인이 나에게 와서 말하기를, 감옥 안에서 자기를 극복하기 위해 기도도 해 보고, 좌선도 해 보고, 염불도 해 보고 그랬는데, 나중에는 원수까지도 포함해서 모두 사랑할 수 있는 보편적 인간의 사랑, 그런 것을 갖게 되더라는 이야기였습니다. 그러면서 그는 "그것이 성취되지 않는 한, 삶의 의미는 없어진다"고 덧붙여 말한 기억이 납니다.

◦◦◦

꽤 오래 전의 일입니다만, 미국 워싱턴 교외에서의 비행기 추락 사고 때, 자기는 죽으면서 함께 탄 옆 사람을 구한 이야기가 외지에 실린 적이 있었습니다. 그 신문에는, 이 사람은 발이 묶여진 상태여서 어차피 구조되기 힘들었다고 되어 있었지만, 나는 그렇기 때문에 더욱 훌륭했다고 생각합니다.

'내가 죽을 바에는 같이 죽자'는 생각을 하기 쉽지만, 이 사람은 그 반대였기 때문입니다. 자기는 구조되기 어려우니 살아날 가능성이 큰 사람을 도와줘야 한다는 생각이 존경할 만한 점입니다.

우리 인간은 이런 드라마에서 공감을 얻습니다. 공감을 얻는다는 것은 모든 사람이 착한 심성을 갖고 있다는 증거입니다. 하지만 평소에는 양심의 소리가 약하게 들리고, 자기 중심적인 생각이 되기 쉽습니다. 철학자들은 '자유 의지'라는 말을 쓰는데, 이 '자유 의지'를 키우는 게 중요한 일입니다. 이것은 의식적인 노력 없이는 불가능합니다.

여보! 미쳤소, 눈을 빼다니…

가톨릭이 펴고 있는 '한마음 한몸 운동'에 관한 이야기입니다. 이 운동에는 몇 가지 실천 사항이 있는데, 그 첫째가 헌혈입니다. 우리는 왜 헌혈을 합니까? 피는 우리에게 있어서 생명과 같습니다. 이 피를 남을 위하여 헌혈로써 바칠 수 있다면 — 이것은 수혈로써 병자에게 도움을 줌은 물론이요, 우리를 위해 목숨까지 바치신 예수님을 본받는 대단히 깊은 상징적 의미가 있습니다.

그런데 어떻습니까? 우리는 이 피를 뽑는 데 주저하게 됩니다.

89년 1월 21일 한마음 한몸 운동 추진 결의대회에서 내가 "헌혈할 마음 준비가 되어 있는 분은 손들어 보십시오?" 해 보니까, 많은 분들이 손을 들었습니다. 그러나 당시 "피를 뽑으면 건강에 좋고, 오래 산다" 또는 "미용에 좋다"고 했다면, 아마 대부분이 더 쉽게 서슴없이 손을 들었을 것입니다.

우리는 헌혈을 해도 그것 때문에 건강에 해가 되는 것이 아니요, 더구나 그것으로 인해 죽는 것도 아니며, 몇 시간 후면 즉시 원상으로 회복된다는 것을 압니다. 그런데도 헌혈하겠다고 마음을 작정하기가 쉽지 않습니다.

이 운동의 실천 사항에는 헌혈만이 아니고 안구 기증과 같은 장기 기증도 포함되어 있습니다. 지난 이야기입니다만, 88년 9월 한마음 한몸 운동이 시작될 때에 성체대회 행사 준비위원회에 속하는 분들이 우리부터 솔선수범하자는 뜻에서 모두 안구를 기증하기로 하였답니다. 그런데 집에 가서 부인들에게 이 말을 했더니, 부인들이 하나같이 펄쩍 뛰면서 반대를 하더랍니다.

"아니, 죽고 난 다음에 당신 눈까지 빼면, 황천길 어디 갈지 모르고 헤매실 텐데, 그럼 남은 우리 식구는 어디로 가란 말이냐"고 모두가 말리더랍니다. 죽고 난 다음에, 육신의 눈이 있으면, 그것으로 황천길을 잘 볼 수 있습니까? 육신의 눈은 있으나마나입니다. 오히려 육신의 눈까지 기증한 그 갸륵한 사랑 때문에 영혼의 눈은 더욱 밝아져서 천당 길을 더 쉽게 찾아 갈 것입니다.

그런데 그 행사준비위원회에 속하는 분들의 부인들이면, 평균해서 돈독한 신앙 생활을 한다고 볼 수 있는 분들일 텐데도, 그분들의 첫 반응은 이같이 부정적이더랍니다.

어느 신부님한테 들은 이야기입니다만, 불란서의 여류 철학자 시몬 드 보봐르라는 이가 전하는 이야기로서, 이런 것이 있었다고 합니다.

어느 시골 마을에서, 어느 기회에 낙후된 마을의 발전을 위해 우리처럼 '한마음 한몸 운동'과 유사한 사랑을 나누자고 하는 의견이 돌아서, 모두 모여서 실천 결의대회를 하였답니다. 먼저 취지가 설명된 다음에 토의가 있은 후, 주민 각자가 자기 능력껏 재산의 일부를 희사하여 마을의 공동 재산을 마련하자는 데 합의를 보았습니다.

그러면 이것을 어떻게 구체화할 것이냐를 두고 오랫동안 토의하다가 한 사람이 일어나서, 마차 두 대를 가진 사람은 그 중 한 대를 내어 놓자고 제의하였습니다. 이를 두고 한참 설왕설래는 있었으나 결국 좋은 생각이라고 하여 만장일치로 통과되었답니다.

그러자, 또 다른 사람은 마차가 있어도 말이 없으면 안 되니, 말 두 필을 가진 사람은 그 중 한 마리를 내어 놓자고 제의하니, 역시 만장일치로 통과되었습니다. 그러자, 또 한 사람은 말이나 마차가 있어도 이를 보관할 장소가 있어야 하는데, 창고를 두 개 이상 가진 사람은 그 중 하나를 내어 놓기로 하자 하였더니, 또 모두가 박수를 치며 만장일치로 통과시켰습니다.

모두가 흐뭇해 했습니다. 참으로 마을 사람 모두가 공동선을 위해서는 일체의 사심을 버리는 것 같아 보였습니다. 이렇게 회의가 잘 진행되고 있는 가운데, 그 마을에서 가장 가난한 한 사람이 손을 들고 일어나서 머뭇거리며 다음과 같이 말했습니다.

"모두들 큰 재산을 아낌없이 내어 놓기로 결정을 하는데, 내게는 그런 재산이 없으니 부끄럽습니다. 그러나 나 역시 이 마을 주민의 한 사람으로 뭔가 마을의 발전을 위해 보탬이 되고 싶지만, 내게 있는 것이라고는 닭 두 마리밖에 없는 형편입니다. 그러니 나는 두 마리 닭 중 한 마리를 희사하겠습니다. 부끄럽지만, 이것은 내 재산의 반을 내어 놓는 것입니다. 우리 마을 사람들 중 나처럼 닭을 두 마리 이상 키우고 있는 사람들은 모두 닭 한 마리씩을 내어 놓기로 하면 어떻겠습니까?"라고 제의했습니다.

말이나 마차를 내어 놓기로 결정한 마당에 닭 한 마리가 문제이겠습니까? 이 제안에 대한 주민들의 찬성 여부를 물으면서, 마을 대표는 문제 없이 만장일치로 가결될 것으로 믿었습니다. 그래서 가부를 투표에 부쳤습니다.

그러나 이제까지 '말을 기부하자' '마차를 기부하자' 하는 제안에서

만장일치로 찬성표가 나오던 주민 총회에서, 놀랍게도 겨우 닭 한 마리 씩 기부하자고 한 이 제안에 대한 찬성표는 제안자 자신의 것, 한 표밖에 나오지 않았습니다.

왜 그랬을까요?

그 마을 주민들 중에 말이나 마차를 내어 놓아야만 할 만큼 많이 가진 사람은 아무도 없었지만, 닭은 누구나 한 마리 이상 씩 갖고 있었던 때문입니다. 그러니 자기가 내어 놓을 필요가 없는 말이나 마차나 창고를 내어 놓자고 제안하고 찬성하는 것은 어렵지 않지만, 정작 자기 닭을 내놓게 되는 제안에는 찬성할 수가 없었던 것입니다.

사람은 이렇게 이기적입니다. 자기에게 해당되지 않을 때에는 모든 것을 다 나눌 수 있듯이 말하는 사람도 막상 자기에게 해당될 때에는 그것에 선뜻 동의하기는 힘듭니다.

이 이야기는 바로 오늘 우리 자신을 두고 하는 이야기는 아니기를 바랍니다. 그러나 우리는 이 이야기에서 우리 자신의 이기적 심리를 잘 말하고 있다는 것을 아니 느낄 수 없습니다. 우리의 마음이 이렇듯 이기적인 한, 우리는 이웃 사랑을 실천할 수 없습니다. 그것은 구두선 (口頭禪)에 그칠 염려가 다분히 있습니다.

네 이웃은 누구인가?

'나눔'이란 쉽게 말해서, 자기가 가지고 있는 것을 남에게 준다는 것입니다. 물질적인 것만이 아니라 마음을 건네 주어야 합니다. 내 속마음이 다른 사람을 향해서 활짝 열려 있어야 한다는 뜻입니다. 그러기 위해서는 내 마음의 한 구석, 아니 내 마음 전체가 비어 있어야 합니다.

특히 어려운 사람들, 고통 중에서 우는 사람들을 향하여 더욱 마음을 여는 자세가 되어야 하겠습니다.

더불어 사는 사람들

　　우리는 남을 생각할 줄 알고 사랑할 줄 알며, 가난한 이웃과 우리의 것을 나눌 줄 알아야 합니다. 우리가 그렇게 살지 않기 때문에, 오늘날 우리 주변에는 너무나 많은 이가 가난과 고통 속에 버려져 있습니다. 우리는 경제적으로 중진국이 되었다고 해도 가진 이들의 자기중심적 과소비만 늘고 있습니다. 먹을 것, 입을 것이 제대로 없고, 집도 없는 절대 빈곤층이 아직 7퍼센트나 됩니다.
　　참으로 우리가 사랑으로 산다면 이런 형제들의 고통이 덜어질 것은 분명합니다. 바로 내 옆에 있는 가장 보잘것 없는 형제를 사랑하는 것입니다. 그런데 그 보잘것 없는 형제들은 누구입니까?
　　내가 아는 사람입니까, 모르는 사람입니까?
　　아는 사람입니다. 또 그는 멀리 있지 않습니다. 가장 가까운 곳에 있습니다. 그리고 결코 거리의 거지처럼 얼굴도 모르고, 이름도 모르고, 성도 모르는 사람이 아닙니다. 얼굴은 물론이요 이름도 성도 알고, 너무나 잘 아는 사람입니다.
　　그는 바로 나의 아내, 나의 남편, 나의 부모, 나의 형제, 나의 아들 딸일 수도 있습니다. 또는 직장 동료일 수도 있습니다. 그리고 늘 옆에 가까이 있으면 내 마음을 불편하게 하고 부담감을 주는 가난한 사람들, 도시 빈민들, 행려병자들 등 사회로부터 소외된 사람들이 바로 나로부터 버림받은 사람일 수 있습니다.
　　어떻든 내가 잘 아는 사람입니다. 적어도 알아야 하고 사랑해야 할 사람입니다. 그런데도 사랑하지 않는 사람, 내 마음을 열지 않고 받아들이지 않는 그 사람이 내게 있어서 나로부터 가장 소외된 보잘 것 없는 형제입니다.
　　이 일은 쉽지 않습니다.
　　내 마음에 안 드는 사람, 감정적으로는 오히려 미워하게 되는 사람,

보기 싫은 사람, 귀찮게 여겨지는 사람을 따뜻하게 대하고 사랑한다는 것은 참으로 쉽지 않습니다. 그것은 자신을 끊고 죽일 때 가능합니다. 또한 자기 자신에 대한 애착은 물론이요, 자기 소유에 대한 애착, 재산에 대한 애착도 끊어야 합니다.

● ● ●

우리 사회는 지금 모두가 자기를 내세우고, 자기 이익을 추구하고, 결국은 서로가 서로를 불행하게 만드는 그런 지경에 이르고 있는 것 같습니다. 사람을 존경할 줄 아는, 구체적으로 이웃의 생명을 존중할 줄 아는 정신이 정말 필요합니다. 생명을 존중하면 자연히 환경을 살리자는 의식이 생길 것이고, 그러면 사람도 살리고 자연도 살리고 모든 것을 살린다는 공동선에 대한 정신이 퍼져 나갈 것입니다.

중국 사람은 '너 살고 나 살자', 일본 사람은 '너 죽고 나 살자' 하는데, 한국 사람은 '너 죽고 나 죽자' 한다는 이야기도 있습니다. 우리는 다른 사람과 협력하는 데 있어서 많이 뒤떨어지는 것 같습니다. 세계 속에서 존경받는 한국 사람이 되기 위해서는 자기 중심주의로부터 벗어나 이웃과 함께 할 줄 아는 사람이 되어야 하겠습니다.

가진 이들부터 거듭 태어나야

우리 사회의 지도층, 정치적으로 힘이 있는 사람들과, 이른바 부유층은 정말로 자기의 구원을 위해서나 우리 사회 전체의 안녕과 발전을 위하여 마음을 바꾸고 삶을 바꾸어야 하며, 가난한 이웃과 가진 것을 나누는 사랑을 실천해야 합니다.

가진 사람들이 과소비로 즐기기에는 아직도 우리 사회 안에는 가난에 울어야 하는 사람이 너무나 많습니다. 가진 사람들의 마음에 변화가 없고 돈이든 권력이든 여전히 자기 욕심만을 추구하는 한, 빈부의 격차는 날로 심화되고, 가난한 이들의 고충은 가중되며, 사회의 불안,

정치와 경제의 혼미는 계속될 것입니다.

더 나아가, 우리는 가진 것을 나눌 뿐 아니라, 이웃의 아픔과 고통도 나눌 줄 알고, 우리 사회 전체의 문제도 나눌 줄 알아야 합니다. 우리는 모든 것을 나누는 공동체가 되어야 합니다.

우리 한국인 병폐와 같은 한탕주의나 돈을 벌기 위해 수단과 방법을 가리지 않는 이기주의적 탐욕과 물질주의, 정치인들의 당리당략, 지금 이 사회에 미만(彌滿)된 도덕적 불감증이 청산되지 않는 한, 우리는 절대 새로운 미래를 건설할 수 없습니다.

국민 모두가 이같은 자신의 과거의 비리, 스스로의 부정과 불의를 청산하고, 정직하고 성실한 새 사람으로 다시 태어나야 합니다. 정직과 성실이 우리 사회의 정신 풍토의 기틀이 되어야 합니다. 그리하여 양심과 도덕의 회복, 신뢰 회복이 우리 안에 이룩되어야 합니다.

* **안토니 블룸** 프랑스의 신부(1948년 서품). 파리대학에서 물리학 등 자연과학을 전공, 박사학위 획득. 인류의 온갖 지혜 가운데 '영원으로 이어주는 인간의 길을 제시해 주는 지혜'가 복음서에 있음을 강조했다. 「육체와 정신에 관한 연구」 「잃었던 아들」 등의 저서가 있다.

얼마나 삶의 무게가 덜어지는지

 몇 년 전, 부산에 갔을 때 해변에 웬 술집이 그리 많은지 놀랐습니다. 인신 매매가 그런 데서 성행한다니 안타깝고 부끄러운 일입니다. 쉽게 번 돈이 향락과 퇴폐로 쏠리고, 또 그걸 보면서 사람들은 한탕주의의 망상에 빠집니다.
 로마의 멸망은 부패와 향락이 준 당연한 결과였습니다.
 공자는 '나라가 망하는 것은 군대가 없어서가 아니라 예(禮)가 없을 때'라고 말했습니다. 물질 위주의 정책과 경쟁 위주의 교육 환경이 사람들의 마음을 흔들리게 하는 시대입니다. 하지만 마음이 공허할 때, 교회와 술집 중 어느 곳이 빈 마음을 채워 주겠습니까?

인식 전환과 의식 변화가 선결
 우리는 이른바 '한국병'을 너무 많이, 너무 심하게 앓고 있습니다. 어디서부터 문제의 해결을 찾을 수 있을지 모를 만큼, 우리 사회의 혼미는 마구 헝클어진 실타래와 같습니다. 하지만 우리는 이것을 기필코 풀어야 합니다. 윤리와 도덕은 살아나야 하고, 법과 질서는 지켜져야 합니다.
 지금 중요한 것은 나라입니다. 개인의 영달이나 혈연과 지연, 어느 문중, 또는 어느 파벌, 혹은 어느 기업이 아닙니다. 한국과 한국인 하면, 세계 속에서 나라로서도 자랑스럽고, 사람으로서도 자랑스러워져야 합니다. 우리는 21세기를 보면서 새롭게 나라를 세워야 합니다.

우리는 지난 바르셀로나 올림픽에서 그 가능성을 보았습니다. 우리는 당당히 세계 모든 나라와 겨루어서 7위를 하였습니다. 우리 선수들이 금메달을 따고, 태극기가 하늘 높이 오르며 애국가가 울려 퍼질 때마다 우리는 한국인으로서의 자부심을 새삼 느낄 수 있었습니다. 황영조 선수가 마라톤에서 우승하였을 때, 그것은 진정 우리 민족의 우승이었습니다.

바로 그 무렵, 나라 안에서는 정치는 실종된 상황이었고 경제 역시 날로 나빠지는 상태였습니다. 국민은 희망을 잃고 실망에 젖어 있었습니다. 그런데 우리 젊은 선수들이 국민으로 하여금 잃었던 긍지와 희망을 다시 찾게 하였습니다.

그 때문에 어느 여론조사에서는 비록 우리가 큰 난국에 처해 있더라도 우리 자신의 힘으로 이를 능히 극복할 수 있다는 답이 90퍼센트 이상 나왔습니다. 우리 선수들이 그런 성과를 얻기 위하여는 '지옥 훈련'이라는 고된 훈련으로 자기와의 끊임없는 투쟁을 하여야 했고, 그리고 자신의 명예보다 민족의 영광을 앞세웠습니다.

우리는 이제 정치에 있어서도, 경제에 있어서도 금메달을 따야 합니다. 그러나 그렇게 되기 위하여는 우리 스스로 반성하고 새로운 삶을 살겠다는 각오를 하고 결심을 세워야 합니다.

우리는 생각을 바꾸고, 삶을 바꾸어야 합니다. 현재와 같이 배금주의에 젖어 돈을 벌기 위해 수단과 방법을 가리지 않는 파렴치한 일들이 다반사가 되고 거듭되는 황금 만능의 가치관을 타파하고, 정직하고 성실하며, 참으로 인간이 존중되는 인간 중심의 가치관으로 인식 전환과 의식 변화가 있어야 합니다.

돈이 인생의 전부는 아닐 텐데

우리 사회에 왜 이렇듯 과소비와 향락 퇴폐문화, 인명경시 풍조 등 사회 병리 현상이 만연되고 있는가를 생각해 보면, 근본적으로 가치가 전도되었기 때문입니다. 그리고 그 가치 전도가 어디서 비롯되었는가를 살펴 보면, '인간이 무엇인가' '인간이 사는 목적이 무엇이냐'에 대해 확실한 답을 가지지 않은 데서 온다고 봅니다.

우리는 지금 먹고 사는 데 바쁩니다. 모두가 다 부지런히 일해 돈을 벌려고 합니다. 그러나 돈 벌고 잘 먹고 잘 입고 좋은 집에 산다고 해서 인간이 정말 만족하고 행복한가 하면, 그렇지 않습니다. 돈 있는 사람들일수록 과소비하지만, 그런 사람들은 돈은 많지만 마음의 만족을 얻지 못하고 어떻게 할 바를 모르고 있습니다.

우리나라는 몇십 년 동안 너무나 가난했기 때문에 가난을 면해 보고자 참으로 열심히 일을 해 왔습니다. 모든 것을 경제발전 위주로 추구해 왔습니다. 그러다 보니, 그만 참된 것을 잊어버리고 말았습니다. 경제발전은 궁극적으로 인간을 위해서였는데, 오히려 어떤 의미로는 인간을 도구로 쓰는 것 같은 현상을 빚고 말았던 것입니다.

물론 돈은 필요합니다. 그러나 돈이 인간의 가치를 잴 수 있는 것도 아니고, 인간을 정말 행복하게 만들어 주는 것도 아닙니다. 참된 인간이라는 것은 '소유'하는 데 있는 것이 아니라, 어떤 인간이냐 하는 그 '존재'에 있습니다.

● ●

우리는 지나치리만큼 자기 성취와 인생의 행복을 돈이나 권력에 두고 있습니다. 그로 말미암아 일류 대학과 일류 직장이 선망의 대상이 되고, 그것이 마치 인생의 목표인양 사회 관념이 형성되어, 가정 교육과 학교 교육의 모든 것이 우리의 2세들을 전인적 인간교육 없이 입시 위주로 몰아가고 있습니다. 그 결과, 우리는 모두 일류병에 걸리게 되었고, 우리의 젊은이들은 지금 심각하리만큼 이른바 '고3병'을 앓고 있습니다.

인간은 과연 그런 물질적 가치만으로 행복해질 수 있습니까?

그것이 과연 인생의 목표가 될 수 있습니까?

우리는 누구나 아무리 돈이 많고 지위가 높더라도 사람됨에 있어서 부족할 때에는 그 사람을 존경하지 않습니다. 더구나 정직하고 성실하지 못하다든지 부도덕할 때에는 말할 것도 없습니다. 그렇다면, 인간은 분명히 정직하고 성실하며 도덕적일 때 참으로 인간입니다. 따라서 인생의 목표도 도덕적 인간이 되는 데 있습니다.

무엇보다도 이웃을 위하여 사랑하며 사회 발전과 민족의 번영, 더 나아가 세계의 평화를 위하여 헌신한다면, 그 사람은 참된 의미로 인간입니다. 동시에 그런 사람은 가장 모범적이고 가장 자랑스러운 한국인일 것입니다.

이준 열사는 "위대한 나라란 위대한 인물을 많이 낳는 나라이다" 라고 했습니다. 또 인촌 김성수 선생은 공선사후(公先私後)의 정신으로 몸소 살아감으로써 불멸의 사표가 되었습니다. 우리는 오늘날 선열들의 이런 정신을 다시 찾아야 합니다. 이런 정신이 가정 교육과 학교 교육의 목표가 되어야 하고, 이 정신이 우리 사회의 기본 가치관으로 자리잡아야 합니다.

그러면 어떻게 우리는 이 목표를 향하여 방향 전환을 할 수 있습니까? 새 정치, 새 질서, 새 생활의 현수막을 내걸음으로써 족하지 않음은 말할 것도 없습니다. 참으로 우리 모두가 생각을 바꾸고, 삶을 바꾸어야 합니다. 그 중에서도 정치 지도자를 비롯한 사회 지도층이 가장 먼저 바꾸어야 합니다.

우리 정치 지도자들을 비롯한 우리 사회의 지도층이 사회나 특히 젊은 세대에 비쳐지는 모습은 무엇입니까? 정직하고 성실합니까? 도덕적입니까? 아니면 반대로 성실하지도 정직하지도 못할 뿐 아니라 부도덕합니까? 각기 우리 자신은 그렇지 않다고 생각하겠으나, 전반적인 인상은 후자에 더 가까울 것입니다.

뿐더러, 우리 기성 세대, 특히 정치인·경제인은 너무나 자주 이권을 두고 다투는 추악한 모습까지 보여 주고 있습니다. 정치에 대한 불신의 이유가 여기에 있습니다. 경제가 활력을 못 찾는 근본 이유도 여기에 있습니다.

거듭 말하지만, 오늘날 우리나라를 참으로 새롭게 세계 속에 빛나는 한국으로 세워야 합니다. 이를 위해 필요한 것은 단지 돈이나 첨단 기술만이 아닙니다. 정직과 성실입니다.

정직하고 성실하자

나는 이탈리아에 자주 가는 편인데, 로마 상공에서 가만히 아래를 내려다보면 생각나는 바가 많습니다. 우리는 새마을 운동이나 경지 정리 같은 걸로 이루어 놓은 것도 많지만, 이탈리아는 그런 걸 안 하고도, 다시 말하면 어떤 슬로건을 내걸지 않고도 잘 되어 있다는 생각을 해 보곤 합니다.

또 이탈리아처럼 스트라이크가 잦은 나라도 없습니다. 그 곳에 사는 신부님 이야기를 들으면, 파업의 종류만도 '업종별'이니 '예고제'니 '시한부'니 해서 열두 가지나 된다고 합니다. 그들은 인생을 즐기며 사는 것 같았습니다. 시애스타(午寢 시간)만 두 시간입니다. 그런 이탈리아 사람들이 언제 그런 건설을 많이 했는지 놀라는 경우가 많습니다.

공항에서 시내로 들어가다 보면, 해마다 우리보다 잘 해 놓은 것이 눈에 들어옵니다. 놀고 먹는 것 같은 데, 언제 이렇게 일을 해 놓았을까 하고 놀라게 됩니다. 거기에 비하면, 우리는 죽자 사자 이를 악물

더불어 사는 사람들

고 일하지 않습니까? 그 덕택에 이루어 놓은 것도 많지만, 야단스러운 데 비해서는 야단스럽지 않은 나라보다 해 놓은 일이 많은 것도 아니라는 생각을 가질 때가 있습니다.

◦◦

우리들이 그동안 부지런히 일해서 어려운 여건 속에 경제적인 발전을 이룩한 것은 사실입니다. 그러나 경제적 발전을 이룩하면서 잃은 가치도 많이 있습니다. 도덕적인 가치, 윤리적인 가치, 상호간의 신뢰가 적어졌다든지……. 이런 가운데 우리나라가 잘 되기 위해서는 무엇이 필요한가에 대해 나는 늘 이렇게 생각합니다.

우리가 부지런한 것은 계속 부지런하자, 그러나 정직하고 성실하자, 이 정직과 성실이 우리 사회의 정신적인 기틀이 되어야 한다, 그래서 정치·경제·교육·문화 등 각계가 정직과 성실을 바탕으로 하고 있으면 우리나라가 훌륭한 나라가 될 것입니다.

우리는 일본에 비해 경제적으로나 기술에서 많이 떨어져 있습니다. 그러나 우리가 정직하고 성실하면, 일본에게 뒤떨어진 것이 두려울 게 없습니다. 우리가 정직과 성실을 바탕으로 해서 부지런히 일하면, 어느 날 반드시 따라잡는다, 시간 문제다, 이렇게 여깁니다.

문민 정부가 개혁을 한다는 것은 바로 정직과 성실하자는 것이라고 봅니다. 부정과 부패를 척결하고 모두가 옳게 살지 않으면 안 된다는 것을 가르치고, 도덕적인 가치를 심어 주는 것이 바로 개혁일 것입니다.

이제는 국민들로 하여금 '부정한 방법으로 돈을 벌 수 없다' '부정한 길로써는 권력을 탐내서도 안 되는구나' '이제는 정직하고 성실한 길만이 사람으로서 살 길이고, 우리나라가 발전하는 길이구나' 하는 인식이 되어야 합니다. 그런 의미에서 개혁은 아주 의미가 깊고, 우리는 이 개혁을 절대로 성공시켜야 합니다.

얼마나 삶의 무게가 덜어지는지

나는 항상 우리 민족은 아주 좋은 자질을 천부적으로 갖춘 민족이라고 생각하고 있습니다. 타고난 머리가 우수하고 부지런한 장점을 갖고 있습니다. 이런 좋은 바탕에다가, 우리 민족이 좀더 정직하고 화합을 할 줄만 안다면, 보다 나은 장래가 보장되리라고 믿습니다. 따라서 나는 우리 민족에게도 어떤 모티브만 주어지면 충분히 정직성과 단결력을 발휘할 수 있으리라고 봅니다.

이 모티브란, 정부가 우리 모두로 하여금 보람을 느낄 수 있는 분위기를 만들어 주는 일입니다. 우리의 정치가 잘 되어 국민들이 진정 나라를 사랑해야 한다는 생각을 자발적으로 갖게 된다면, 요즘 큰 문제가 되고 있는 대외개방 문제도 별로 심각한 일이 아니라고 확신합니다.

자, 이젠 화해합시다

김지하 시인의 「용서」

70년대 초에 시인 김지하 군이 '빨갱이'로 몰려 재판을 받은 사건이 있었습니다. 당시 변호사가 나에게 와서 특별 변호를 요청하여 수락한 적이 있습니다. 나는 법정에 나가게 되면, 김지하 군의 옆에서 꾸준히 지켜본 이와, 본인에게 들어서 아는 다음과 같은 이야기를 할 생각이었습니다.

"김지하 군은 자신을 그토록 박해한 중앙정보부 사람들을 용서하지 못했습니다. 자신을 그토록 고문한 자를 결코 용서할 수 없다는 것이었습니다. 그러나 김지하 군이 마산 요양원에 있을 때, 곁에 있던 신자들이 '당신은 영세를 받은 신앙인이다. 그들을 용서해야 한다'며 꾸준히 설득한 결과, 그의 마음에 조금씩 변화가 생겼습니다. 드디어 그는 그들의 말을 받아들여 용서를 하고, 성당에서 고백성사를 보고 견진성사를 받았습니다."

나는 이 이야기를 꼭 하려고 했는데, 결국 법정에 나가지 못하고 말았습니다. 나갔다고 하면, 김지하 군이 공산주의자가 아닌 증거로서 이것을 말하고 싶었습니다. '공산주의자에게는 용서가 없으나 김지하 군은 자신을 박해한 자까지 용서했다'고 말입니다.

그렇습니다. 바로 여기에 공산주의와 그리스도교의 근본적 차이가 있습니다. 공산주의에도 동지애가 있어서 신앙인이 말하는 형제애 못지않게 강합니다. 그러나 그들에게는 용서가 없습니다. 오늘 '동지'라도 내일 '반동'으로 몰리면, 적이 되고 제거되어야 합니다. 용서란 것이 일체 없습니다.

공산주의자들은 자기들이 추구하는 세계를 위해 장애가 되는 반대자를 물리쳐야 하므로 일찍부터 '미움의 교육'을 시킵니다. 실제로 그들은 오늘날에도 어릴 때부터 증오와 미움을 가르칩니다. 따라서 그리스도교에는 근본적으로 용서가 있어야 하고, 용서 없이는 그리스도교라 할 수 없습니다.

● ●

폴란드의 비진스키(Stefan Wyszynski) 추기경은 나치 독일 치하에서도, 고물카 치하에서도 박해를 받은 분입니다. 그분은 이런 말씀을 했습니다. "용서할 수는 있다. 그러나 잊을 수는 없다"라고.

● ● ●

용서는 본래 피해자만이 할 수 있는 것입니다. 피해자가 용서할 때 구원되고, 한(恨)도 용서함으로써 참으로 풀립니다. 구원은 잘못을 저지른 사람들의 통회와 피해자의 용서를 통한 화해로써만 이룩됩니다. 통회와 용서만이 불안과 미움으로부터 모든 사람을 해방시킬 수 있습니다.

자신을 불태워야 합니다

오늘날 우리가 비록 분단의 상처를 깊숙이 지니고는 있지만, 우리 국민이 민족적 자의식을 갖고, 우리 고유의 문화적 긍지를 유산 삼아 세계를 향해 당당히 얼굴을 쳐들 수 있는 백의민족으로 성장해 온 것은 우리 선열들의 헤아릴 수 없는 희생의 열매입니다.

과거, 시대의 장이 바뀔 때마다 되풀이되어 온 대륙의 침략과 압박을 끝내 버티어 낸 우리 선조들의 희생과 대가는 얼마나 큰 것이었습니까! 일제 치하로부터 민족의 독립을 쟁취하기 위해 치른 우리 선조들의 시련과 고통은 얼마나 큰 것이었습니까! 또 이 민족의 반을 삼켜버린 공산주의로부터 나머지 반만이라도 빼앗기지 않으려고 흘린 우리 동포들의 피는 얼마나 엄청난 것이었습니까!

뿐만 아니라 이 민족 백성을 우롱하고 압박하는 독재로부터 스스로의 권리와 존엄성을 되찾기 위해 바친 희생은 또한 얼마나 많은 것이었습니까!

우리 민족의 오늘의 삶이란, 이렇게 엄청난 희생과 대가를 치르며 우리보다 앞서 간 분들이 마련해 준 유산입니다. 이 유산을 오늘 우리는 스스로의 욕심과 고집, 편견과 독선 때문에 위태롭게 하고 있습니다. 우리는 이 고귀한 유산을 지켜야 합니다. 가꾸고 꽃 피워야 합니다. 그것은 역사가 우리 모두에게 지워준 근엄한 사명입니다.

따라서 우리는 당면한 대립의 위기를 극복하기 위해 화해를 향해 나아가야 합니다.

● ●

화해란 무엇입니까? 누구든지 맺힌 것이 있으면 풀고, 용서 받을 것이 있으면 겸손히 용서를 청해 받고, 용서하여 줄 일이 있으면 용서하여 주고, 모든 사람과의 화목과 사랑을 회복하는 것입니다. 그리스도는 원수까지도 사랑하라고 했습니다. 우리는 정말 한 사람이라도 이같이 사랑할 수 있는가 물을 때, 사랑할 수 있다고 쉽게 답할 수 없을 것입니다.

내게 잘못하는 사람을 한 번 용서해 주는 것도 그리 쉽지는 않습니다. 그런데 나를 끊임없이 미워하고 괴롭히는 사람, 박해하는 사람, 원수까지도 용서해 준다는 것은 인간적으로는 거의 불가능합니다. 여

자, 이젠 화해합시다

기서도 '나' '자아(自我)'를, 자기 전부를 내던질 수 있는 순교 정신 없이는, 우리는 원수만이 아니라 원수가 아닌 단 한 사람도 올바르게 사랑할 수 없을 것입니다.

많은 분들이 성 프란치스코의 '평화의 기도'를 알고 있습니다. 또 많은 분들이 열심히 이 기도를 바치시리라 믿습니다. 그러나 다시 한번 깊이 생각하면서 이 기도를 진지하게 바쳐 보십시오. 내가 과연 이 기도의 말과 같이 완전한 의미의 '사랑의 도구'가 될 수 있겠는가를 반문해 보십시오.

'미움이 있는 곳에 사랑을, 다툼이 있는 곳에 용서를, 분열이 있는 곳에 일치를, 의혹이 있는 곳에 신앙을, 그릇됨이 있는 곳에 진리를, 절망이 있는 곳에 희망을, 어두움이 있는 곳에 빛을, 슬픔이 있는 곳에 기쁨을 가져다 주는 도구가 될 수 있는가' 라고 반문해 보십시오.

절대로 '될 수 없다'고는 말할 수 없습니다만, 그러나 진정 그렇게 되려면, 나는 그 사랑과 용서, 그 일치와 신앙, 그 진리와 희망과 빛과 기쁨을 위해 참으로 완전히 봉헌된 제물이 되어야 합니다. 하느님 손에 나 자신을, 형제들 손에 나 자신을 완전히 내맡기는 그 '마음의 가난', 한 마디로 복음적 정신, 순교 정신에 의한 완전한 자기 봉헌이 함께 있어야 합니다.

그리하여 나 자신이 그 사랑과 용서와 그 믿음과 진리, 그 희망과 빛의 화신이 되어야 합니다. 더욱이 이 기도의 계속과 같이 '위로받기보다는 위로하고, 이해받기보다는 이해하며, 사랑받기보다는 사랑하게 하여 주소서' 라고 말하려면, '나'는 무엇이 되어야 하겠습니까?

내 것이라고는 아무것도 찾지 않는, 그러면서도 자기가 가진 모든 것, 귀한 모든 것, 값진 모든 것, 내 목숨까지 내던질 만한 순교 정신 없이는 가능하지 않습니다. 이것이 고난의 길이고 십자가의 길입니다. '나'라는 자아가 죽는 길입니다. 참으로 화해의 길입니다.

화해의 기도를 드린다고 하여 화해가 이룩되지는 않습니다.

우리는 무엇을 해야 화해가 됩니까?

믿음의 등불, 사랑의 등불, 희망의 등불, 진리의 등불. 이 어둡고 깜깜한 세상에 빛이 되기 위해 나 자신을 불태워야 됩니다. 내 목숨을 불살라야 합니다. 내 전부를 불살라야 합니다. 그리스도와 함께 죽고 함께 부활해야 합니다.

하느님과 화해하십시오

우리 인간 사이의 화해가 결정적으로 이루어지는 것은 우리 모두가 하느님과 화해할 때 비로소 가능합니다. 불의를 저지른 이들은 그 불의를 솔직하게 인정하고 하느님에게서 원하는 공의로운 삶을 택해야 합니다. 고문과 폭력으로 사람의 인격을 파괴하는 사람들은, 하느님이 보고 있음을 깨달아야 합니다.

법 조문을 절대시하고 무분별하게 적용하여 모든 인간이 갖는 기본적인 자유조차 마음대로 제한하는 이들은 모든 법의 근원인 하느님을 두려워할 줄 알아야 합니다.

불의를 보고 분노하며 자신의 개인적 안락과 미래까지도 포기하면서 정의를 위해 몸과 마음을 바쳐 싸우는 이들도 이 민족을 진정으로 아끼고 사랑한다면, 이 민족 사회가 결코 미움과 대립의 사회가 되지 않고 화해와 사랑의 사회가 되기를 원한다면, 먼저 하느님과 화해하여야 합니다.

즉, 불의를 저지른 이들, 박해하는 이들에 대한 모든 미움과 원한, 편견과 저주를 풀어야 합니다. 불의를 저지른 사람들 역시 하느님이 사랑하는 고귀한 인간이요, 우리 모두의 형제이기 때문입니다.

또한 불의를 보고, 그것이 불의인 줄 알면서도 힘과 용기의 부족으로 아무런 행동으로 나서지 못하고 생각과 말로만 불만을 표시해 온

자, 이젠 화해합시다

이들도 하느님과 화해해야 합니다. 즉, 이 세상이 여러 가지 불의로 얼룩져 가도록 방관하고 간접적으로 묵인해 온 우리 자신들의 책임을 하느님에게 사죄하고 용서를 청해야 합니다.

함께 고통의 십자가를 짊어지자

진정한 속죄는 개인적인 금욕이나 극기에만 그치는 것이 아니라, 보다 나은 사회 건설과 구원에 기여하는 것이라야 합니다. 우리 개개인의 회개가, 곧 정의와 사랑을 토대로 한 전체 사회의 개선과 직결되어야 하는 것입니다.

도스토예프스키의 작품 「죄와 벌」을 보면, 살인을 범한 주인공과 로디옹 라스콜리니코프에게 그를 사랑하는 창녀 소냐는 "일어나서 곧장 네거리로 가서, 네가 더럽힌 땅에 엎드려 입 맞추고, 그리고 사방 온 세상을 향해 절을 하면서 '나는 살인죄를 범했다'고 소리쳐야 해! 그러면 신은 너를 다시 살려 주실 거야. 가서 그렇게 하겠니? 그렇게 하겠느냐 말이야?" 라고 진정으로 참회할 것을 애타게 호소하고 있습니다.

소냐는 죄를 함께 아파하고 뉘우치는 마음으로 이 말을 했습니다. 그래서 "우리 같이 가자! 그리고 함께 고통의 십자가를 짊어지자!" 라고 하였습니다. 때문에 로디옹은 그 말을 좇아 회개함으로써 새 사람이 되었고, 소냐는 이 참회와 고행의 길에 줄곧 함께 있어 주었습니다.

오늘날 우리에게는 이런 참회가 필요합니다. 우리 가슴에 이런 참회와 속죄의 눈물이 흐를 때, 그리고 하느님의 용서가 있을 때, 우리 사회는 비로소 구원될 수 있습니다. 우리는 참으로 새 사람으로 태어나고, 우리 사회와 나라도 새롭게 태어날 것입니다.

회개는 허위를 떠나 진리로 돌아가는 것입니다. 불의를 씻고 정의를 실천하는 것입니다. 미움과 다툼은 가시고 용서와 사랑을 주고받는 것입니다. 회의와 불신의 장벽을 벗기고 믿음과 신뢰를 회복하는 것입니다. 어두움을 이기고 빛을 향해 가는 것입니다. 절망에서 희망으로 옮아 가는 것입니다. 울음의 멍에를 벗고 생명의 주이신 그리스도에게로 돌아가는 것입니다.

'내 탓' 말고 '네 탓'?

맞는 아픔보다 때리는 아픔이 커야

70~80년대에 나는 가끔 어려운 처지에 있는 사람들이나 또는 그 가족들을 만나곤 했습니다. 그 가운데는 구속된 사람들의 가족도 있었습니다. 호소할 곳이 달리 없으니, 나에게라도 찾아온다는 것이었습니다. 그 가족들은 대부분 구속된 젊은 학생들의 어머니를 비롯한 부인네들이고, 남자가 찾아오는 경우는 극히 드뭅니다.

그들의 말을 들으면, 하나같이 우리 애들, 우리 남편들이 원하고 외친 것은 이 나라의 민주화, 바로 그것이었습니다. 나라를 변란하거나 북한을 이롭게 하려 한 적이 없다는 것이었고, 더더욱 공산주의자는 아니라는 것이었습니다. 누명만은 벗겨 달라는 것이 그들의 호소인데, 나는 그런 호소를 들을 때마다 매우 안타까웠습니다.

내 남편과 내 아들이 결코 공산주의자가 아니라고 하는 그 호소는, 그들의 자식과 남편이 바로 이 나라 국민임을 확인해 달라는 호소와 다름이 없는 것이기 때문입니다. 그러나 내가 그들을 위해 해 줄 수 있는 것이 없습니다. 들어 줄 수 있는 것 외에는 도움이 될 일이나 말을 찾을 수가 없었습니다. 나는 이런 생각을 해 봅니다.

진실로 사랑해서 때리는 매는 누구를 내쫓는 매가 아니라 더 따뜻하게 끌어안는 매이어야 한다, 때리는 사람의 아픔과 고통이 맞는 사람의 그것보다 더 큰 것일 때, 사랑의 매가 될 수 있다, 때리는 사람의 고통과 아픔이 맞는 사람의 눈에 비치고 가슴에 닿을 때, 때리는 사람이나 맞는 사람이나 한 국민으로서의 뜨거운 교감이 있을 수 있다고 말입니다.

때리는 것은 미움이 아니라, 더 뜨겁게 사랑한다는 것의 역설적인 표현일 수 있기 때문입니다. 그런 '때리고 맞음'의 아름다움과 뜨거운 화합은 과연 찾아 볼 수 없을 것인가 하는 아쉬움이 있습니다.

82년 부산 미 문화원 방화 사건의 법정에서 문부식 군은 "민족의 동질성을 가지고 나를 때린다면, 나는 내가 설사 그 매질에 맞아 죽는다 하더라도 달게 맞겠습니다. 그러나 같은 민족이 민족으로서의 고뇌를 외면하고 미워하는 매를 때린다면, 나는 단연코 그 매를 거부합니다"라고 말했습니다.

우리가 꼭 때리고 타일러 깨우쳐야 한다면, 우리에게는 맞는 사람보다 매를 든 사람에게 더 큰 아픔과 사랑의 정신이 깃들어 있어야 하겠습니다.

모두 함께 살아야 한다

우리가 추구하는 것은 모두 함께 '한 핏줄' '한 겨레'라는 의식 아래 함께 자성하고 자각함으로써 다 함께 잘 살 수 있는, 보다 더 사람답게 살 수 있는 사회와 나라를 우리 손으로 만들어 보자는 것입니다.

그런데 오늘날 '우리 모두 함께'라는 의식이 얼마나 아쉽습니까?

왜 이다지도 우리에게는 민족적 공동체 의식이 희박하며, 어째서 모두가 각기 어떻게 하면 나만 살아남을 수 있을까 하는 가장 원시적 생존경쟁에 몸 담고 살아야 합니까?

'내 탓' 말고 '네 탓'?

어째서 모두가 기회주의자처럼 되어 버렸고, 나 아닌 다른 사람에 대해서는 한결같이 무관심해져 가고 있는 것입니까?

타인에 대한 관심은 호사풍(好事風)의 시시비비주의(是是非非主義)라든가, 객기 어린 정치주의(政治主義)와 전혀 다른 것입니다. 그 관심이야말로 이웃에 대한 사랑, 민주주의와 사회 정의의 대전제가 되는 긴요한 정신입니다.

현명해 보이는 현실주의가 있기도 하지만, 그것이 인위적 체제라든가 물신화(物神化)의 비속성에 대한 타산일 뿐 진리와 이상에 대해 무관심한 것이라면, 사실상 부끄러운 타락에 불과할 뿐입니다.

●●

무엇 때문이라고 꼬집어 말할 수는 없지만, 오늘날 우리 사회는 사실상 다소 경직되어 있습니다. 좋은 말이 많이 제창되고 있으나 우리가 숨쉬고 있는 현실이 그 말들에 걸맞는 현실인지는 의문이 없지 않습니다.

민주주의는 만들어 주어지는 것이 아니라, 다양한 사회의 탄력 속에서 화합이 이루어질 때 창조되어지는 것입니다. 또한 정의는 규격품으로서 배급되어질 수 있는 성질의 것이 아니라, 강물처럼 순리로 흐르고 넘치게 해야 합니다. 복지는 소외된 이웃 형제들에 대한 우리 모두의 사랑의 표현이어야 합니다.

우리는 모두 한 겨레요 한 핏줄입니다. 같은 동포로서의 운명을 지고 있습니다. 살아도 같이 살고, 죽어도 같이 죽어야 할 운명 공동체입니다. 따라서 우리는 이 나라와 이 겨레가 갖는 영광과 기쁨도 같이 해야 되지만, 우리 국민 가운데 아픔과 고통 속에 있는 사람이 있다면, 그 아픔과 고통도 우리 모두의 것으로 해야 합니다.

●●●

어떤 사람들은 공동체를 이루는 것 자체를 자기 자신의 희생과 동등시하여 참을 수 없는 것으로 여기기도 합니다. 실제로 가정이 편하기는 하지만 폐쇄적이어서 개인의 발전을 저해하는 경우도 있고, 정치·사회가 억압적이어서 개인의 자유를 침해하는 경우도 있기 때문입니다.

우리나라만 해도 개인·물질주의적 가치관이 범람하고, 점점 지역 간, 도시와 농촌 간의 빈부 격차가 심해지고 있습니다. 이 속에서 주민들은 겉으로는 국가를 이루고 있으나, 마음으로 유대를 맺는 진정한 국가 공동체를 형성하지 못하고 있는 것이 사실입니다.

그러나 그러면 그럴수록, 우리 안에서 개인주의적·물질주의적 가치관을 벗고 인간 중심의 가치관을 회복해야 하며, 왜 인간은 공동체를 이루어야 하는가라는 근본적인 질문을 계속 던져 보아야 합니다. 현실 사회가 나쁘다고 인간과 인간의 만남, 공동체의 필요성까지 부인하고, 그곳으로부터 도피하는 것이 문제의 해결은 아닐 것입니다.

인간은 본성에 있어서 남과의 유대를 찾는 법입니다 이 유대와 사랑은 인간을 '인간답게 만드는 공기'와 같습니다.

이처럼 깊은 본성에서부터 인간은 이웃과 어울려 삶으로써만이 참 인간으로 완성될 수 있습니다.

우리나라 사람들은 유교적 가치관에 젖어, 남을 자기 가정에 받아들이는 것이 대단히 힘이 든 것 같습니다. 만약 장애 고아가 있다고 할 때, 흔쾌히 그를 받아들일 가정이 얼마나 될까요. 가톨릭 신자들의 가정을 보아도 마찬가지일 것 같습니다.

인간은 자기 자신과 가정도 사랑해야 하지만, 그 사랑이 편파적이어서는 안 되며 항상 남에게 열려 있어야 합니다.

방관자가 뿌린 씨

나라가 잘 되기를 바라지 않는 국민이 어디 있겠습니까? 지금 이 시점에서 본다면 경제회복이 우선입니다. 경제를 살려야 합니다. 경제를 살려 나라 살림을 튼튼히 하기 위해서는, 우선 정부와 기업가들이 지혜롭게 힘을 모아야 하고, 국민들도 전적으로 동참해야 합니다.

그런데 많은 사람들이 그저 경제가 잘 되기를 바랄 뿐, 그것은 자신과 무관하다고 생각합니다. 잘 아시다시피 "나라가 국민을 위해 무엇을 해 주기를 바라지 말고, 국민 각자가 나라를 위해서 무엇을 할 것인가를 생각하라." 미국의 케네디 대통령의 명언입니다. 어려움에 처해 있는 우리나라의 상황에서 모든 국민에게 필요한 말입니다.

경제를 살리기 위해 가장 근본적으로 요구되는 점은 원죄로부터 주어진 우리 각자의 이기적인 마음을 극복하는 것입니다. 자기 이익만을 챙기는 데만 급급해서는 안 됩니다.

얼마 전, 오랜만에 가까운 인왕산에 갔다가 돌아올 때 택시를 탔는데, 택시 기사가 제대로 지적하더군요. "모두가 자기만을 생각하는 게 퍽 아쉽다"고 말입니다.

물론 지금이 어려운 시기이지만, 그 속에서 또한 좋은 방향으로 나아갈 수 있는 기회가 있는 법입니다. '영(零)의 점은 은총의 점'이라는 독일의 격언이 있듯이, 지금 우리가 처한 정치·경제적인 어려움을 반드시 극복할 수 있는 은혜가 베풀어질 것입니다.

• •

오늘날 우리 사회는 아집과 독선과 이기주의로 하여 사회 공동체의 해체 위기를 맞고 있습니다. 그러기에 몸소 실천함으로써 공선사후(公先私後), 신의일관(信義一貫), 담박명지(淡泊明志)를 보여 준 인촌 김성수 선생이 새삼 우리 사회가 지향해야 할 가치와 덕목의 스승으로 떠오르고 있습니다.

집권욕에 눈이 어두워 국리민복을 망각한 정치 집단이나 정치인들에게, 이윤 추구의 극대화라는 미망에 빠져 공익과 민생을 외면한 기업과 기업인에게, 또 풍요의 허상에 매달려 낭비와 방탕에 빠진 국민들에게, 공동체적 삶을 외면하고 개인적 안일이나 이기주의에 빠진 지식인들에게 인촌 김성수 선생의 겸양과 담박과 명지의 말씀을 들려줘야 합니다.

그런데 이렇게 개탄스러운 정치인, 기업인, 지식인, 국민은 다른 누구도 아닌 바로 우리 자신입니다. 우리 자신이 바로 오늘의 사회를 어지럽히고 희망의 미래를 가로막는 장본인들입니다.

오늘날 우리 자신과 우리 사회는 참으로 깊이 병들어 있습니다. 우리는 진정 우리 잘못을 뉘우쳐야 합니다. 우리는 변화되어야 합니다. 우리의 생각과 우리의 삶을 바꾸어야 합니다.

●●●

70년대에 들어와, 가난을 면해 보자고 시작된 우리의 경제발전은 자본과 기술이 없던 시대였으므로 노동집약적인 형태로 지속되었습니다. 그러다 보니 경제성장은 인간을 희생시킨 가운데 이루어졌습니다. 그리고 인간의 희생이 바탕이 된 경제성장은 물질 만능, 소비주의를 만연시켰고, 사회 곳곳에서는 비인간화 현상이 초래되었습니다.

1931년, 교황 비오 11세가 발표한 회칙 「과드라제시모 안노(QUA-DRAGESIMO ANNO)」에서 "상품은 공장에 들어가 값진 물건이 되어 나오지만, 인간은 공장에 들어가면 폐품이 되어 나온다"고 지적한 대로 인간은 상품을 만드는 기계로 전락되고 말았습니다. 이러한 경제발전의 형태는 결국 모든 정책, 심지어 도시 개발조차 자연스럽게 인간을 희생시키는 바탕 위에서 이루어지고 말았습니다.

근본적인 가치관 전체가 서로가 서로를 위하는 공동체로서 인간으로 호흡하며 살아가는 사회를 모색하는 것이 아니라, 국가적으로는 선진국, 개인적으로는 일류가 되기만을 추구하게 되었다는 이야기입니다. 속은 텅 비었으나 겉만이라도 그럴 듯하게 포장하여 남으로부터, 또 다른 나라로부터 인정받고 싶은 욕구, 이것이 우리 사회 전체가 앓고 있는 병이고 콤플렉스입니다.

모든 국민들이 먼저 개인주의에서 탈피해야 합니다. 어찌 보면 오늘의 현실은 무관심과 함께 공동체 의식의 부족에서 비롯된 것입니다.

옛날, 나치 독일에서 유대인을 잡아 갈 때, 개신교 목사들이 우리는 유대인이 아니니까 나설 필요가 없다고 하면서 침묵했습니다. 나중에 목사들이 끌려 갈 때, 신부들은 우리는 목사가 아니라면서 방관했고, 그 후 신부들이 잡혀 갈 때 아무도 개입하지 않았던 사실이 있습니다. 우리도 지금 그 때와 마찬가지로 방관자로 있습니다.

이같은 국민의식이 타파되지 않는 한, 우리나라의 민주화는 절대로 이루어질 수 없습니다. 법률을 고친다고 민주화되는 게 아닙니다.

80년대 말, 박종철 군 고문치사 사건 때, 변호사들과 관계 법률을 검토한 일이 있었는데, 그 때의 법률로도 고문은 절대로 할 수 없다는 사실을 새삼 알게 되었습니다. 중요한 것은 고문하던 사람들이 고문을 하지 않겠다는 의지가 있는가 하는 것이며, 국민들은 절대로 이를 용납하지 않겠다는 의지를 보이는 것입니다.

결론적으로 정치하는 사람들의 의식이 변화되어야 하고, 그에 앞서 국민의식이 성장해야 합니다.

나, 너, 그리고 우리

어느 잡지에서인가, 86년에 분신 자살한 서울대 김세진 군의 어머니와 고문 치사당한 박종철 군의 어머니, 두 분이 만나서 한없는 눈물을 흘리며 나눈 이야기를 읽은 기억이 납니다. 두 분의 이야기 가운데, 내 가슴에 와 닿은 세진 군의 어머니의 말씀이 특히 생각납니다.

"이 모든 현실이 누구 다른 사람이 아니라 바로 내 탓이라고 생각해요. 세진이가 분신 자살한 것이나, 종철이를 죽음으로 몰고 간 이 사회는 바로 우리들이 만들어 놓은 것이니까요."

그렇습니다. 이들 두 젊은이가 그렇게 참혹한 죽음을 당하게 했던 그 사회는 당시 우리들이 만들어 놓은 사회였습니다. 결국 그들 젊은이들을 죽인 것은 우리들이었습니다.

당시 우리가 권력자들이 어떤 폭력을 휘둘러도 무관심하고, 관심이 있어도 그것을 감히 표현하지 못하고 한 번도 힘있게 항의하지 않았기 때문에, 법과 질서라는 미명 아래 실제로는 폭력이 지배하는 그런 사회에 살았던 것입니다.

●●

우리 사회에는 잘못된 일들에 대해 쉽게, 정치인이라든지 종교인에게라든지 '탓'을 남에게 돌리는 경향이 있는데, 설령 내 탓이 아니더라도 각자가 공동체 안에서 모두 '탓'을 느끼고 '나는 잘못이 없는가' '나부터 교통질서 하나라도 지켜야 되지 않는가' 하고 생각을 바꾸어 간다면, 우리 사회가 믿고 사는, 서로 돕고 사랑하는 아름다운 공동체를 이룰 수 있지 않은가 생각합니다.

●●●

원죄를 지은 아담과 하와의 모습에서 지금의 우리 모습과 가장 닮은 것이 무엇인지 아십니까? 그것은 책임 전가입니다. '나 때문에'가 아니라 '너 때문에'라고 서로가 아우성을 치고 있는 우리를 볼 수 없습니까? 따지고 보면 우리 모두가 '너에 대한 정의의 판단'보다는 '나에 대한 자성과 심판'이 먼저 있어야 한다고 봅니다.

우리 한 사람 한 사람이 가정에서 직장에서 거리에서 공공장소에서 '너'를 먼저 생각하는 그리스도의 사상으로 상대방을, 내 이웃을 받아들여야 합니다. 차를 타는 사람이든, 걸어 다니는 사람이든, 교통 법규를 성실히 지키고 실수할 때에는 지체없이 용서를 먼저 청하는 우리들이 될 때에, 우리는 6·25의 동족상잔의 원인 제공자를 받아들이게 될 것이고, 광주 문제를, 지역감정 문제를, 경제 위기를 극복할 수 있을 것입니다.

이러한 우리의 기본적인 자세 변화가 있을 때에 통일을 논할 수 있을 것이고, 통일의 가능성과 통일의 구체적인 장이 열리고, 모두가 실감하는 참평화의 장을 열 수 있을 것입니다.

* **과드라제시모 안노** 교황 레오 13세의 회칙(노동헌장) 반포 40주년을 맞아 교황 비오 11세가 반포한 회칙. 복음의 정신에 일치하는 사회질서 재건에 관한 내용으로 되어 있다.

마음의 오염이 더 무섭다

자연 파괴는 인간의 오만과 탐욕 탓

우리가 살고 있는 현대 세계의 가장 심각한 문제는 자연 파괴입니다. 하느님이 마련하신 창조질서가 보전되고 완성에로 나아가기는 커녕, 훼손되고 파괴되어 가고 있습니다.

우리가 일상 생활 중에 가깝게 체험하는 물과 공기의 오염, 주변에 널려 있는 쓰레기 문제로부터 환경 학자들이 심각하게 경고하는 온실 효과에 의한 기온 상승, 산성비, 오존층 파괴 문제에 이르기까지 인간을 둘러싸고 있는 모든 것들이 병들어 가고 있습니다. 하느님이 창조하신 이후, 당신 스스로도 "보시니 좋더라!"고 감탄하던 그 아름답던 자연은 점차 사라져 가고, 죽음의 어두운 그림자가 우리 주변에 드리워지고 있습니다.

문명사적인 관점에서 볼 때, 자연 파괴는 현대 세계를 휩쓸고 있는 물질문명에 그 탓이 있다고 진단합니다. 17세기 산업혁명 이후 비롯된 여러 가지 현상들 – 인구의 도시 집중, 화석(化石) 연료의 사용, 대량생산 대량소비 체제, 고(高)엔트로피적인 생활 등이 자연의 순환 및 자기 정화 체계를 마비시켰고, 그것이 오늘날과 같은 자연 파괴 상황을 야기시켰다는 것입니다. 물론 타당한 지적들이며, 자연질서를

마음의 오염이 더 무섭다

회복시키기 위하여 이런 것들이 해결되어야 할 것입니다.

그러나 자연 파괴의 보다 근본적인 원인은 인간 내면에서 찾아야 할 것입니다. 왜냐 하면, 문명의 주체는 인간이기 때문에 물질문명에 어떤 문제점이 있다고 하면 물질문명을 만들어 낸 인간에게서 그 원인을 찾아야 합니다.

그리고 우리는 자연 파괴라고 했을 때, 그것이 인간에 의한 주변 환경의 파괴만을 의미하는 것이 아님에 주목해야 합니다. 인간도 자연의 일부이기에 자연이 파괴되어 간다는 것은 인간의 내면, 곧 인간의 심성, 인간의 도덕성이 파괴되어 간다는 것을 의미합니다.

'인간 환경'이라는 자연과, '인간 내면'이라는 자연은 같은 자연입니다. 오히려 '인간 내면'이 더 근원적인 자연이라고 할 것입니다. 그래서 '인간 내면'이 건강하면 환경도 건강하게 가꿀 수 있으며, '인간 내면'이 병들면 환경에도 그 병이 전염되는 것입니다.

나는 오늘날 만연되어 있는 자연 파괴는 인간의 오만과 탐욕에 그 근본적인 원인이 있다고 생각합니다. 인간의 오만과 탐욕은 '인간 내면'에 깊이 박혀 있는 죄의 뿌리입니다. 인간의 오만이 자연을 지배의 대상으로 만들고, 인간의 탐욕이 자연을 소유의 대상으로 만듦으로써 자연계에 파괴와 혼란이 초래되었다는 것입니다.

인간의 오만과 탐욕이 산업혁명 이후 발달된 과학과 기계 기술과 결합되어 자연 환경을 무분별하고 무차별하게 파괴시키는 물질문명을 만들었던 것입니다.

인간의 오만과 탐욕은 주변 환경을 파괴시키는 데 그치지 않고, 인간 생명을 경시하고 파괴시키는 데까지 치닫고 있습니다. 모든 생명이 다 소중한 것이지만, 그 중에서도 인간 생명은 하느님 창조의 절정(絶頂)입니다. 이 인간 생명을 경시하고 파괴시킨다는 것은 모든 가치관의 기초를 붕괴시키는 일입니다. 왜냐 하면, 어떠한 가치관도, 어떠한 가르침도, 어떠한 종교도 생명외경(生命畏敬)이라는 기초를 무시하고는 존립할 수 없기 때문입니다.

오늘날 무감각하게 수없이 자행되는 낙태야말로 나는 자연 파괴의 가장 심각한 현상이라고 지적하고 싶습니다. 생명의 신비 안에서 작용하는 하느님의 섭리를 무시하는 오만과, 나만 편히 살면 된다는 이기적인 탐욕이 그런 결과를 빚고 있는 것입니다.

이렇게 창조질서가 훼손되고 교란된 근본적인 원인이 인간의 오만과 탐욕에 있다면, 그 해결책도 거기서 찾을 수 있습니다. 다시 말해서, 인간이 자연 앞에서 오만과 탐욕을 버릴 때, 창조질서는 회복될 수 있습니다.

오만과 탐욕을 버린다 함은 종교적 차원의 회개를 의미합니다. 바로 여기에 자연 파괴가 물질적인 차원의 대책만으로는 근본적인 회복이 불가능한 이유가 있는 것입니다.

명동성당에서 데모할 수 있는 이들은

그레함 그린의 작품 이야기

10·26사태가 있던 79년 말, 우리가 희망을 좀 가지고 있었을 때, 필리핀 교회의 초대를 받아 필리핀에 갔었습니다. 필리핀의 성직자와 수도자들 앞에서 '복음적 청빈'에 대해 이야기했는데, 그곳에 모인 2천여 청중 중에 수녀님들이 80퍼센트 쯤 되었습니다.

이야기가 끝난 뒤, 한 수녀님이 "주교님, 우리가 가난하게 사는 데 대해 좋은 말씀을 해 주셨습니다. 하지만 지금 많은 사람들이 압제에 의해 인간적으로 도저히 눈 뜨고 볼 수 없는 비참한 지경에까지 떨어져 고통을 받고 있는 상황이 지속될 때, 교회는 단지 말로만 하는 데 그칠 겁니까? 아니면 어떤 행동으로, 말하자면 폭력을 쓸 수 있습니까, 없습니까?"라는 질문을 합니다. 그래서 그레함 그린의 작품을 인용하여, 이런 답변을 한 것으로 기억됩니다.

"라틴 아메리카에서 가톨릭 신자들이 고통받고 있는 이웃을 보고 의분하여 궐기해 가지고 싸우다가 죽었는데, 그 때 가톨릭 신자로서 그렇게 폭력을 쓴 것이 올바르냐 하는 문제가 제기되었다. 당시 본당 신부는 폭력을 쓴 것은 잘못인지 모르겠으나, 이들은 분명히 가난한 삶들에 대해 크게 관심을 가졌던 사람들이라면서, 우리는 그 점을 존중해야 된다고 말하고, 장례식을 아주 정중하게 치렀다"는 대목을 이야기했습니다.

그러니까 폭력은 안 되지만 그들이 가졌던 인간에 대한 사랑과 정의감은 존중되어야 한다는 의미의 말이었습니다. 나는 그 작품 이야기를 하면서 "교회는 철두철미하게 비폭력적이라야 한다. 폭력을 쓰면 폭력의 악순환밖에 더 있겠는가? 우리는 그같은 경험을 많이 하지 않았는가?" 하고 반문했습니다.

또 예를 들기를 "가령, 예수님을 보자. 예수님 시대에도 우리 시대 못지않게 많은 사람들이 고통에 시달리고 있었지만 그들을 해방시키기 위해서 예수님이 자신의 모든 것을 바쳤지, 힘을 썼는가? 예수님도 그 때 폭력을 쓰려면 얼마든지 쓸 수 있었을 것이다. 많은 사람들의 인기가 예수님에게 집중되었을 때이니까 힘을 쓸 수도 있었는데, 그렇게 하지 않았다. 결국 예수님은 자신의 모든 것을 바치는 십자가를 지셨고 거기서 죽으셨다. 바로 이 때문에 그 십자가가 오늘 우리에게 어떤 힘보다 인간을 해방시키는 더 큰 힘을 가지고 있다. 그러므로 우리도 그 길을 가야 된다"는 요지의 이야기를 해 주었습니다.

왜 데모하면, 밤낮 명동성당이냐?

폭력은 아무것도 가져오는 것이 없습니다. 폭력 외에는 전혀 다른 길이 없거나 다른 최후 수단이 없다고 할 때에도, 폭력을 사용하는 것이 과연 효과적인가 아닌가에 대해 깊이 생각해야 합니다.

부득이한 행위라도 폭력이 정당화되기 위해서는 굉장한 논란이 있을 수 있습니다. 다시 말해서, 전제주의 폭군이 수백 만의 사람을 죽이고 그에 대항하여 폭력밖에는 다른 길이 없다고 할 때에도 폭력 사용은 심사숙고해야 할 문제입니다.

지난날, 명동성당이 불행히도 데모의 장이 되어 왔습니다만, 성당

명동성당에서 데모할 수 있는 이들은

에서 시위를 하더라도 성당이 지니고 있는 모습까지 해쳐서는 안 됩니다. 성당은 절대로 폭력을 상징하지 않습니다. 많은 사람들이 그런 점을 무시하고 마음대로 행동하는 것을 볼 때마다 마음이 아팠습니다.

사실 우리나라의 시위 모습을 보면 부끄럽기 짝이 없습니다. 일부 학생들이 비록 나라를 사랑하는 마음에서 시위를 하더라도 과격한 모습은 안 보여 주었으면 좋겠습니다. 학생이든 경찰이든, 어느 쪽도 폭력을 써서는 안 됩니다.

물리적 폭력이 아니더라도, 말의 폭력 또한 쓰지 말아야 합니다. 말의 폭력을 사용하는 사람은 그것을 통해 자신을 거칠게 만들고 비인간화시키면서 듣는 사람의 심성도 불안하게 하기 때문입니다. 그러한 폭력은 국민을 이해시키고 하나로 만드는 데 도움을 주기는커녕, 서로를 미움으로 대립시키는 위험을 초래합니다. 이같은 비문화적·비인간적 폭력의 습성에서 해방되지 못하는 것이 아쉽습니다.

폭력은 가치관이 없기 때문에 나타나는 것입니다. 가치관을 갖기 위해서는 책을 읽고 공부하는 자세가 필요합니다. 성경과 같이 인류 전체가 보배로 생각하는 책을 읽는 것이 필요합니다. 성경을 꾸준히 읽다 보면, 우리가 찾고 있는 모든 문제의 답을 얻을 수 있습니다. 우리를 빛으로 인도하는 것만 보아도 분명합니다.

● ●

우리는 그 동안 정의를 부르짖고 민주주의를 외치며 투쟁하여 왔습니다. 그런데 나는 가끔 젊은이들, 때로는 가톨릭 신자 학생들까지도 그 외치는 소리에서(정의감에 불타서였다고 믿지만) 화해와 일치를 전하는 내용의 말을 별로 듣지 못했습니다. 오히려 '적들'이라든지, '타도하자'라든지 하는 표현에서 미움을 더 전파하고 있다는 느낌이 듭니다. 특히 이런 미움의 소리가 명동성당을 배경으로 한 데모 군중에 의해

외쳐질 때에 나는 참으로 마음이 착잡해지곤 합니다.

●●●

 나의 솔직한 심정은 이제는 명동성당에서 데모가 없었으면 좋겠고, 또 데모를 하더라도 정말 성당을 존중할 줄 알았으면 합니다. 성당은 진리와 정의와 사랑을 드러내는 곳이고, 바로 그리스도를 드러내는 곳인데, 그곳에서 그 정신과는 반대로 미움을 부르짖고 적들을 타도하자는 데모를 할 때, 나의 마음은 무척 아픕니다.
 그래도 정말 성당에서 데모를 하고 싶으면, 성당에서 지켜야 하는 경건함과 엄숙함은 인정하면서 성당이란 장소에 알맞는 데모, 합리적이고 평화적인 데모를 해야 합니다.
 신자가 아닌 사람들이 성당에서 데모를 하는 것은 아마도 이곳에서는 잡혀 가지 않는다는 인식을 갖고 있기 때문이겠지만, 이들 중 어떤 이들은(소수이기를 바라지만) 성당을 존중하지도 않고 성당에서 하고 있는 기도와 일을 일체 존중하지 않는 경우도 없지 않습니다.
 또 어느 젊은이들은, 우리들이 그런 문제를 제기할 때면 "이곳이 왜 당신들 것입니까? 우리 모두의 것이지요"라고 말하곤 합니다. 때로는 "헌금을 받아서 무엇하느냐?"라는 것까지 묻습니다. 대화를 통해서 그들을 이해시키려고 많은 노력을 해 왔습니다만, 그 노력이 성과를 얻을 때도 있으나 그렇지 못한 때도 있습니다.
 하지만, 마음으로 가난한 이, 슬피 우는 이, 진리와 정의를 목말라 하고 이를 찾다가 박해를 받는 이 등 하느님밖에 달리 호소할 길이 없는 이들에게 성당은 언제나 열려 있을 것입니다.

시위에까지 이기주의가 등장하다니

 어느 사회이든지 발전의 전 단계에는 갈등이 있습니다. 민주사회, 다원화 사회에서의 의견 차이는 당연한 것입니다. 여러 의견이 수렴

되어 어떤 합의된 목소리를 낼 때, 거기엔 강한 힘이 붙습니다.
 갈등은 오히려 좋을 수도 있는 것입니다. 우리를 대화, 협력, 일치로 유도하는 힘이 될 수 있습니다. 그렇다고 갈등만 되풀이하면 곤란하고, 배타가 아니라 존중이 필요합니다.

••

 국민의 뜻을 드러내는 시위의 권리는 당연히 있는 것입니다. 그런데 그동안 민주화 과정, 즉 민주주의를 배워 나가는 과정에서, 우리는 국민으로서 지닌 의무와 책임보다는 권리를 더 찾았습니다. 민주사회를 이룩하기 위해서는 국민 각자가 맡은 책임을 다하고, 공동선을 추구하는데 있어서 지녀야 할 의무도 함께 생각해야 합니다.
 그러나 우리는 자신의 주장이나 개인적·집단적 이익을 위해 권리만을 앞세우는 현상들을 종종 볼 수 있습니다. 물론 명동성당이 지난 날에는 민주화를 위한 중심적 역할을 한 자리라는 뜻을 지니고 있습니다. 그러나 요즘에는 자신의 주장과 이익을 위한 시위의 자리로 이용되고 있어 개인적으로 안타까움을 금치 못하고 있습니다.
 우리들 스스로가 좀더 민주 시민으로서 성숙해 가고, 나아가 공동체적 삶을 살아가기 위한 최소한의 양식과 질서는 지켜져야 할 것입니다.

얼어붙은 마음을 여는 방법

 지난날 명동성당에 여러 차례 시위 학생들이 몰려 왔었는데, 그들과 이야기를 나누면서 극히 일부이긴 하지만 '도저히 대화가 안 되는 젊은이들'이 있다는 것을 알았습니다.
 시위 학생들은 구호나 시위 양상의 격렬함에도 불구하고 전반적으로 순수한 열정을 갖고 있으며, 불의에의 항거가 그 출발점이라는 면에서 그들의 존재가 나라의 희망이기도 하다는 생각은 품고 있습니다.

그러나 젊은이들 중에는 꿈과 이상을 말하면서 황폐한 정신 세계를 드러내는 사람들도 있습니다. 그들은 남의 말을 듣지 않고 믿지도 않으며, 병든 마음을 갖고 있는 것처럼 보입니다. 독일 등 유럽에 소그룹 테러리스트들이 있는 것처럼, 우리 사회에도 우리와는 다른 가치관, 다른 꿈을 가진 젊은이들이 확실히 존재하는 것 같습니다.

그렇다면 정부는, 그리고 우리 모두는 그들을 어떻게 대해야 할 것인가? 우리는 그들을 어떤 마음으로 대하는가?

우리의 일원이라고 생각하는가, 아니면 없애 버려야 할 집단이라고 생각하는가의 여하에 따라서 그들과 우리와의 관계가 달라질 것입니다.

우리가 그들을 마음 속에서 증오하고 소외시킬수록 그들은 더욱 극렬해질 것입니다. 우리는 먼저 그들이 '왜 그렇게 되었는가' 하는 원천적인 문제부터 따져 보아야 합니다. 그들이 극단으로 치닫게 된 배경과 과정을 생각한다면 정부는 책임을 피할 수 없으며, 책임을 피할 수 없다면 인내와 성의를 갖고서 대화를 시도해 갈 수밖에 없을 것입니다.

나는 그들을 엄하게 다루어야 한다는 주장에는 반대합니다. 그들이 옳거나 좋아서 반대하는 게 아니라, 그동안 철퇴를 가함으로써 극단적인 젊은이들이 더욱 양산되었기 때문입니다. 그들이 우리의 일원이라는 생각을 버리지 말고 연민으로 대해야 할 것입니다.

• •

대화가 단절되면 서로 못 삽니다. 또 대화가 없으면 가정도 파탄되고, 스승과 제자, 성직자와 신자, 그리고 정치인과 국민 간에도 마찬가지입니다. 대화가 없으면 그 사회는 존립할 수도, 그리고 힘을 기를 수도 없습니다.

내 나름대로 붙인 말입니다만, 소위 '살아남기주의', 즉 어떡하면 내가 이 세대에서 살아남느냐 하는 병에 우리 모두가 걸려 있는 것 같습니다. 개인 대 개인의 관계에 있어서도 그렇습니다. 예를 들면, "누구를 사랑했는데 내가 배신당했다!" "저 사람을 믿었는데 속았다!", 그러므로 이제는 "남을 믿을 것도 아니고 남을 사랑할 것도 아니다. 이제부터는 내 앞길만 닦자!"는 어떤 심리적인 폐쇄라고 할까, 자기 마음을 꽉 닫고서는 몇 겹으로 문을 잠그고 자물쇠를 채우는 현상이 짙어지고 있습니다.

마음이란 것은 남과 만남으로써 그 문이 열리고, 그래야만 마음이 성장하고 꽃을 피울 것 아니겠습니까? 그런데 폐쇄되어 있으니, 마음이 얼어붙고 마는 것입니다. 지금 우리의 상태가 바로 그 얼어붙은 상태입니다. 자꾸 해 보지만 속는 것도 많고 배신당하는 것도 많으니, 사람들이 자꾸 폐쇄적으로 되어 가는 경향을 나타내는데, 본질적으로 인간은 폐쇄되어서는 망하고 맙니다.

사실 내 마음을 남의 마음으로 바꿀 수도 없고, 또 남의 마음을 내 마음으로 가질 수도 없는 노릇입니다. 역시 어느 정도의 다원성을 인정하는 것이 필요합니다. 한 가지만이 절대적인 것도 아니며 절대적일 수도 없습니다.

그런 의미에서 다원화된 사회에서는 어떤 문제라도 서로가 서로를 존중할 줄 아는 자세가 필요하고, 대화를 할 때 나의 이야기를 상대방에게 주입시키려 하기보다는 상대방의 말을 충분히 들어 줄 필요가 있습니다. 내 생각으로는 이같은 작업부터 기성 세대 안에서 먼저 해야 되지 않을까 싶습니다.

장애인들과 함께

이 시대의 「작은 예수」

　미국이 훌륭한 나라라고 하는 이유는 기술적인 측면도 있겠지만, 무엇보다 장애자들을 위한 복지 정책에 결코 소홀하지 않기 때문일 것이라는 생각이 듭니다. 장애자들을 우리 마음 속에서부터 우리와 동등한 인간으로 생각할 때 우리 자신도 진정한 인간이 되고, 이러한 생각들이 모든 국민들에게 확산될 때, 비로소 이 나라도 선진국으로 향할 수 있을 것입니다.

　많은 장애자 시설이 겪고 있는 큰 어려움 가운데 하나는 '이웃들이 받아 주지 않는다'는 겁니다. 어느 동네에 정착하려면 주민들이 데모를 하는데, 병신들이 가까이 살면 자녀 교육상 좋지 않다는 것이 그 이유입니다.

　하지만, 이것은 정반대입니다. 자기들의 그러한 행동이 오히려 자녀 교육에 전혀 도움이 안 됩니다. 심지어 양로원 설립까지 반대하는데, 이것은 천벌을 받을 일입니다.

··

　사실, 신체의 장애는 인간 존재의 본질적 차원에 있어서는 아무런 문제가 되지 않습니다. 오히려 영생을 얻기 위해 필연적으로 거쳐야 하는 죽음은 인간 신체의 완전 장애 상태를 의미하는 것이 아니고 무엇이겠습니까? 생명을 내신 하느님을 알아보지 못하고 그분의 깊은 사랑을 깨닫지 못하는 영적(靈的) 장애 상태야말로 영원한 생명에 대한 희망을 전혀 가질 수 없는 암흑의 상태라 할 것입니다.

바로 그런 의미에서, 인간은 누구나 장애인이며, 우리 스스로가 장애인이라는 자각을 통해서 치유자이신 예수 그리스도를 만나 그분 안에서 새로 태어남으로써만이 영원한 생명의 나라에 들어갈 수 있게 되는 것입니다.

그렇기에 장애인들은 거추장스럽기만한 짐이 아니며, 우리를 대신하여 십자가를 진 이 시대의 '작은 예수'입니다. 그분들은 우리 공동체를 더욱 심화시키고 풍요롭게 하는 '은총의 선물'이며, 이 선물은 우리가 그들의 삶에 깊이 동참하고 함께 나눌 때에만, 비로소 우리 안에 풍요롭게 열매 맺는 선물이 될 것입니다.

●●●

장애자와 가난한 사람들은 인간과 인간 생명을 경시하는 이 시대의 물질주의라는 죄의 희생자들입니다. 그들은 이 시대의 '사회 전체의 죄'의 벌을 지고 가는 이들이며, 우리는 그들이 있으므로 불행해지는 것이 아니고 오히려 구원됩니다.

장애자들과, 그리고 가난한 이들과 삶을 함께 한 이들이 일반적으로 체험하는 것이지만, 우리는 그들을 통하여 오히려 인간 본연으로 돌아갈 수 있습니다. 잃고 잊고 있던 인간의 마음을 다시 찾을 수 있습니다. 이렇게 볼 때 그들의 현존은 신의 현존과 같이 오히려 축복이지 결코 저주가 아닙니다.

눈이 발가락을 업신여길 수 없다

우리가 생각을 조금만 돌린다면, 사람의 눈에 드러나게 불구를 지닌 그들만이 아니라 우리 모두가 어느 면으로든지 장애를 받고 있음을 고백하게 될 것입니다. 왜냐 하면, 우리는 각자 자기 생애에 정신적 면만이 아니라 육체적 면에 있어서도 조만간 자기 능력의 한계를 체험하게 되기 때문입니다.

'원하면서도 할 수 없다는 경험(Die Erfahrung-des wollens-aber-meht-konnens)'은 일반적인 인간 문제이기도 하며, 각자는 이 문제와 대결하며 준비되어 있어야 합니다. '장애'나 '불구'라는 말은 흔히 겉으로 드러나는 육체적 면만을 뜻하지만, 실은 정신적·심리적, 혹은 영신적 불구자들이 수없이 많습니다.

우리는 모두 한 공동체의 일원으로서 교회의 신비체론을 잘 알고 있습니다. 인간의 몸, 즉 유기체 안의 연대성을 신앙 안에 승화시킨 것입니다. 우리 몸은 서로 다른 형태와 역할을 지니고 있는 여러 지체(肢體)로 구성된 유기체이며, 지체들 간에는 밀접한 연대성이 있습니다. 각 지체는 자기 자신만을 위해서 움직이는 것이 아니고 다른 지체까지도 포함한 몸 전체를 움직이는 것입니다. 눈이 발가락을 업신여길 수는 없습니다.

그러나 자연계에는 연대성과는 반대되는 현상, 즉 생존경쟁이나 약육강식도 있음을 알고 있습니다. 인간 사회에 연대성과 그에 반대되는 자기중심적 생활 사이의 갈등은 예나 지금이나 변함이 없습니다.

어느 쪽을 택할 것인가.

부자와 빈자, 불구자와 정상인, 동양인과 서양인, 병자와 건강한 이 등등, 모두가 서로 다르지만 인간적 연대성, 궁극적으로 사랑의 연대성을 확대해 나가는 것이 바로 세계의 인간화, 구원에로의 길입니다.

● ●

인간의 존엄성은 국가 권력으로 침범될 수 없으며, 지체 부자유자나 식물인간이라도 인간인 한에 있어서는 소중한 존재입니다. 인간에 대한 평등의식도 모든 인간이 존엄하다는 데서 나오고 있는 것입니다. 인간이라도 사람에 따라 능력에 차이가 나니까, 외적인 요소로 보아 엄격히 평등이 있을 수 없는 게 사실입니다. 그러나 하느님의 사랑 앞에서는 모든 사람이 평등합니다.

제 4 부

말하기 어려운 말을 하는 것

서울대교구장에 평양교구장 서리를 겸하고 있는 나는 가끔 이런 농담을 합니다. 교구장이란 그 지역의 목자를 가리키는 말이고, 내가 평양교구의 교구장이므로 북한의 김일성 주석은 나의 '어린 양'이 되는 셈이다, 따라서 목자가 양을 잘 다스릴 줄 몰라서 오늘날과 같은 상황이 벌어지고 있다고 말입니다.

'좋은 대통령'을 그려낼 수 있다면

70년대의 한국판 「代父」

지난 70년대에 나는 '대부(代父)'라는 미국 영화를 보면서 '우리나라 정치가 대부의 세계와 무엇이 다른가'라고 한탄한 적이 있었습니다. 어떤 장관은 청와대에서 누구에게 매를 맞았고, 어떤 국회의원은 정보부에 끌려가 수염을 다 뽑혔고, 대통령 경호실장은 권총을 빼들고 자주 남을 위협한다는 등 그 당시 별의별 소리가 다 흘러 나오지 않았습니까?

국민들은 두려워서 극도로 말조심을 했고, 언론은 침묵했고, 어느 누구도 감히 권력자의 비위를 거스르지 못했습니다만, 그들은 결국 '대부'의 마피아들처럼 서로 총질을 하며 끝나고 말았습니다.

오늘의 상황은 그 때와 많이 달라졌다 해도 정부는 깨끗이 그런 잔재를 씻어 내야 합니다. 공포를 이용하여 남을 다스리려는 사람은 '대부'는 될 수 있을지 몰라도 대통령이 될 수는 없습니다.

●●

'좋은 대통령'이 되는 길은 '국민을 위한 대통령'이라는 평범한 말 속에 있다고 생각합니다. 역대 대통령들이 모두 국민을 위한 대통령이 되겠다고 나섰으나 성공한 대통령이 별로 없었던 것은 눈 앞에 보이는 국민보다 추상적인 목표를 중시했기 때문이었습니다.

'국익을 위해서'라든가, '역사적 소명을 다하기 위해서'라는 말로 국민을 채찍질하는 일이 다시는 있어서는 안 됩니다. 대통령이 너무 영웅적인 이상에 불타서 국민을 몰고 가려는 것이 바로 독재의 시작입니다.

박 대통령과의 기차 여행

71년 말, 대통령에게 '국가 보위에 관한 비상대권'을 주는 법을 의결하지 않으면 안 된다는 청와대의 엄포가 있었을 때였습니다. 그 때, 나는 명동성당에서 성탄미사 강론을 하면서 "정부 여당에게 묻는다"고 전제하고, "이런 비상대권을 대통령에게 주는 것이 나라를 위해서 유익한 일인가? 그렇지 않아도 대통령한테 막강한 권력이 가 있는데, 이런 법을 또 만들면 오히려 국민과의 일치를 깨고, 그렇게 되면 국가 안보에 위협을 주고, 평화에 해를 주지 않겠느냐"고 말했습니다.

당시 그 미사는 KBS-TV로 생중계 방송이 되고 있었는데, 박정희 대통령이 그 방송을 보고 있다가 정부를 공개적으로 비판하니까 중계 방송 중지 명령을 내렸습니다.

그런데 마침 그 중계방송 책임자가 자리에 없어서 즉각 중단되지는 않았는데, 그 바람에 그 분은 그만 회사를 떠나고 말았습니다. 나 때문에 언론인이 희생된 것입니다. 나중에 중계방송이 중단되었으나, 그 때는 거의 다 나간 뒤였습니다. 그 이튿날, 비상 각의가 열렸으나 마침 대연각 화재 사건이 발생해서 그 일은 흐지부지되고 말았습니다.

그 이듬해 봄인가, '대화를 하자'고 해서 박정희 대통령과 같이 기차를 타고 진해에 간 일이 있었습니다. 그러나 대화보다는 거의 일방적으로 박 대통령이 말을 하고, 나는 듣기만 했을 뿐입니다. 처음에는

'좋은 대통령'을 그려낼 수 있다면

어느 정도 대화가 될 것이라고 기대를 걸었는데……

그 때 느낀 것인데, 박정희 대통령이 우리나라의 나무 한 그루, 풀 한 포기에까지 애정을 가진 애국자이고 우국지사이지만, 그것을 모두 자기 손으로 가꾸고 싶어하는 사람이라는 점이었습니다. 그렇게 하려면 수많은 사람이 수족처럼 움직여야 하지 않겠습니까?

마침 그 날은 식목일 다음 날이었습니다. 기차를 타고 내려갔는데, 비서실장이 메모지를 들고 항상 대통령 곁에 서 있습니다. 대통령이 밖을 가리키며 "비서실장, 저거 봐! 나무가 없잖아! 저기 어디지?" 그러면 비서실장이 "천안 어딘 것 같습니다"라고 답하면서, 들고 있는 메모지에 적습니다. 박 대통령은 또 걱정을 합니다. "주교님, 저 둑 좀 보십시오. 대한민국이 이래요!"

김천 쯤을 지나는데, 박 대통령이 나 보고 "주교님, 여기가 무슨 역입니까?" 묻더군요. 그래서 "지금 대신역일 겁니다"라고 답했더니, "아, 그렇습니까? 저 플라타너스를 전지(剪枝)해서는 안 되는데, 저렇게 전지를 했어요" 하더니, 철도청 차장을 불러서 누가 했는지 알아보라고 지시하는 것이었습니다.

그렇다면, 이게 어떻게 됩니까? 대통령이 무서워서 전지 하나도 마음대로 못하고 눈치 볼 것 아니겠습니까?

더욱 놀란 것은, 서울서 진해까지 가는 철로 양편에 경찰들이 5백 미터 정도 되는 간격으로 쭉 늘어서 있다가, 기차가 지나가면 '받들어 총'을 하면서 기차가 가는 반대 방향으로 돌아서는 광경이었습니다. 이 얼마나 많은 사람들이 동원됐겠습니까? 그뿐이 아닙니다. 대전·대구 같은 도청 소재지를 지나갈 때였는데, 차가 역 구내를 서서히 지나가면 플랫홈에 도지사·경찰국장·시장 등이 나와 있다가 차가 지나 가면 옛날 신하들처럼 쭉 엎드리고 있는 겁니다.

그런가 하면, 박 대통령은 종이를 펴 놓고 우리나라의 4대 강을 그리고 나서 몇십 년 걸릴 개발 이야기를 늘어 놓는데, 그걸 다 마치려면 평생을 해야 할 것 같았습니다. 나는 그 때 그분이 장기 집권할 것이라고 예상했습니다.

그 이튿날, 서울로 돌아오는 나의 마음은 무척 우울했습니다. 그 해 8월에 우리나라가 1인 독재체제로 가서는 안 된다는 시국에 관한 소견을 발표하고 아프리카로 떠났는데, 나중에 돌아와 보니 발칵 뒤집혀 있었습니다. 보복으로 가톨릭이 운영하는 성모병원이 세무사찰을 받아 병원이 마비되어 있었던 것입니다.

권위주의자의 권위

정치가에게 권위는 중요한 것입니다. 독일에서 공부할 당시, 아데나워가 수상이었는데, 그가 한 마디를 하면 다른 사람들이 쉽게 거부하지 못합니다. 심지어 프랑스의 드골 대통령은 '나와 나의 정부'라고 말하기도 했습니다. 프랑스말로 '모아 에몽 구베르느망'입니다. 그러나 학생들은 뭔가 비위에 거슬리기는 하지만 비판하지는 않습니다. 오히려 마음에 안 들지만 재미난다는 식으로 받아들입니다. 그만큼 드골은 권위를 가졌던 것 같습니다.

우리 사회에도 그같은 아버지로서의 권위, 스승으로서의 권위가 자연스럽게 존재한다면 바람직하다고 생각됩니다. 그래야만 사회질서가 확립되어 갈 것입니다.

이승만 박사도 어떤 의미에서는 권위주의자였습니다. 그래도 그분의 권위를 그 시대에는 인정했습니다. 그분이 하야하고 이화장(梨花莊)으로 갈 때, 국민들이 박수를 친 것도 바로 그 때문입니다.

당시 내가 오스트리아 비엔나에서 그런 얘기를 했더니, 그들은 전혀 이해를 못하는 것이었습니다. 그래서 "우리가 오히려 당신들보다 훨씬 더 크리스찬적이다, 말하자면 원수까지도 포용할 수 있다"고 말한 기억이 납니다(물론 그분은 원수는 아닙니다). 하여튼 그분의 좋은 점만은 인정할 줄 아는 아량을 우리 국민은 가지고 있었습니다.

사실 나는 이승만 박사가 권위로써 우리나라의 민주주의 기틀을 잡아 주었더라면, 얼마나 존경을 받는 인물이 되었을까 하고 생각해 봅니다. 그렇게 되지 못해서 4·19가 났습니다만, 솔직히 말해서 나는 박정희 대통령에게도 같은 기대를 가져 보았습니다. 어떤 의미에서는 비판받을 수 있는 점도 많았지만, 3선까지는 어떻게 했다고 하더라도, 그것으로 끝내고 민주주의 기틀을 잡아 놓고 갔더라면 하는 아쉬움을 가지고 있습니다.

민심을 천심으로 아십시오

정치인으로서 어떤 인물이 가장 이상적인 모델인가. 원리적으로 보면 '모든 사람의 자유와 책임의식에 바탕을 둔 도덕적인 힘에 의해 인간과 사회의 자기 완성이라는 공동선(共同善)을 향해 수고하는 사람'이라야 합니다. 도덕적 힘이 아니라, 기계적이고 폭군적인 힘에 의거하는 정치인은 반드시 패망합니다.

공자는 자신에게 정치를 맡겨 주면 "1년은 어지간히 다스리고, 3년이면 융성"이라고 말했는데, 이 말은 1년이나 3년의 시간적 여건을 거론했다기보다 정치에는 '정의로운 명분이 늘 있어야 한다(必也正名乎)'는 의미에서 덕치(德治)를 강조한 것으로 해석됩니다.

필리핀의 전 코라손 아키노 대통령은 과거에 정치가의 아내였으나 가정주부로서, 마르코스가 그녀의 가장 큰 약점으로 공개적으로 멸시하다시피 말한 대로 아무런 정치적 경험이 없었음에도 불구하고, 국민의 절대적 지지를 얻고 여러 가지 시련과 난관을 이겨 내며 민주화를 착실히 정착시켜 갔던 비결은 무엇입니까?

말하기 어려운 말을 하는 것

하느님을 믿고 하느님에게 의지하면서 국민을 존중하고, 민심을 천심으로 알고 따르며, 진리와 정의를 실천하고, 아울러 적대자에게까지도 관용을 베푸는 화해를 추구하며 일했기 때문입니다. 어떻게 보면, 그녀는 누구나 상식적으로 아는 정치의 정도(正道)와 양식을 따르며 성실하고 정직하게, 또 겸손한 마음으로 일했기 때문에 성공적으로 민주화를 이룩했다고 말할 수 있습니다.

우리나라의 정치 지도자도 힘과 어거지로 정치를 하려고 하지 말고 상식으로 돌아가서 정치의 정도를 따르고 국민의 뜻을 존중할 줄 알면 됩니다. 잘못이 있을 때에는 이를 솔직히 시인하는 정직과 용기가 필요합니다. 그러면 모든 문제는 쉽게 풀릴 것입니다.

이제 문민 시대의 전환점에 서서

　희망이란 내일을 향해서 바라보는 것만이 그 전부는 아닙니다. 내일을 위해서 오늘 씨앗을 뿌리는 것이야말로 진정한 의미에서의 희망입니다. 지금까지는 막연했던 희망이었지만, 이제부터 갖는 희망은 보다 구체적이어야 합니다.

청와대의 떡국 한 그릇

　우리 민족의 과거 30년은 한 마디로 군사 독재 아래 살아온 어려운 시기였습니다. 나름대로의 박력과 추진력 덕분에 경제발전을 이룸으로써 빈곤에서 탈출은 했지만, 그러나 그 과정에서 너무나 많은 것을 잃어 버렸습니다.

　특히 정신적·도덕적 가치의 상실은 불신을 낳았고, 국민들의 의식 속에 정치는 곧 권모술수라는 인식이 박혀 버리고 말았습니다. 기업인은 수단과 방법을 가리지 않고 이익을 추구하여 '부익부 빈익빈' 현상이 날로 커졌습니다. 한 민족, 한 국가이면서도 공동체 의식을 가질 수 없을 만큼 계층 간, 지역 간, 사람 간에 위화감이 깊어 갔습니다.

　양심은 마비되고 도덕은 땅에 떨어졌습니다. 정치도 썩고 교육까지도 썩어 버렸습니다. 나 자신부터 종교는 썩지 않았다고 장담할 수 없게 되었습니다. 인명경시 풍조 역시 넓게 퍼져 있고, 낙태와 산업재해, 인신 매매와 교통사고 치사율이 '세계 1위'라는 부끄러운 기록을 갖게 되었습니다.

물론 모두가 그런 것만은 아닙니다. 자신보다도 나라를 먼저 생각하는 정치인, 경제인, 교육자, 군인, 근로자, 언론인이 있습니다. 그러나 '악화가 양화를 구축'하는 현상이 나타나 물질주의와 황금 만능주의가 만연되고 과소비, 성범죄 등 각종 퇴폐가 판치는 사회가 되어 버렸습니다.

최근 서울 압구정동에는 '오렌지족'이라는 젊은이들이 나타나고 있다고 합니다. 이것은 우리 부모들이 무슨 가치관으로 교육할지를 모르고 그저 망연자실해 있다는 것을 단적으로 보여 주는 것입니다.

이렇게 타락과 부패상이 끝을 보이지 않자, 뜻있는 분들이 이래서는 나라가 망한다고 걱정을 하기에 이르렀습니다. 그런데 이 시기에 다행하게도 역사상 가장 민주적으로 뽑힌 대통령이 '내리막길을 달리는 타락의 수레바퀴'에 제동을 걸고 나섰습니다. 그는 길을 가로막고 호소하고 있습니다.

"우리 모두 부정의 고리를 끊자"고.

내가 이렇게 말하면, 혹자는 김수환 추기경이 정부에 아부를 한다고 생각할 지도 모르겠습니다만, 칠십이 넘은 이 나이에 대통령에게 아부해서 무엇을 얻겠습니까? 감투를 받겠습니까, 훈장을 받겠습니까? 훈장은 과거 박정희 대통령 시절에 아무것도 한 일이 없는 데도 '국민훈장 무궁화장'을 받은 적은 있습니다.

내가 굳이 김영삼 대통령에게서 받은 것이 있다면, 얼마 전에 초청받아 갔을 때 떡국 한 그릇 얻어먹은 것이 전부입니다. 내가 이번 개혁을 찬동하는 것은 우리의 미래가 이번 개혁에 그 흥망이 달려 있기 때문입니다.

하늘이 준 기회

　공직자 재산 공개, 실명제 실시 등 지금까지의 개혁 조치는 적어도 정치인이나 고위 공직자는 깨끗해야 하고, 근검 절약의 모범이 되어야 한다는 원리적인 측면을 확인시켜 주었다는 점에서 성공적이라고 생각합니다.

　앞서 이야기했듯이, 우리나라는 경제발전 과정에서 물질적인 것이 중시되는 바람에 정신적 가치가 상실되어 왔습니다. 정치의 부패나 고위 공직자의 이권 개입, 뇌물 수수가 당연시되는 등 위고 아래고 간에 다 썩은 고질적인 '한국병'을 앓아 왔습니다. 그러나 지금까지의 위정자들은 거기에 손을 대지 못하고, 오히려 내적으로 더 부패해 있다는 의혹까지 주었습니다.

　이 시점에서 김영삼 대통령이 용감히 나선 것은 내가 볼 때, 정말 '하늘이 준 기회'입니다. 이 기회를 놓치면 우리는 완전히 기회를 잃어 자포자기하는 상태가 될 것입니다. 따라서 이것은 국민 모두가 가정생활과 직장 생활에서부터 정직과 성실, 근검 절약으로 임하는 태도로 동참해야 할 일입니다.

　국제화·개방화 문제에 있어서도 지식이나 능력보다 인간의 성품이 중요합니다. "한국 사람은 정직하다. 한국 사람은 믿을 수 있다"라는 정평을 얻는다면 대단한 힘이 될 것입니다. 정직과 성실이 한국 사회의 가치관의 기초가 되도록 국민 모두가 개혁에 동참해야 합니다.

　하지만, 아쉽게도 겉으로는 찬성하는 척하면서도 강 건너 불 보듯 하는 사람들이 있습니다. 또한 찬동하다가도 자기가 당한다고 여겨지면, 즉각 등을 돌리는 사람들도 있습니다. 금융실명제 실시로 사치성 소비가 늘고 공무원 사기가 저하되었기 때문에 이는 잘못된 정책이 아니냐고 일부에서 이야기하는 것을 들었는데, 나는 그렇게 생각하지

말하기 어려운 말을 하는 것

않습니다. 병이 낫기 위해서는 일시적으로 설사가 날 수 있습니다. 일시적인 부작용이 있다고 해서 결코 개혁의 소신을 바꾸어서는 안 됩니다.

이 개혁의 고삐를 늦추지 않아야만, 우리 사회 곳곳에 만연되어 있는 '한국병'을 치유해 나갈 수 있을 것입니다. 시간이 지나면서, 어떤 면에서는 정상으로 돌아오고 있습니다. 나는 객관적인 분석 자료는 갖고 있지 않지만, 큰 의미에서 볼 때 이 개혁은 분명히 성공할 것이라고 낙관합니다.

사람이 새로워져야 할 텐데

'문민 시대' '신한국 건설' '개혁'이란 낱말들이 뜻하는 바는 무엇입니까? 단순한 어휘의 해석이 아니라, 우리의 현실에 비추어 구체적으로 무엇을 뜻하는지를 생각해 보고 싶습니다.

'문민 시대'란 말은 군사독재 체제와 정반대되는 말일 것입니다. 군사통치 아래에서의 암울했던 과거를 생각하면 이 얼마나 소중한 것입니까? 이를 위하여 얼마나 많은 사람들이 고난의 가시밭길을 가야 했습니까?

70년대에서 80년대에 걸쳐, 그 많은 시국 사건들과, 그에 따라 수많은 이들이 겪은 시련과 투옥과 고문, 그리고 죽음의 고초를 생각할 때, 오늘 우리가 맞이한 '문민 시대'라는 것은 그냥 군인이 아닌 민간인 정치가가 정부 수반이 되었다는 것 이상으로 깊은 뜻을 갖는 것입니다. 이것은 참으로 많은 국민이 시련을 무릅쓰고 쟁취한 값진 것입니다.

김영삼 대통령은 93년에 5·18 광주 민주화운동을 가리키면서 "80년 5월 광주의 유혈은 우리나라 민주주의의 밑거름이 되었고, 그 희생을 바탕으로 오늘의 문민 시대가 열렸고, 오늘의 정부는 광주 민주화운동의 연장선 위에 서 있는 문민 정부"라는 요지의 말을 한 적이 있습니다. 이는 단지 광주의 명예 회복을 위한 말만이 아니고, 광주와 오늘의 문민 시대에는 '원인과 결과' 같은 의미의 유대가 그 속에 있다는 깊은 뜻의 말이었습니다.

그렇다면, 우리는 왜 이렇게 많은 시련과 고난을 겪어야 했습니까? 한 마디로, 그것은 인간의 자유를 위해서였습니다. 생존의 자유, 신앙의 자유, 언론의 자유를 비롯하여 인간의 모든 권리인 자유를 위해서였습니다. 따라서 '문민 시대는 과거에 이같은 자유가 보장받지 못했을 뿐아니라 탄압받던 억압의 시대가 끝나고, 인간이 참으로 인간으로서 호흡하며 인간답게 삶을 영위하고, 모두가 함께 상호 신뢰와 인간애로써 뭉쳐 하나 되어 기쁨과 행복을 나눌 수 있는 시대의 장이 열렸다, 이것이 문민 시대이다'라고 생각합니다.

그런데 우리 앞에는 과연 이같은 의미의 '문민 시대'가 열려 있습니까? 우리는 참으로 자유롭습니까? 사실 오늘날은 법적인 의미로 볼 때, 언론 자유를 비롯하여 인간의 기본 자유에 제약이 있는 것은 아닙니다. 그럼에도 우리는 자유롭지 못합니다.

성경에 보면, 예수님이 "진리가 너희를 자유롭게 하리라"라고 말씀합니다. 우리는 진실될 때에 비로소 참된 자유를 누릴 수 있습니다. 그런데 우리는 어떠합니까? 진실합니까?

물론 우리에게는 인간으로서 지닌 근원적인 약함과 한계가 있습니다. 그리고 아울러 과거로부터 받은 죄의 유산과 같은 멍에를 지고 있습니다. 지난 30년 동안 우리는 군사 독재 아래에서 나라를 빈곤으로부터 구하는 경제발전을 어느 정도 이룩한 것은 사실입니다.

그러나 그런 과정에서 우리가 잃은 정신적·도덕적 가치의 상실 또한 너무나 큰 것이었습니다. 인명 경시, 인간 경시와 함께 인간의 가치가 인간다운 데에 있지 않고 소유에 있게 되었습니다. 이른바 황금만능의 가치관이 우리의 삶을 구석구석 지배하게 되었습니다. 우리는

말하기 어려운 말을 하는 것

단지 부정한 방법으로 돈을 번다든지 뇌물 수수 등으로 부정을 저질렀다는 것만이 아니고, 우리의 마음, 우리의 정신까지도 물질주의와 황금 만능주의에 물들어 있습니다.

개혁이란 몇몇 사람의 비리를 붙들어 내는 것이 아닐 것입니다. 그것은 참으로 우리 사회를 사로잡고 있는 물질주의, 물질에 대한 탐욕과 황금 만능에서 우리 자신이 해방되는 것입니다. 그러기에 개혁은 보다 깊게 우리의 생각과 삶의 변화를 요구하는 것입니다. 마음도 정신도 썩은 인간이 아니라, 참으로 진리와 정의로 새롭게 무장된 인간이 되는 것입니다. 성서적 표현을 쓰면 '낡은 인간의 옷을 벗고 새 인간의 옷을 입는 것'입니다.

나는 가끔 대통령이 부르짖는 '고통 분담'이라든가 '신한국 건설'에 대해 생각합니다. 이것 역시 매력있는 말입니다. 그러나 분명한 것은 사람이 새로워지지 않고서는 '신한국'이 건설될 수 없다는 것입니다. 우리의 생각과 가치관이 새로워지지 않고서는 '신한국'이 건설될 수 없습니다.

'고통 분담'도 마찬가지입니다. 우리 안에 최소한의 공동체 의식이 있어야 합니다. 가난한 이웃, 고통받는 이웃을 '더불어 살아야 하는 이웃'으로 볼 줄 알아야 합니다. 대표적인 예로서, 나는 장애인들을 생각합니다. 우리가 장애자를 받아 주고 사랑할 줄 알 때, 우리는 비로소 인간이 됩니다. 장애자 시설이 동네에 들어온다고 하여 모두 일어나서 반대하고 장애자를 밀어 내는 한, 우리는 결코 인간이 되지 못합니다. 즉, 장애자와 같이 약한 자, 가난한 자를 소외시키는 사회는 결코 인간다운 사회일 수 없고, 문명 사회도 선진 사회도 될 수 없습니다.

이렇게 볼 때 '신한국 건설'은 결코 비리를 파헤치는 사정만으로 되는 것이 아니고, 우리 각자의 마음에서 비인간적인 모든 것 – 이기주의, 물질주의, 퇴폐 풍조 등 우리를 비인간화시키는 모든 것을 몰아내고 인간에 대한 참사랑을 바탕으로 한 삶의 가치를 새롭게 정립함으로써 건설된다고 하겠습니다.

● ●

마음은 갖가지 죄로 인해 더럽혀지게 됩니다. 성경에도 "입으로부터 나오는 모든 것은 마음으로부터 나오는 것이고, 바로 그것이 사람을 더럽힌다. 마음으로부터 나오는 것은 살인, 간음, 음란, 도둑질, 거짓 증언, 모독 등과 같은 여러 가지 악한 생각들이다" 라고 되어 있습니다.

마음에서 악이 태어납니다. 그 악으로 인하여 마음은 불순하게 되고, 그 사람 전체가 그것으로 말미암아 더럽혀지는 것입니다. 마음이 깨끗한 사람은 선을 행하고, 사랑과 자비의 생각을 하며, 하느님과 옳은 일에 대한 향수에 젖게 됩니다.

仙人과 俗人의 차이

86년 10월 쯤인 것으로 기억되는데, 외국 여행을 떠나려는데 마침 여야 국회의원 몇 분이 김포공항에 나오셨길래 농담삼아 이런 말을 했었습니다. "평지에서는 마음을 닫고 지내니까 정치도 대화도 잘 안 되는 모양이니, 산에 올라가 대화를 해 보는 것이 어떻겠느냐"고 말입니다.

그랬더니 한 분이 "그 말이 그럴 듯도 하다"면서, 한자풀이를 해 보이더군요. '사람(人)이 산(山)에 오르면 신선(仙)이 되지만, 사람(人)이 골짜기(谷)에 내려오면 세속(俗)이 되고 만다'고 말입니다.

나쁜 사람만 골랐을까?

정치는 본시 참으로 좋은 것이라고 생각합니다. 정치란 인간 공동체를 발전시키기 위한, 인간을 성장시키고 풍요하게 만들자는 데 목적을 두고 있는 것입니다. 그렇다면, 정치의 바탕도 역시 인간에 대한 사랑이어야 합니다.

언젠가 「성탄 메시지」에서 정치나 경제의 윤리적·정신적 바탕은 사랑이어야 한다는 말을 한 적이 있었는데, 당시 귀담아 듣는 분들이 별로 없었습니다. 교회에서 설교할 때나 사랑이지, 정치나 경제에 무슨

仙人과 俗人의 차이

사랑이 설 자리가 있느냐고 생각하는 것 같았습니다.

흔히 "정치는 본래 그런 거다" "정치라는 것은 으레 썩은 거다" "이 것이 정치 현실이다" 등등, 지난날 종교인들이 정치 문제에 대해 조금이라도 비판적인 발언을 하면, 정치인들은 종교인들이 정치에 대해 뭘 안다고 그런 말을 하느냐고 말합니다.

그렇다면, 정치란 도대체 누구를 위해서 하는 것인가. 정말 권력을 누리기 위해서 하는 것인가. 그것은 아닐 겁니다. 정치는 정말로 우리들을 위한 정치, 우리가 주인이라는 의식과 믿음을 가질 수 있도록 되어 나가야 합니다.

● ●

정치에 대해 가장 소망스러운 것은 국민으로부터 신임을 얻는 정치, 국민이 믿고 따를 수 있는 정치인이 되어 주었으면 하는 점입니다. 지난 세월을 돌이켜 볼 때 이상하게 생각되는 것은 정치하는 사람들이 따로 나쁜 사람들만 골라서 정치하는 것도 아닐 텐데, 다시 말해서 정치하는 분들만 반드시 나쁜 것은 아닌 데도 불구하고 문제가 생기는 까닭은 어디에 있습니까?

아마도 인간이기 때문에, 정치인이 되면 다른 사람들보다 유혹을 더 많이 받지 않는가, 즉 권력에 대한 유혹이라든지, 금력에 대한 유혹 등에 빠질 수 있고 그 유혹이 제공하는 것들을 쉽게 얻고 누릴 수 있기 때문에 문제가 생기지 않는가 생각해 봅니다. 정치하는 사람들이 결코 나빠서만은 아닐 것입니다.

우리 정치인들도 처음의 뜻은 좋았을 것입니다. '국민에게 봉사한다' 고 시작했는데 그만 유혹에 넘어가, 나중에는 처음의 뜻과 다르게 되고, 어떤 의미로는 타락했다고까지 느끼는 분들도 있을 것입니다.

그러나 국민이 볼 때, 누구를 위한 정치가가 되느냐, '나'를 위한 것인가, 아니면 '국민'을 위한 것인가를 묻게 되고, 사사건건 국민을 위한 것으로 보지 않는다는 점이 중요합니다. 자기 이익만 추구하고, 당리당략만 추구하는 것 같고, 정말 나라와 국민을 위하며 공익을 위하는 정치인의 모습을 별로 보여 주지 않는다는 이야기입니다. 그러니까 정치인들의 말이 거짓말처럼 되고 신뢰를 잃는 것입니다.

중요한 것은 정치인도 약한 인간이고 나 자신도 늘 유혹 앞에 있다는 것을 생각하면, 이 유혹을 뿌리칠 줄 알아야 한다는 점입니다. 그렇지만 이것이 자기 힘만으로는 잘 안 되므로, 나는 기도할 것을 권유하고 싶습니다.

위 쳐다보면 하늘밖에 안 보인다!

정부·여당 안에는 훌륭한 브레인들이 있습니다. 그런데 이상하게도 정치 권력구조라고 할까, 체제에 들어가면 무엇인가에 사로잡혀 그만 눈도 어두워지고, 잘못 보게 되는 경우가 많습니다. 이런 사람들이야말로 의식화되어야 한다고 봅니다.

'의식화'라고 하면, 자기 자신만이 아니라 남도 생각해 보는 것입니다. 다시 말해서, 자기 주변의 사람들이 어떻게 살아 가고 있는가, 노동자들이 어떻게 살고 있으며, 농민들은 어떻게 지내고 있는가, 우리의 이웃 형제들이 어떤 고통을 겪고 있는가 하는 것을 올바르게 알고 오늘의 역사 상황을 판단하는 것이 의식화입니다.

언제부터인가, '의식화'라는 말이 우리 사회에서는 '용공'으로 매도되고 있는 것 같은데, 참된 의미에서 정치하는 사람들의 의식화가 시급하다고 생각합니다.

우리나라도 이만큼 발전했구나 하는 자부심을 가지는 것도 좋지만 밑바닥에 사는 사람들이 어떻게 사는가 하는 것을 체험해 보는 것도 중요합니다. 우리나라의 경우, 잘 사는 사람들은 못 사는 사람들이 얼마나 못 사는지 잘 모르는 것 같습니다. 또 못 사는 사람들은 잘 사는 사람들이 얼마나 잘 사는지도 잘 모릅니다. 바로 이것이 문제입니다.

● ●

　부정과 비리만 해도, 이제까지 공무원들이 위만 보고 공무를 처리했지, 국민을 보고 하지 않은 데서 빚어지는 것입니다. 한때 새마을운동본부 사건 같은 데서도 나타났듯이 가만히 있어도 갖다 준다는 겁니다. 전부가 위만 쳐다보고 있습니다. 줄만 잘 잡아서 자리를 유지하고 출세만 하면 된다는 생각이 지배하고 있는 풍토가 그같은 범죄를 유발한 원인이 아니겠습니까?
　이같은 공무원들의 의식구조와 함께, 국민들이 우민정치(愚民政治)에 길들여져 있다는 것, 그리고 전체적으로 보아 우리 자신의 정치적 후진성에서 나온 현상일 것입니다. 결국 국민 스스로 모욕감과 환멸을 느끼게 되고 말았습니다.
　이런 잘못이 없도록 하려면 어디서부터 시작되어야 할까요. 위에서부터 시작되어야 합니다. 누군가, 위를 쳐다보면 하늘밖에 안 보이므로 아래 국민을 쳐다보면서 정치를 하고 행정을 하라는 우스갯소리야말로 우리가 진정 되새겨 들을 때입니다.

백성의 눈물 닦아 주는 정치

　진실로 우리나라는 정치가 잘못됨으로써 모든 것이 그르쳐지고 있습니다. 국민 안의 신뢰도 그렇습니다. 정치를 믿지 않으니 국민들 서로가 믿지 않고, 모든 사람이 자기 중심의 이기주의·물질주의에 빠지고 도덕적으로 타락되고 형편없는 길로 가고 있습니다. 정치인들은 정말 '이래서는 안 되겠다' '우리부터 새로운 사람이 되어야겠다'는 결심을 가져 주시기 바랍니다.

● ●

　믿음은 일방적으로 이루어지지 않습니다. 믿음은 상호 보완적인 노

말하기 어려운 말을 하는 것

력으로써만이 가능합니다. 일방적인 믿음의 강요는 실상 불신을 조장하는 것이 될 뿐입니다. 남으로부터 믿음을 받으려면, 먼저 믿을 수 있는 자신을 보여 주어야 합니다.

믿음은 또한 이제까지의 불신의 원인을 밝혀 내어 스스로 불신의 소지를 지워야 합니다. 진정한 믿음과 화해는 나와 의견을 달리하는 사람의 의견을 경청하고 같이 껴안을 수 있는 자세로부터 나옵니다. 나는 우리나라 우리 국민 가운데 단 한 사람이라도 국민의 대열로부터 인위적으로 낙오되는 일이 있어서는 안 된다고 생각합니다.

미움은 미움을 낳고, 마침내는 분열을 낳습니다. 우리는 국토의 분단과 민족의 분열이라는 현실 위에 서 있습니다. 더 이상 쪼개져서는 안 됩니다. 우리 민족은 누구보다도 사랑과 화해의 일치를 지향해야 할 시점과 위치에 서 있는 것입니다.

● ● ●

이 나라의 정치인과 경제인에게 진정한 사랑의 마음, 더불어 함께 살고자 하는 신념이 있느냐 없느냐에 따라, 이 땅에 참된 평화가 이룩될 수 있느냐 없느냐가 결정될 것입니다. 사랑은 먼저 약한 계층, 소외된 사람들, 도시 빈민과 같이 뿌리뽑힌 사람들을 향한 것이어야 합니다.

교회는 예수 그리스도가 그랬던 것처럼, 가난한 사람들, 가난이 제 탓만이 아닌 사람들에 대한 우선적인 사랑, 복음적 사랑을 강조하고 있습니다. 이 땅에 소외된 사람, 불의에 짓밟히고도 호소할 데 없는 사람이 없어지고 그들도 인간다운 대접을 받게 될 때, 그들의 눈에서 눈물이 다 없어지고 어느 누군가의 손길에 의해서 닦여질 때, 바로 그 때 우리 사회는 비로소 정의롭고 평화로운 사회가 됩니다.

눈물이 있는 사회, 눈물이 강요되는 사회에는 이미 정의도 평화도 없습니다. 위정자라든지 지도층에 있는 사람들이 이들에게 애정과 관

仙人과 俗人의 차이

심을 갖고, 그리고 아픔과 고생을 같이 해 주고, 그럼으로써 그들의 눈에서 눈물을 닦아 준다면 그들은 위안을 얻을 것이며, 또한 그들의 생활이 변화되어 우리 사회로 하여금 정의와 평화가 흘러 넘치는 밝은 사회가 되게 할 것입니다. 이런 정치가 될 때, 그리고 정치인이 그런 정치가가 될 때, 정의가 개화되고 정치가 만발할 것입니다.

대권(大權)을 잡고 싶으면 먼저 진심으로 사랑할 줄 알아야 한다고 말하고 싶습니다.

언론과 언론인

진실을 알리는 「원초적 자유」

74년 당시, 구속된 지학순 주교님의 사건을 풀기 위해 청와대로 가서 박정희 대통령과 1시간 반 동안 이야기를 나눈 적이 있었습니다. 박 대통령과는 그 동안 몇 차례 만났었지만, 그 때야말로 대화다운 대화를 나누었다고 기억됩니다. 당시 몇 가지 테마가 있었는데, 주로 종교에 대한 문제, 노동에 대한 문제 등이었습니다. 언론에 대한 문제도 나왔는데, 물론 박 대통령은 나름대로 그 시대를 위해서는 자유가 충분하다고 보고 있었습니다.

그 자리에서 나는 이렇게 말했습니다.

"그것은 대통령이 보는 언론관이다. 혹 대통령은 그렇게밖에 볼 수 없는지는 몰라도, 내가 보기에는 오늘날 동아일보까지도 서울신문같이 사람들이 불신한다. 이렇듯 언론에 대해 불신한다는 것은 결국은 사회 전체에 대한 불신이 되고 정치에 대한 불신이 된다. 그런 불신으로 말미암아 오는 부작용이 얼마나 큰 것인가를 생각해 봐야 한다. 거기에 유언비어가 자연히 많을 것이고, 뿐만 아니라 그 불신으로 말미암아 국민이 갈라진다. 국민이 단결되지 않을 텐데, 그렇게 되면 대통령이 걱정하는 대이북 관계를 볼 때에도 국가 안보에 중대한 위험이 되는 것이 거기에서 비롯될 것이다. 그러므로 언론의 자유를 너무 누려서 횡포를 부리게 되어서도 안 되지만, 그러나 언론이 공정한 보도를 해줌으로써 국민 안에 신뢰가 회복될 때, 우리나라가 내적으로 힘을 얻는다. 이것이야말로 정말 국가 안보에 중요한 역할을 한다"는 내용의 이야기를 했습니다.

마찬가지로 80년대 중반에도, 정부 당국의 어느 고위층 인사가 나에게 와서 묻더군요. "민주화를 한다고 할 때, 추기경님은 그 민주화를 위해서 무엇이 제일 급하다고 생각합니까" 라고 말입니다. 그래서 나는 제일 급한 것은 언론의 자유라고 말해 주었습니다.

언론의 자유가 먼저 있으면 그것을 통해서 무엇이 진실인지 아닌지를 알게 되고, 그것을 통해서 정부에 대한 신뢰가 회복된다, 그리고 우리가 어느 방향으로 나아가야 할 지 알게 되므로 공정한 보도를 하고 진실을 알리는 언론의 자유가 있어야 된다고 했습니다.

인간에게 있어서 자유라는 것은, 예를 들어 종교의 자유라고 할 때, 언론의 자유나 그밖의 다른 어떤 자유와 떼어 놓고 종교의 자유를 이야기할 수는 없습니다. 참된 의미로 말입니다. 많은 분들이 주일날 교회에 갈 수 있으니까 언론의 자유 같은 것은 둘째 셋째로 생각할지 모르지만, 나는 그렇게 보지 않습니다.

'자유'라고 하면, 한 인간의 자유를 전체적인 자유로 보아야 할 것이고, 그 중에서 언론 자유가 없다면 다른 자유가 있어도 의미가 없는 것입니다. 물론 신앙의 자유, 예컨대 감옥에서도 하느님을 섬기는 일은 얼마든지 가능하지만, 인간 전체의 발전을 위해 언론 자유를 떼놓고는 완전한 의미의 신앙의 자유를 바랄 수 없는 것입니다.

언론의 자유란 참으로 대단히 중요합니다. 언론 자유는 진실 보도를 통하여 사회를 바로 서게 할 뿐만 아니라 여론의 형성을 통하여 권력의 횡포를 견제하고, 국민들의 정치 참여를 보장하는 데 결정적인 뒷받침이 되고, 또 나라의 민주질서를 지탱하는 근간이 됩니다. 바로 이 때문에 나라의 민주화에 있어서 제일 중요하고 선행되어야 할 것은 언론의 자유입니다.

언론의 자유가 있는 나라는 '진실의 등불이 타는 밝은 나라'요, 언론의 자유가 없는 나라는 '진실의 등불이 꺼진 어두운 나라'입니다.

언론은 개혁의 동반자?

언론이 진실을 보도하면 국민들은 빛 속에 살 것이고, 언론이 권력의 시녀로 전락하면 국민들은 어둠 속에 살 것입니다.

목숨을 내걸고 언론의 자유를 위해 투쟁하는 사람이 있는가 하면, 언론에 올가미를 씌우는 언론인 출신도 있음을 볼 때 통탄스러움을 금할 수 없습니다. 지난날 군인들이 정치한다고 했을 때에, 실은 국민을 탄압하는 기술을 지식인들이 제공한 것 아닙니까? 다시는 이런 불행이 없어야 합니다.

진실을 전달해야 할 사명을 지니고 있는 언론이 그 사명을 수행하기 위해 각자가 스스로 얼마 만큼 노력하고 있는지도 헤아려 볼 일입니다. 자신의 나태나 소홀함을 다른 탓에 돌리고만 있는 것은 아닌지 끊임없이 성찰해야 할 것입니다.

지난날 우리 사회의 경직성은 언론의 자유가 충분히 보장되어 있지 못한 데서 깊어졌고, 대화 통로가 없다기보다는 대화 통로가 될 수 있는 사람들이 자신의 언어나 정치력으로 문제를 풀 수 없거나 풀려고 하지 않은 데에 문제가 있었던 것 같습니다.

또 일종의 패배주의라고 할까, 해 보다가 안 되었을 경우에 입을 결과나 상처만을 헤아린 나머지, 대화에 자신있게 적극적으로 책임있게

언론과 언론인

응하지 못했던 것 같습니다.

어떻게 보면, 그 시대를 헤쳐 나감에 있어서 잘못된 책임은 언제라도 내가 지겠으되, 영광은 나라의 민주화와 국민에게 돌린다는 심정으로 자기 자신을 던진 사람들이 없는 데에 문제가 있었다고 보여집니다. 앞으로 자기 자신을 던지는 분들이 많이 나왔으면 합니다.

●●●

언론의 힘은 참으로 막강합니다. 그 영향력은 대단합니다. 한 번 신문에 보도되면 그것이 비록 오보일지라도 사람들은 거의 무비판적으로 그것을 믿을 만큼 그 힘은 큰 것입니다. 그것은 언론의 공신력이 그만큼 크기 때문이라고 할 수 있겠습니다만, 내가 보기에는 매스 미디어의 속성이기도 합니다.

뿐더러, 언론이야말로 성역 중에서도 성역입니다. 언론은 청와대도, 군부도, 그 어디든지 다 비판할 수 있지만, 언론을 비판할 수 있는 힘은 없습니다. 그만큼 언론의 힘은 큽니다. 이런 막강한 힘을 지닌 매스 미디어가 무엇을 위해 쓰여지느냐에 따라 그 사회나 나라는 잘 될 수도 있고 못 될 수도 있습니다.

그런데 오늘의 한국 언론은 그 힘을 무엇을 위해 쓰고 있습니까? 어떤 가치관 위에 서 있으며, 어떤 가치관을 사회에 전파하고 있습니까? 오늘날 언론은 스스로에게 이런 물음을 던져 보아야 하지 않을까 생각합니다.

지금 우리 민족은 중대한 역사의 갈림길 앞에 서 있습니다. 문민 정부는 분명한 개혁의 기치를 높이 들고 국민이 나아가야 할 길을 가리키고 있습니다. 국민이 보기에도 그 길이 최선의 길로 보여집니다. 그런데 언론은 분명하게 이 '개혁의 동반자'가 되어 있는가, 언론계 안에 '개혁'이라는 바람이 불고 있으며, 그런 심도 있는 반성이 있는가에 대한 물음이 있어야 할 것입니다.

말하기 어려운 말을 하는 것

••••

언론 중에서도 방송은 무서운 힘을 가지고 있습니다. 실제로 그렇습니다. 어떤 분이 방송의 힘을 표현하기를 '환각제가 일으키는 현상'이라고 했는데, 그런 것도 방송이, 특별히 텔레비전이 충분히 할 수 있는 역할입니다. 영상을 통해서 보여줄 때, 예를 들어 피를 보여 준다든지 할 때 사람들이 거기에 빠져들게 되고, 폭력물을 자꾸 보면서 폭력적인 인물이 될 수도 있는 것입니다.

그런 데다가, 특별히 방송은 이 사회에 어떤 가치를 심어 주느냐 하는 점이 중요합니다. 사회적 인간형의 결정에 영향을 미친다는 것입니다. 그만큼 방송의 힘은 크다고 봅니다.

과거에 가톨릭이, 우리만이 아니지만, 방송이 체제 편에 서서 어떤 문제에 대해 집중적으로 보도할 때, 신문도 그랬지만 방송이 한 일주일 정도 마치 교회가 친공 세력처럼 몰아붙인 일이 있었는데, 그때 아주 무서움을 느꼈습니다. '해방신학'이다 뭐다 하는 식으로 별것을 다 동원해서 몰아붙였던 것입니다.

그래서 중요한 것은 방송인들, 방송 편집을 맡은 이들이 어떤 가치관을 갖고 있느냐, 그분들이 어느 만큼의 일에 대한 책임을 느끼고 있느냐 하는 점입니다. 하나의 사회의 공기(公器)로서의 막대한 책임과 의무가 있다고 생각합니다.

영국 BBC 방송 미녀 앵커우먼의 사표

언론인을 비록 성직자라고 표현하지는 않는다 해도, 그가 지니고 있는 사명의 신성함에서 볼 때, 성직에 가깝다고 해야 하지 않을까 생각합니다. 분명히 언론인은 단순히 그 분야의 전문 기술인만이 아닙니다. 그의 직업은 인간과 사회에 대해 진실로써 봉사해야 할 천직입니다. 비록 본인이 천직이라는 생각에 동의하지 않는다 해도 일반인

언론과 언론인

들은 그렇게 생각하고 있습니다.

87년 4월 말, 회의 차 로마에 갔을 때의 일이었습니다. 당시 나의 이른바 '로마 발언'(86년) 때문에 국내에서 다소 물의를 일으키게 했던 AP 통신의 구삼열 씨를 만나 같이 식사했을 때의 일입니다.

그 자리에서 구삼열 씨는 언론에 대해 교황님이 강조한 말씀, 즉 "언론은 참되고 정의롭고, 또 보다 인간다운 세계의 건설과 평화를 위해 이바지하는 데 최선을 다해야 한다"고 거듭 강조하는 것을 들었을 때, 처음에는 냉담하고 으레 하는 설교 말씀이라고만 생각했는데, 차츰 그 안에 언론의 본질적 사명이 담겨져 있고 현실의 언론은 이것을 망각하거나 소홀히 대하고 있음을 느꼈다는 말을 했습니다.

그분은 또 자기가 무슨 기사를 쓰면, 그것은 곧 상품과 같이 되기 때문에 여러 신문에 많이 게재되기를 바라게 된다고도 했습니다. 즉, 잘 팔리기 위해서는 자연히 사람들의 기호에 맞추어 쓰게 되고, 그것은 곧 재미나고 센세이셔널하게 쓰는 습성이 되기 쉬운데, 그에 따라 자연히 진실을 왜곡하여 전달하기 쉬운 유혹까지 받게 된다고 이야기했습니다.

그러면서 결과적으로 보다 진실되고 정의롭고 인간다운 사회와 자유롭고 평화로운 세계 건설에 이바지하기보다는 자칫 그 반대의 결과를 초래하는 데 이바지하게 된다고 말했습니다.

한 기자의 이같은 고백은 당시 나에게 많은 참고가 되었습니다.

오늘의 우리 언론, 일선 기자들은 무엇을 기준으로, 또는 무슨 동기로 기사를 쓰는가? 기사는 상품에 불과한가? 신문이나 잡지 등도 결국 상품에 지나지 않는가? 심지어 사람의 얼굴까지 그런 것이 아닌가 하는 생각이 들곤 합니다.

예컨대, TV방송국에 앵커우먼으로 나오는 사람들은 분명히 지성적이고, 목소리가 맑고 좋아야 하지만, 얼굴도 잘 나고 각선미도 있는 젊은 여성이어야 한다는 말을 들었습니다. 그런데 언젠가 어느 여성지에서 이 문제를 다룬 글을 읽었는데, 영국의 BBC 방송에서는 이것을 상관하지 않는다고 합니다.

BBC 방송에서 중요한 것은 오직 사실 보도 그 자체라는 것이었습니다. BBC 방송에도 아주 예쁘고 각선미가 좋은 앵커우먼이 있었는데, 별로 그런 점을 알아 주지 않으니까, 그것을 알아 주는 미국 보스턴의 어느 방송국으로 갔다고 합니다. 하지만 BBC 방송은 사실 보도에 있어서 세계적인 신망을 받고 있고, 아무도 의심치 않는 권위를 지니고 있습니다.

내가 일본 상지대학에 다닐 때에 있었던 이야기를 한 토막 소개하겠습니다. 독일인 교수 신부님 한 분이 우리에게 "자네들, 세계를 주무르는 정치인들을 지배하는 것은 누구인지 아는가?" 하고 물었습니다. 갑작스런 질문에 우리들이 대답을 못하고 우물우물하고 있으니까, 그분은 "여론을 조종하는 신문"이라고 말씀하면서, "그 신문을 지배하는 것은 누구인지 아는가? 그것은 돈 많은 자본가들이고, 그리고 그들은 대부분 유대인들이야. 그러니 결국 세계를 지배하는 것은 유대인들이야……"라는 이야기를 했습니다.

오늘도 그런지는 잘 모르겠습니다만, 최근에 어느 누구에게 들으니 역시 유대인들이라고 합니다. 심지어 우리가 88 서울올림픽을 개최하게 된 것도 모두 유대인들이 막후에서 조종을 했기 때문이라는 것이었습니다. 내가 이 이야기를 하는 것은 한국의 신문·방송이 누구의 손에 있는가를 생각해 보기 위해서입니다.

원자폭탄보다 권총이 더 무서울 때

쉰 주교였던가, "성 프란치스코와 같은 성자의 손에 있는 원자폭탄은 강도의 손에 있는 권총보다 덜 위험하다"고 말한 적이 있습니다.

강도는 성자와 같은 평화를 위하는 마음도 없고 가치관도 없으므로 얼마나 많은 사람들이 희생될지 도무지 예측할 수 없기 때문입니다.

매스 미디어를 무기에 비유하는 것이 어떨지 모르지만, 매스 미디어도 그것을 가진 사람이 어떠한 가치관을 갖고 있으며, 어떠한 동기에서 무엇을 위해 쓰느냐에 따라 사람들을 행복하게 할 수도 있고 불행하게 할 수도 있습니다.

매스 미디어가 끝까지 지켜야 할 가치가 무엇인가.

한 마디로 뚜렷이 말하기는 어렵지만, '인간에 대한 사랑'이라 말하고 싶습니다. '인간'이 무엇인지를 알고, '인간'으로 존경하고 사랑할 줄 아는 것, 글을 쓰든 시를 쓰든 참으로 '인간'을 사랑하는 데서 우러나오고, '인간'을 아름답게 키워 주기 위해 봉사하는 것, 이것이 끝까지 지켜야 할 가치가 아닌가 생각합니다.

인간에 대한 사랑 없이는 매스 미디어도 온갖 횡포를 다 부릴 수 있고, 진실보다는 허위로, 선보다는 악으로 인간을 오도하고 타락시킬 수 있기 때문입니다. 따라서 모든 것이 인간에 대한 사랑으로부터 출발하게 하기 위해 매스 미디어를 인간화시켜야 하고, 그래야만 세상이 행복해질 수 있습니다. 매스 미디어의 인간화를 위해서는 먼저 그 종사자들이 참으로 인간이 되어야 합니다.

* **로마 발언** 86년 10월 20일 로마에서 김수환 추기경은 AP통신(구삼열 특파원)과의 회견에서 '88년 정권 이양 후 전두환 대통령과 측근들의 권력에 대한 욕망 포기, 김영삼·김대중 씨의 대통령 야심 포기'를 권한 발언. 당시 개헌 정국에 큰 파장과 충격을 가져 왔다.

호남 사람들의 恨

왼발과 오른발의 아픔 다르지 않다

김영삼 대통령이 당선 직후 명동성당을 찾아 왔을 때, 나는 축하인사를 하면서 "그러나 나는 다른 후보를 찍었습니다"라고 말했습니다. 나는 김대중 씨를 찍었는데, 가장 중요한 이유는 지금 이 시점에서 그가 대통령이 된다면, 지역감정 문제가 크게 완화될 수 있으리라고 생각했기 때문입니다.

선거를 앞두고 곰곰이 생각한 결과, 나는 오랫동안 소외되어 온 사람들과 뜻을 함께 하겠다는 결론을 내렸습니다. 호남에서 90퍼센트 이상이 김대중 씨를 지지했다고 하여 호남 사람들의 지역감정이 더 지독하다고 비난하는 사람들도 있지만, 그런 비난은 무책임한 것입니다. 호남 사람들의 감정이 왜 그처럼 지독하게 뭉쳤는지를 먼저 생각해 보아야 합니다.

선거가 끝난 지 얼마 안된 93년 1월, 나는 김대중 씨를 위로하려고 그의 집에 갔었는데, 그는 이렇게 말했습니다.

"호남 사람들은 선거 때마다 김대중을 찍은 것이 아닙니다. 그동안 당한 푸대접이 하도 서럽고 억울해서, 그들은 각자 자기 자신에게 투표한 것입니다. 잃어버린 권리를 찾으려고 자기 자신을 찍었다가 끝

호남 사람들의 恨

내 패배한 사람들의 좌절감이 얼마나 처절하겠습니까? 정계를 떠나며 그 점이 가장 가슴아픕니다" 라고 그분은 말을 잇지 못했습니다.

나는 그동안 여러 부문에서 소외된 사람들과 함께 하려고 나름대로 노력했으나 그 기막힌 말을 들으면서, 내가 과연 호남 사람들의 한과 분노를 얼마나 공감하고 있었는지 자책하지 않을 수 없었습니다.

지역감정 문제는 대통령 혼자의 노력으로 해결할 수 있는 문제가 아니며, 온 국민이 확고한 민족공동체 의식을 키워 가야만 해결될 것입니다.

공동체란 '한 몸'을 말합니다. 우리의 몸에서 어느 한 부분이 다른 부분 때문에 억눌려 늘 아파하고 있다면, 어떻게 그 몸이 온전하겠습니까? 결국 그 몸은 병들고 불구가 될 것입니다. 왼발과 오른발의 아픔이 다르지 않듯이 온 국민이 호남의 아픔을 자신의 아픔으로 공감해야 합니다. 단순히 이해하는 것으로는 부족합니다.

노동자의 '인간 선언'

노동자도 인간이다

'인간이 있고 정치가 있다' — 60년대 후반에 정계의 어느 저명 인사가 한 말입니다. 사실입니다. 인간이 있고 인간을 위해서 정치가 있는 것입니다. 경제 또한 마찬가지입니다. 인간이 있고 경제가 있습니다. 인간을 위해서 경제성장이 요청되는 것입니다.

그러나 30년 가까이 되는 지금까지도 현실에서는 이와 너무나 정반대되는 현상을 목격하게 됩니다. 그 대표적인 예가 노동 문제입니다. '노동자도 인간이다'라는 명제에 의심을 품을 사람은 아무도 없을 것입니다. 하지만 노동자가 우리나라 기업 내에서 노임을 비롯하여 인간 대우를 제대로 받고 있느냐고 반문한다면 "그렇다!"고 자신있게 대답할 사람은 별로 많지 않을 것입니다. 나는 우리나라 노동 문제의 근본 문제가 바로 여기에 있다고 생각합니다.

노동력은 단순한 물리적 힘이 아닙니다. 육체만의 힘도 아닙니다. 피가 흐르고 불멸의 정신을 지닌 고귀한 인간의 힘입니다. 인간답게 먹고 살아야 할 국민의 힘입니다. 이 인간의 힘이 바로 우리의 자원입니다. 그렇다면 이 자원의 사용 여하에 우리의 경제성장이 좌우된다는 것은 명약관화한 일입니다.

노동자의 '인간 선언'

　인간의 힘, 노동력이라는 이 소중한 자원의 사용은 바로 근로자들에게 자발적으로 생산에 참여할 수 있게끔 여건을 조성해 주는 것입니다. 그것은 다름 아니라 그들의 최저생활 보장과 생활 향상의 길을 열어 주는 것입니다. 그래서 안심하고 일할 수 있게 해 주는 것이고, 나아가 경영 참여의 길까지 터 주는 것입니다.
　한 마디로, 근로자를 생산도구만으로서가 아니라 존엄한 인격자로 대우해야 합니다.

모두가 노동자라면?

　오늘날 선진국에서는 옛날과 같이 노동자들이 무시당하거나 노사 간에 심한 갈등이 생기거나 하는 일이 별로 없다고 합니다. 노동자들의 생활 환경도 향상되었고, 사회적으로도 노동자들이 계급의식을 거의 갖지 않을 정도로 개선되었습니다.
　우리나라에서도 근로자들의 일반적인 상황이 전에 비해 나아지고 임금의 인상 폭도 다른 나라에 비해 훨씬 앞지르고 있습니다. 그러나 근로자들의 권익이 모든 면에서 충분히 보장되고, 그들에 대한 착취가 완전히 사라졌다고는 볼 수 없습니다.
　우리는 근로자들의 권익을 보장하기 위해 더욱 노력해야 하고, 그들이 인간다운 삶을 살 수 있도록 정부와 사용주를 비롯한 모든 사람들의 노력이 아직도 필요합니다. 노동자들도 노동운동이라는 명목 아래 집단 이기주의를 표출하는 바람직스럽지 못한 경우는 자제해야 합니다. 국가와 이웃에 대한 생각없이 자신들의 주장과 이익을 추구하고, 심지어 정치적으로 노동운동을 이용하는 경향이 우리 사회에는 아직도 남아 있습니다.
　우리 사회에서도 노동자라고 하여 무시하는 풍조가 사라져 가고 있고, 그들에 대한 사회적 인식도 변화되어 가고 있습니다. 그러나 일부

말하기 어려운 말을 하는 것

노동자들은 아직까지 계급의식을 불러일으키고 있습니다.

노동자라는 개념은 산업혁명 당시부터 생산 분야에 종사하는 분들을 지칭해 왔습니다만, 요즘은 고용주가 아닌 사람은 모두 노동자로 보는 것 같습니다. 소위 '화이트 칼라층'이 노동자로 불리는 것은 좋지만, 노조를 만들고 권익을 위해 파업 투쟁할 때 신중을 기해야 한다고 봅니다.

예를 들어, 병원 의료진들과 기타 종사자들이 파업을 하게 되면 입원한 환자들이 희생을 당합니다. 그들이 파업을 함으로써 자신들이 봉사해야 할 환자들의 생명에 대한 존엄성을 무시하는 결과를 초래하고 맙니다. 나는 근본적으로 노동자라는 개념을 확대 해석하고 있지 않나 하는 생각이 듭니다.

● ●

교황 레오 13세가 1891년에 반포한 「노동헌장」은 주로 산업 사회에 있어서 생산에 종사하는 노동자들, 그리고 아주 열악한 노동 환경에 놓여 있는 노동자들, 자기 권리도 주장할 수 없는 분들을 위한 것이었습니다. 그런데 오늘날 노동이라는 개념이 확대 해석되어, 그런 환경에 있지 않은 사람들도 '우리도 노동자다' 라고 하면서 열악한 지경에 있는 사람과 똑같이 노동조합을 만들어 주장하고(물론 거기에도 합당한 주장이 있을 수 있겠지만) 집단 이기주의를 내세워, 심지어는 교회의 「노동헌장」 자체의 말까지 인용해 가면서 '우리도 노동자다' 라고 나오는 분들이 있는데, 나는 그렇게 생각하지 않습니다.

직장도 보장되어 있고, 사회적 신분과 대우도 그만 하고, 개선될 점은 있겠지만 다른 열악한 지경에 있는 노동자와 같은 주장과 투쟁을 해서는 안 됩니다. 그렇게 되면 나라가 안 섭니다. 모두가 그걸 이용해서 '우리도 노동자다' 하는 식으로 나오면 공동체가 무너집니다.

중요한 것은, 기업이든 고용된 노동자이든지 간에 서로가 서로를

노동자의 '인간 선언'

필요로 하는 공동체라는 것을 인식하고 서로의 범위와 역할을 넘어서는 안 된다는 점입니다. 서로 존중하고 지켜줘야 됩니다.

기업가도 노동자와 노동조합이라는 것을 존중해야 되겠지만, 노동자 편에서도 기업주의 영역을 존중해줄 줄 알고, 서로 이야기할 부분이 있으면 마음을 열어 놓고 대화로 해야 합니다. 그렇지 않고 계속 투쟁만 한다면, 우리가 그동안에 경험해 왔지만, 많은 기업들이 어려움을 당하고, 또 그것으로써 노동자 자신도 얻는 것 없이 오히려 손해만 보고 경제 전체를 기울게 만드는 결과밖에 더 가져올 것이 있겠는가 생각합니다.

기업도 인간의 모습 드러낼 때

나는 기업 또는 기업인에 대한 노동자들의 불신과 기업 내부에 있어서의 일체감 결여가 결코 작은 문제라고 보지는 않습니다. 노동은 인격에서 나오는 것으로, 노동자들을 개개인으로나 집단으로나 인간으로 대접해 주는 것이 제일의 선결 요건이라고 생각합니다. 시키는 대로 일하고, 주는 대로 받으라는 것은 인격적인 대우가 아닙니다. 노동자들의 복지 문제도 결국은 노동자를 인간으로 대우하느냐 안 하느냐의 문제입니다.

내 기업의 사업장 안에서 일하는 데에 자랑과 긍지를 느끼게 하는 것이 곧 기업인들의 책임입니다. 직장에 애정을 갖게 해야 합니다. 노동자들이 노동운동과 관련하여 구속되었다면, 당해 기업인들은 그것을 최대의 수치로 알아야 합니다. 기업 내부의 노사 문제를 자체 내에서 해결하지 못하고 치안 차원에서 다룰 수밖에 없게 하여 사회문제화시킨 잘못이 기업인에게 있기 때문입니다.

이제 우리나라 기업도 인간적인 결속의 한 형태로 자기 모습을 드러내야 할 때라고 봅니다.

말하기 어려운 말을 하는 것

　　지금은 과거처럼 저임금을 바탕으로 한 노동집약적 산업 구조만으로는 세계 시장에서 경쟁할 수 없습니다. 첨단기술 개발로 질이 좋은 상품을 만들어 세계로 진출해야 합니다. 지금의 불황 때문에 의기소침할 것이 아니라 이것을 새로운 도약을 위한 기회로 보아야 합니다. 즉, 기업의 체질을 강화시키고, 나아가 노사 모두의 삶의 질을 높일 수 있는 계기로 삼는 슬기가 필요합니다.
　　모든 선은 고통과 시련 속에서 옵니다. 이는 개인이나 국가나 다 마찬가지입니다. 역설적으로 깊어 가는 밤은 새 날이 밝아옴을 뜻합니다. 때문에 희망의 새 날을 바라보며 오늘의 시련을 우리는 반드시 이겨 내야 할 것입니다.

在野가 있기 때문에

이 사회 지탱하는 도덕적 힘

'재야(在野)'라고 하면, 조국과 민족에 대한 순수한 열정이 앞서고, 정치 권력이나 정치적인 것에 대한 개인 또는 집단적 욕망이 없는 사람들의 집합체라고 할 수 있지 않을까 합니다. 더 광범한 범위에서는 각자가 서 있는 자리에서 각기 자기 목소리를 가지고 현실에 대응하는 사람들이라고도 하겠습니다.

지난날 이들을 놓고 보는 시각이 각각 달랐던 것 같습니다. '용공' '좌경' 또는 '과격하다'는 비판에서부터, 나라와 이 사회를 사심없이 지켜 내려고 하는 '사회적 양심의 총화'로 보는 견해도 있었습니다.

그들은 유신 시대 이래로 고난의 역정을 걸어 왔습니다. 끊임없이 이어지는 투옥을 감당해 왔고, 쓰러졌다가는 다시 일어나고, 끊겼는가 하면 다시 이어지고, 참으로 어렵게 버텨 오는 분들이 아닌가 생각합니다.

그런데 이런 분들의 존재나 그 활동을 적대시하거나 못마땅하게 생각하여 무조건 막으려고만 할 것이 아니라 그들로 하여금 이 사회를 지탱하는 도덕적 힘의 중추로서, 이 사회가 급격한 격랑에 휩싸이지 않게 하는 건전한 사람들의 집합으로 육성하는 일이 중요합니다.

마침내는 이 민족이 하나 되게 하소서

김일성 주석은 나의 「어린 양」

나는 서울대교구장에 평양교구장 서리를 겸하고 있습니다. 그래서 가끔 이런 농담을 하곤 합니다. 교구장이란 그 지역의 목자를 가리키는 말이고 내가 평양교구의 교구장이므로, 북한의 김일성 주석은 나의 '어린 양'이 되는 셈이다, 따라서 목자가 양을 잘 다스릴 줄 몰라서 오늘날과 같은 상황이 벌어지고 있다고 말입니다.

● ●

많은 분들이 서울대교구가 휴전선까지라고만 생각합니다만, 휴전선 너머 경기도 북단과 황해도까지 서울대교구입니다. 나는 내가 책임지고 있는 황해도나 평양뿐 아니라 이북 전체를 가 보고 싶습니다. 한 사람의 목자로서, 참 예수님의 이름으로 살고 있는 사람으로서, 한 사람 한 사람의 형제로서 품고 껴안고 그들과 고통을 함께 나누고 싶은 심정입니다. 그런데 그것이 아직도 때가 되지 않았구나 하는 생각이 듭니다.

통일 십자가에 이 한 몸 바치고 싶다

이 시대에 사는 한국인의 한 사람으로서 가장 간절한 소망 하나가

마침내는 이 민족이 하나 되게 하소서

있다고 한다면 그것은 통일입니다. 나는 가끔 전방을 방문합니다. 군부대를 방문하는데, 그런 기회에 최전선까지 찾아가 금강산이 보이는 전망대에도 가 보곤 합니다.

거기서 이북 땅을 보면, 저기도 우리 땅, 우리 동족이 사는 곳인데, 어째서 이렇듯 갈라져서 여기 서 있으며, 24시간 총칼을 들고 대치한 상황에 서 있는가? 참으로 슬픈 일입니다.

서로 간에 국력 낭비가 얼마나 큽니까? 사실 남북한이 합치면 인구만 해도 7천만이 되고, 비록 자원은 부족하지만 가진 것을 서로 나누면서 힘을 합한다면, 이 세계에서 자랑할 수 있는 나라가 아니겠습니까?

우리 배달민족이 5천여 년을 살아 오면서 이웃으로부터 당한 수모만 해도 큰데, 이 시대에 와서 아무리 우리 주변에 있는 4대 국들이 우리를 갈라 놓는다 해도 우리 서로가 거기에 얽혀 총칼을 들고 대치하면서, 왜 서로 욕을 하는 것인지 슬픈 일이 아닐 수 없습니다.

통일을 위해서라면, 나는 무엇이든지 다 하고 싶습니다. 좀 지나친 표현인지는 몰라도 생명을 바쳐 통일이 된다고 한다면 생명을 바치고 싶습니다. 또 통일을 위해서 내가 평양을 몇 번이라도 가야 한다고 하면, 어떤 위험이 닥친다 해도 가 보고 싶습니다.

우리는 평화적인 길로 서로 접근하여 만나 이야기하고, 또 실패하더라도 다시 만나야 합니다. 물론 비현실적으로도 되지 말고 감상적으로 흘러서도 안 됩니다. 무엇보다도 통일되지 않으면 서로가 서로를 갉아 먹는, 서로가 서로를 죽인다는 인식부터 깊이 해야 합니다.

나는 가끔 이런 생각을 해 봅니다. 우리 대통령도 그렇지만, 북한의 김일성 주석은 '민족의 지도자'로 자처하는 모양인데, 정말 진정한 민족의 지도자 같으면, 남침에 대한 생각을 일체 버리고 이 세계 앞에, 이 민족 앞에 부끄럽지 않게 '우리 민족은 하나의 민족'이라는 긍지를 가질 수 있는 모습을 보이도록 노력하는 정치 지도자가 되어 달라고 부탁하고 싶습니다.

북한은 자기를 열어야 한다

우리가 바라는 통일은 평화적인 통일이어야 합니다. 남이 북을 흡수한다는 이른바 '흡수통일'도 있어서는 안 될 것이고, 또 없으리라고 생각하지만 혹시라도 북이 남쪽에 혁명을 일으켜서 되는 '적화통일'도 있어서는 안 됩니다. 제일 바람직한 것은 평화통일입니다.

그러나 금방 평화통일이 될 수 없기 때문에 남북 사이에는 먼저 화해의 분위기가 있어야 하고, 이를 바탕으로 평화적인 교류와 협력을 반드시 먼저 해야 됩니다. 물론 이렇게 되기까지에는 시간도 걸리겠고 인내가 필요하겠지만, 이런 것을 통해서 오랫동안 이념과 체제의 차이로 인해 높이 세워졌던 장벽이 서서히 무너져 가고 그 격차가 최소한으로 줄어드는 가운데 남북이 자연스럽게 하나가 되는 것이 가장 이상적입니다.

이렇게 되기 위해서는 남이나 북이나 정말 민주주의가 발전해 가는 과정이기는 하지만 아직 정착되어 있다고 볼 수 없기 때문에 민주적인 시민의식이 참으로 우리 안에서 더욱더 커 가고, 특별히 우리 모두가 상부상조하는 공동체 의식을 가져 민주시민이라고 자부할 수 있을 만큼 커 가야 합니다. 북한도 그래야 합니다.

우리가 지금 알고 있는 북한은 소련을 포함한 동구 공산권이 붕괴되고 난 다음에 세계에서 유일하게 남은 폐쇄적이고 전체주의적인 체제의 나라입니다. 그런 상태에서는 통일이 될 수 없습니다. 따라서 교류가 이루어지기 위해서는 북이 '자기'를 열어야 합니다. 이는 또 북을 위해서라도 아주 필요한 것이라 생각합니다.

그리고 북으로서는 지금 일본 같은 외국의 도움도 필요하겠지만,

남쪽의 같은 동포인 우리의 도움이 정말 필요합니다. 그래서 우리가 북의 어려운 처지를 돕고 또 북도 우리의 도움을 받아들일 때, 북은 어떤 의미에서는 체제도 점진적으로 개선해 가면서 자기를 유지해 갈 수 있을 것입니다. 그렇지 않으면, 북도 자칫 동구권처럼 붕괴되고 말 위험에 있고, 이는 민족 전체에도 하나의 비극이라고 할 것입니다.
　통일을 위해서는 남북이 화해하고 교류를 해야 하며. 이를 위해 남한도 민주화되어야 하겠지만 북한도 개방하고 점진적으로 민주화되어 가야 합니다. 이런 의미의 변화와 발전이 남북 관계에 보다 구체적으로 있기를 간절히 기원합니다.

　최근 북한의 핵 문제가 크게 대두되고 있는데, 핵 문제는 정말 심각한 문제입니다. 하지만 핵 문제를 북한의 결단 차원으로 보면 어려운 것은 아닙니다. 국제원자력기구(IAEA)의 사찰을 받아들이면 됩니다.
　북한이 이렇게 하지 못하는 이유는 핵 문제를 체제의 생존과 직결시키고 있기 때문인 것 같습니다. 북한은 현재 완전히 고립된 상태에서 대단히 어려움을 겪고 있고, 그것을 헤쳐 나가는 방편으로 핵 보유를 생각한다는 느낌입니다.
　그러나 북한이 정말로 생존하기 위해서는 먼저 핵 문제를 청산하고 개방하여야 합니다. 적어도 우방인 중국 수준 만큼이라도 문을 열어야 합니다. 현재 남한에서는 150개 기업이 북한에 투자하겠다고 말하고 있습니다. 만일 남북 경제협력이 이루어진다면, 불필요한 경쟁으로 낭비되고 있는 막대한 돈과 힘이 경제에 투자되어 민족에 엄청난 이익을 가져올 것입니다.

도덕적 가치를 바탕 삼았으면

　우리 사회를 보면, 실제 통일을 위한 구체적인 노력이랄까, 서로 필

말하기 어려운 말을 하는 것

요로 하는 교류랄까 하는 것은 별로 없으면서 통일이라는 '목소리'는 너무 높은 것 같습니다. 그리고 통일만 되면 모든 문제가 해결되는 것처럼 생각하는 속에 우리가 있음으로 해서, 자칫하면 통일이 되지 않고 오히려 국가적이고 민족적으로 더 큰 위험에 우리를 몰아넣을 수 있지 않을까 생각하게 됩니다.

현재로서 제일 바람직한 것은 어느 쪽이든 통일을 너무 선전의 도구로 쓰지 말아야 한다는 것입니다. 다른 한 편을 내부적으로 교란시킨다든지 하는 선전의 도구로 통일을 써서는 절대로 안 됩니다. 그리고 통일은 도덕적 가치 위에서 이루어져야 한다고 생각합니다.

남한에 사는 사람들은 그동안 이북에 비해 물질적으로 풍요해졌습니다. 그래서 북쪽보다 훨씬 잘 산다는 우월감이 너무 큰 나머지, 마치 물질적인 힘을 갖고 통일을 이룰 수 있다는 착각 속에 있지 않은가 생각합니다. 그러나 여기에는 도덕적 가치란 것이 거의 없습니다.

우리가 정말 통일을 바란다면, 한 민족으로서 서로가 서로를 얼싸안을 만큼 마음이 열려 있어야 되고 서로를 받아줄 줄 알아야 됩니다. 그러려면 우선 우리 안의 가치가 성장되어야 합니다. 우리 각자가 인간으로서의 가치, 우리 사회의 민주주의적인 의미의 가치도 참으로 성장해 있어야 합니다.

이같은 도덕적 가치가 바탕이 되어 통일이 이룩될 때, 참된 의미의 통일이 될 것이고 뒤따르는 문제도 적을 것입니다. 그것 없이 갑자기 통일된다면(그렇게 되지도 않을 것이지만) 더 큰 분열과 혼란을 가져올 수도 있을 것입니다.

「마음의 벽」 허물자

구체적으로 통일을 놓고 생각할 때, 남북한 모두 서로 현재와 같이 경직된 체제에서 통일이 가능한가. 나는 당연한 이치로서, 그러한 상태에서는 통일이 가능하지 않다고 생각합니다. 그것은 마치 두 개의 돌멩이가 절대로 하나가 될 수 없는 것처럼, 이 경직된 체제가 그대로 있음으로써는 절대로 통일이 될 수 없기 때문입니다.

통일을 위해서는 한 쪽이 다른 한 쪽에 대해서 서로 상대방을 받아들일 수 있는 여유가 있어야 될 것입니다. 서로가 그만큼 '자기'를 열어야 합니다. 북이 남을 민족사회의 한 부분으로 받아들이고자 한다면, 이 남한의 다원주의 사회를 받아들일 만한 여유를(적어도 이론적으로는) 북은 가져야 되지 않겠는가. 남쪽 역시 마찬가지로(그것이 흡수통합이냐 아니냐의 논란을 빚을 것이 아니라) 정말 통일을 원한다면, 북이라는 체제를 받아들일 만한 여유를 가져야 되지 않는가 하는 생각을 해봅니다.

한 마디로, 통일이 되기 위해서는 남이나 북이나 참된 의미로 민주화되어야 합니다. 인간의 존엄성과 기본권, 종교의 자유, 최소한의 자유라도 인정되고, 그것을 바탕으로 실질적인 교류가 가능해야 할 것입니다. 때문에 나는 북한이 인간의 가장 기본적인 권리의 하나인 종교의 자유를 인정해서, 종교가 북한 사회에도 현실적으로 존재하게 되고, 북한 주민들이 참다운 신앙생활을 할 수 있게 되는 것이 정말 중요하고, 또한 이것이 북한 사회의 발전에도 도움이 될 것으로 생각합니다.

한두 해 전에, 불란서의 대학 교수 기 소르망이라는 사람이 텔레비전에서 "북한 사회와 그 체제는 그 경직성 때문에 반드시 무너진다"고 말했습니다. "그것이 언제라고 말할 수는 없지만, 머지 않은 장래에 무너질 수밖에 없다. 북한 역시 동구와 같은 자체의 모순을 가지고 있기 때문에 동구에서 보는 것과 같은 일이 일어날 것이다"라고 말했던 것입니다.

이것은 동구 공산권의 붕괴, 특히 동구에서 가장 잘 살고 있었다고 볼 수 있는 동독마저 무너지는 것을 보고, 누구나 공통적으로 느끼는 심정이고, 따라서 그럴 가능성은 북에도 있다고 보아야 할 것입니다.

내가 북한에 대한 전문가도 아니기에 이런 이야기를 하기는 뭣하지만, 북한도 그렇게 되지 않기 위해서 경제 분야 등에서 조금씩 개방을 시도하고 있는 것이 아닌가 생각됩니다.

그렇다면, 이 개방의 폭이 다른 분야에도 점진적으로 확대될 때, 북한 사회도 자기 자신을 그 붕괴의 위험에서 구할 수 있는 것으로 볼 수 없겠는가 하는 생각이 듭니다.

민족의 화해와 일치를 위하여

결국 통일은 화해와 일치를 통해서만 참으로 성취될 수 있습니다. 다시 말해서, 남과 북이 서로 원수 같이 대적하고 있는 현 상태를 버리고 서로 동족을 받아 주고 형제로 껴안아야 합니다. 그러기 위하여는 과거의 모든 잘못, 서로 간에 저지른 동족상잔의 비극, 상호 비방, 음해(陰害) 등 엄청난 죄를 함께 뉘우치고, 서로 용서할 줄 알아야 합니다.

이런 일이 있기 위하여는 진정 오랜 세월이 걸리겠고, 정치·경제·군사 등 각 방면에 걸쳐 긴장을 줄이는 진지한 노력이 있어야 할 것입니다. 이런 단계를 거치지 않고 한꺼번에 통일을 이룩하겠다는 것은 그 이상과 열성은 이해하지만 너무나 비현실적입니다. 비록 이런 과정을 거치지 않고 통일을 이룩할 수 있는 길이 있다 할지라도 그것이 무력통일이 아니고 평화통일일진대, 참으로 서로 간에 마음과 마음이 통하고 있어야 합니다.

서로 원수되어 있는 한, 서로의 손을 잡을 수 없고 서로의 말을 나눌 수 없습니다. 때문에 나는 통일을 위하여서는 용서와 사랑을 바탕으로 한 화해와 일치의 정신이 절대로 필요하다고 생각합니다. 바로 이 점에서 오늘날 우리 안에 분분한 통일 논의가 왜 통일을 앞당기지 못하고 오히려 대립과 분열만을 조장하고 있는지를 깊이 반성해 보아야 할 것입니다.

화해와 일치는 남북 관계를 위해서 뿐아니라 우리 사회를 위해서도 필요합니다. 우리 사회는 오늘날 가진 자와 가지지 못한 자, 그리고 지역 간, 계층 간, 세대 간에 너무나 깊이 갈라져 있습니다. 우리 사회가 이렇게 갈라져 있으면서 통일을 성취할 수 있습니까?

절대로 될 수 없습니다.

효과적인 남북대화를 위하여도 우리는 다양성 속에서 하나 되어 있어야 합니다. 서로 다투고 싸우고 상처내고 피를 흘리는 한, 우리는 통일을 이룩하지 못할 뿐 아니라, 그것은 우리 스스로 자신의 무덤을 파는 것이나 같습니다. 왜냐 하면, 국민이 분열되어 있으면 누구도 정치를 할 수 없고 경제는 파탄될 수밖에 없으며, 마침내 나라의 기틀이 무너질 수밖에 없기 때문입니다. 이렇게 볼 때, 화해와 일치는 진정 우리의 생존을 위해서도 절대로 필요합니다.

제 5 부

오늘의 교회가 서 있는 자리

가톨릭 신자들이 생각하는 성모 마리아의 모습은 굉장히 아름답고 정숙합니다. 모든 성모상이 그렇게 만들어져 있습니다. 그러나 젊었을 때는 모르겠지만, 산전수전 모든 것을 다 겪고 난 다음의 얼굴은, 분명히 가난한 사람들의 고통에 몸소 동참해서 생긴 인도의 마더 데레사 수녀님의 주름살처럼 얼굴에 주름살이 있는 모습일 것입니다.

'부자 교회'와 '가난한 교회'

주름살 없는 성모상

일반적으로 가톨릭 신자들이 생각하고 있는 성모 마리아의 모습은 굉장히 아름답고 정숙합니다. 모든 성모상이 그렇게 만들어져 있습니다. 물론 아름답고 정숙하고 거룩한 것은 사실이지만 그것만은 아닙니다. 산전수전 다 겪고, 그러면서도 그 모든 것을 마음으로 받아들이면서 마음 속 깊이 믿음으로 간직한 분이 성모님입니다.

이런 성모님을 생각해 보면, 젊었을 때에는 어떨지 모르겠지만, 그 모든 것을 겪고 난 다음의 얼굴은 분명히 많은 주름살이 있었을 것입니다. 그런데도 우리는 한 번도 그런 주름살이 있는 성모님을 본 적이 없습니다.

나는 가끔 이런 생각을 해 봅니다.

예를 들어, 인도 캘커타의 마더 데레사 수녀님의 사진을 보면 주름살이 있는데, 그 주름살은 가난한 사람들의 고통을 그분도 당신의 몸으로 동참해서 생긴 것으로 볼 수 있습니다. 모르긴 해도 그런 모습에 가까운 것이 성모님의 참모습이 아닌가 합니다. 그리고 어떤 의미로는 그 모습으로 인해 성모님은 모든 가난한 이의 어머니, 모든 그리스도인의 어머니이고, 그렇기 때문에 교회의 어머니이며, 또 교회의 모델이 되고 있지 않나 싶습니다.
「교회헌장」에서도 그것을 말하고 있습니다만, 이같은 성모님의 모습이 바로 우리 교회의 모습이 된다고 봅니다.

가난한 교회를 보고 싶다

최근까지 한국은 언제나 가난한 나라였습니다. 거의 대부분의 사람들이 가난하였기에 교회 역시 가난하였습니다. 모든 교구와 모든 본당이 가난하였고, 건물도 예산도 초라하고 빈곤하였습니다. 사제와 수도자들은 가난하였고, 또한 신자들도 가난하였습니다. 그리하여 교회 안에서는 교구 간, 본당 간 또는 신자들 사이에 가진 자와 가지지 못한 자 간의 양극화란 거의 볼 수 없었습니다.

그런데 지금은 아주 달라졌습니다. 대도시 교구들은 시골 교구에 비하여 엄청나게 풍요합니다. 뿐만 아니라, 같은 교구 안에서도 '부자 본당' '가난한 본당'이 있습니다. 더 나아가 여러 본당 내에서 잘 사는 사람과 그렇지 못한 사람의 구분이 확연히 지어지기 시작하고 있습니다. 가톨릭 교회가 점차 상류층과 중류층의 교회로 되어 가고 있다는 것을 염려하는 말을 하는 신부와 신자들이 있습니다.

지금 가난한 사람은 교회에서 환영받지 못하고 불편한 감을 떨굴 수 없습니다. 공동체로부터 소외되고 있다는 느낌마저 든다는 말까지 듣게 됩니다. 나는 이같은 우려와 불평에는 충분한 근거가 있다고 봅니다. 이미 열 시간 혹은 그 이상을 주일 없이 한 주일 내내 일해야 하는 가난한 사람의 노동 조건이 미사나 기타 교회 행사의 참여를 불가능하게 합니다.

이에 반하여 중산층 이상의 사람들은 시간의 여유가 있고, 그래서 본당의 모든 행사와 활동과 조직에 참여할 수 있습니다.

교회가 더 부유한 사람들과 한 측이 되게 하는 또 하나의 연유는 도처에 건설되는 거대한 아파트 단지입니다. 이런 단지는 명실공히 '도시 속의 도시'입니다. 그래서 우리는 새 본당을 세우지 않을 수 없습니다. 가난한 사람은 돈이 없어 그런 아파트에 들어갈 수 없기 때문에, 결과적으로 새 본당의 신자들은 완전히 혹은 대부분이 중산층 이상에 속한 사람들입니다.

교회가 도시 빈민과 함께 하는 교회가 되기 힘든 둘째의 중요 이유는 엄청난 가치관의 변화에서 옵니다. 오늘날 우리 사회와 문화는 대단히 물질주의적입니다. 대부분의 사람들의 삶의 목표는 잘 사는 것이요, 그것은 곧 돈을 많이 벌음으로써 얻는 안락한 생활입니다.

돈이 오늘의 한국인의 우상이 되었습니다. 이것은 한국의 전통문화에서는 볼 수 없는 이질 현상입니다. 교회는 진공 속에 살지 않습니다. 신부, 수녀, 수사, 교우들도 마찬가지입니다. 때문에 이 물질주의는 우리 속에 스며들 수밖에 없습니다.

나의 가장 큰 근심과 관심은 교회가 제도로서나 신자 공동체로서 부와 힘을 추구하는 유혹을 어떻게 이겨 내며, 그런 소유의 욕망에서 해방되는 힘을 어디서 얻느냐 하는 것입니다.

셋째, 교회로 하여금 가난한 자와 함께 하는 교회가 되지 못하게 하는 가장 큰 이유는 두려움입니다. 우리는 성경에서 예언자들이 부자와 가난한 자, 그리고 정의에 대해 한 말씀을 알고 있습니다. 우리는 예수님이 여기에 대하여 무슨 말씀을 했고, 무엇을 했고, 어떻게 살았는지를 잘 알고 있습니다.

우리는 그분이 끊임없이 '재산을 쌓지 말라' '이웃과 나누어라' 하고, 당신을 따르고자 하는 사람에게는 유일한 조건으로 '모든 것을 가난한 이들에게 나누어 주라'고 한 것을 알고 있습니다.

우리는 매일 또는 적어도 한 주일에 한 번, 예수님이 기쁘고 자유롭게 당신 자신을 우리에게 남김없이 준 그 행위(미사성체)를 거듭하고 있습니다. 우리의 음식과 밥이 됨으로써 그분은 "나는 너희들의 것이다. 나를 원하는 대로 하여라"라고 말씀합니다. 성체성사에서 그분은 사실 우리 안에 당신 자신은 사라지고 완전히 우리 것이 될 만큼 전적으로 당신을 주고 있습니다. 이 모든 것이 무엇을 뜻하는지 우리는 압니다.

결론은 하나입니다. 교회는 가난한 이를 위한 교회, 가난한 이와 함께 하는 교회, 또는 가난한 이의 교회가 될 뿐만 아니라 가난한 교회가 되어야 한다는 것입니다. 이것이 제일 중요합니다.

그런데 우리는 아직 가난하지 않고, 교회도 가난하지 않습니다. 뿐만 아니라 우리는 가난한 자 되기를 원치 않습니다. 우리는 오히려 가난한 자 되는 것을 두려워합니다.

◦ ◦

나 자신은 그렇게 살지 못하면서도 늘 하는 말입니다만, 교회는 가난하고 봉사하는 교회가 되어야 합니다. 그러나 우리 사회에서 볼 때, 전반적인 경향은 가난을 면하고 풍요로운 사회를 이룩하자는 것입니다. 국민소득을 올리는 것이 모든 국가의 최고 목표라고 해도 과언이 아닙니다. 어떤 의미에서 그것은 좋은 일이고, 그렇게 됨으로써 긍지와 자부심을 느끼게 될 것입니다. 따라서 이런 상황에서 가난을 이야기한다는 것은 참으로 모순이라고 생각합니다.

그러나 과연 그리스도인에게 그런 것이 전부냐 하고 물었을 때, 그렇지 않다고 봅니다. 인간은 풍요로워지면 질수록 영적인 굶주림을 지니게 되고, 내면적인 허탈감이나 좌절감을 더 느끼게 됩니다.

인간은 예수님의 말씀대로 음식으로만 살지 않고 하느님의 말씀으로 사는데, 인간이 지닌 하느님에 대한 깊은 향수를 무시할 때 모든 것이 전도되고, 사회 자체가 황폐화되며, 인간 자신이 몰락하는 결과를 가져 오게 됩니다. 교회는 물질이 전부가 아니라는 증거를 해야 하고, 인간은 참으로 하느님 말씀으로 살아야 한다는 것을 보여 주어야 합니다. 그러므로 교회는 자기 생활을 검소하게 스스로 가난을 택하는 삶을 살아야 합니다.

그리스도는 좋아하나, 크리스찬은 싫어한다

교회는 가난을 체험하고 가난 자체가 되어야 합니다. 가난을 연구하고 가난한 이들에 대해 공부하는 것이 아니라 가난해짐으로써 예수님과 같아져야 합니다.

어떻게 해야 우리는 가난해질 수 있을까요?

여러 가지 방법이 있습니다. 가난의 미덕에 대한 논리적이고 추상적인 사랑으로 우리는 아마도 '자캐오'가 한 것처럼 행동할 수도 있을 것입니다. 즉, 우리가 얻은 것의 절반을 주거나 진정한 복음화에 반대되는 권력, 또한 그 위치에 있는 사람들과의 관계를 끊어 버릴 수도 있습니다.

그러나 가장 효과적인 방법은 예수님의 방법입니다. 내 눈을 주위 사람들과 세상을 향해 여는 것입니다. 내 마음과 삶과 존재 자체를 주위 사람들의 가장 긴급한 요구에 응답하고, 예수님처럼 더 깊숙한 차원에까지 그들의 요구에 응답하기 위하여 여는 것입니다.

물론 교회는 사람들의 요구를 묵살하지는 않았습니다. 교회는 고아원, 양로원, 병원, 피난민 수용소 등을 세웠습니다. 그러나 얼마나 자주 이런 모든 활동들을 진정한 사랑에서 하고 있을까요.

인간의 요구에 의하여 진정한 사랑의 응답을 할 때에만 복음화는 일어납니다. 그러나 이런 모든 것을 사랑이 아니라 의무감과 습관, 혹은 '무엇을 하기 위해서' 하고 있다면, 복음화는 부족하거나 결코 일어나지 않을 것입니다.

오늘의 교회가 서 있는 자리

••

인도의 성자 간디는 "나는 그리스도를 좋아한다. 그러나 크리스챤은 싫어한다. 왜냐 하면, 그들은 그리스도를 본받지 않기 때문이다"라고 말했습니다. 우리 자신에게도 해당되는 말이 아닌지 깊이 반성해 보아야 하겠습니다.

나는 그리스도처럼 정의를 실천하고 있는가?

나는 그리스도처럼 진리를 증거하고 있는가?

나는 그리스도처럼 벗을 위해 목숨 바치는 사랑에 살고 있는가?

이같은 물음을 우리는 자신에게 던져 보아야 하고, 온 교회는 스스로 자문해 보아야 합니다. 물론 우리는 자신있게 "그렇다!"고 대답할 수 없습니다. 왜냐 하면, 참으로 그렇게 살아 왔다면, 한국 교회는 정녕 이 땅의 소금인 교회, 이 세상의 빛인 교회로서 나타나 있을 것이고, 우리 민족 사회는 확실히 오늘과는 다른, 보다 의롭고 밝고 인간다운 국가 사회가 되었을 것이기 때문입니다.

슬픈 얼굴로 떠난 부자 청년

성경(마태 19,16-22)을 보면, 어떤 부자 청년이 예수님에게 "영원한 생명을 얻기 위해 무슨 선한 일을 해야 하느냐?" 하고 묻는 대목이 있습니다. 예수님은 그 청년에게 "너의 재산을 다 팔아, 가난한 사람에게 나누어 주고 나를 따르라"고 하였습니다. 그러자 젊은이는 침울한 표정으로 떠나가 버리고 맙니다.

최근 이 성경 말씀을 묵상하면서 바로 나 자신에게 적용시켜 보았습니다. 과연 내가 매달려 있는 것들, '추기경' '서울 교구장' 등, 나를 싸고 있는 모든 것으로부터 떠나 하느님만을 온전히 믿고 의탁하고 있는가 하고 말입니다.

오늘의 우리 교회는 예수님에 대한 완전한 의탁 속에 믿고, 또 살고

'부자 교회'와 '가난한 교회'

있는가 하는 물음에서부터 다시 출발해야 합니다. 오늘의 한국 교회는 마치 예수님의 말씀을 듣고 슬픈 얼굴로 떠난 부자 청년과 같습니다.

● ●

지금 우리나라에는 믿음을 갖고 있는 사람의 숫자가 대단합니다. 개신교 형제들까지 합친다면, 우리나라의 그리스도인들은 1천만이 넘는다고 합니다. 전국 도처에 십자가가 보이지 않는 곳이 극히 드물만큼 수많은 교회가 세워져 있습니다. 십자가 아래 모여드는 사람들 또한 계속 불어나고 있습니다.

한국 교회의 발전상에 대한 세계 교회의 인식이 아주 높다는 것도 우리는 여러 가지로 볼 수 있습니다. 그러나 오늘 우리 사회의 실상은 어떠합니까?

정치·경제를 비롯한 이 사회의 온갖 현실 속에서 복음 정신을 찾아 볼 수 있습니까? 모든 국민이 인간답게 살 수 있는 세상이라고 어느 누가 입을 열 수 있습니까? 오히려 비그리스도교적인 가치관과 물질주의, 세속주의, 향락주의 등이 이 사회를 지배하고 있지 않습니까?

가장 근본적인 문제로서 인간의 존엄성에 대한 인식이 과거보다 결코 높아졌다고도 할 수 없습니다. 어두운 세상은 예나 지금이나 다를 바 없습니다. 가난한 농민들과 노동자들이 받고 있는 설움, 집도 절도 없이 철거를 강요당하는 도시 빈민의 피눈물, 저 고통들은 날이 갈수록 극심해질 뿐입니다.

우리는 서로가 서로를 형제로 대하고 있습니까? 우리 사회에 믿음을 가진 숫자가 아직도 부족하여 인간의 존엄성이 존중되지 못하는 것입니까? 우리 교회가 참으로 그리스도의 교회입니까?

발전하는 교회가 자만·자족하여 잊어버리기 쉬운 이 물음을 두고 우리는 거듭거듭 반성해야 합니다. 이 땅에 빛을 밝히고, 또 희망을

오늘의 교회가 서 있는 자리

주기 위해서는 이 차디찬 사회에서 굳어버린 사람들의 마음을 따뜻하게 어루만져 주고, 어둠에 갇혀 있는 사람들의 생각을 밝혀 주는 그러한 교회가 되어야 하지 않겠습니까? 그것은 결국 우리 한 사람 한 사람 안에 복음적인 사랑이 얼마나 살아 있는가 하는 문제입니다.

●●●

오늘의 교회, 오늘의 우리들이 자랑할 것은 무엇입니까? 우리는 과연 그리스도의 십자가를 자랑합니까? 우리는 참으로 무엇을 자랑할 수 있습니까? 우리의 지식입니까, 우리의 재산입니까, 아니면 우리의 능력입니까, 또는 우리의 마음, 우리의 사상, 우리의 생활입니까?

우리도 과연 스스로 사이비 종교인들이 아님을 자부하고 자랑할 수 있을 지 모르겠습니다. 예수님을 십자가에 못박은 바리사이인들도 그 점만은 자랑했습니다. 그런데도 그들은 예수님으로부터 '위선자'라는 혹심한 질책을 받았습니다.

우리라고 참으로 바리사이인들과 말과 행동에 있어 무엇이 다른지를 깊이 반성해 보아야 하겠습니다. 우리들의 의덕(義德)이 그 사람들의 그것보다 더 뛰어나지 않으면 결코 하늘 나라에 들어가지 못할 것이라고 예수님은 경고하고 있습니다.

깊이 생각해 보면, 사실 우리가 세상 앞에 떳떳하게 자랑할 만한 것은 거의 없다 해도 과언이 아닙니다. 그만큼 우리의 마음도, 우리의 생활도 비어 있습니다. 우리 역시 자랑할 것이 있다면, 사도 바오로의 경우처럼 십자가에 매달린 예수 그리스도밖에 없습니다.

하지만 정직하게 말해서, 우리는 이런 자랑을 할 처지가 못 됩니다. 그 십자가에서 너무나 멀리 떨어져 살고 있기 때문입니다. 그리스도의 십자가와 그 정신은 우리의 가치관에서 거의 볼 수 없든지, 아니면 맨 뒷전에 있다 해도 과언이 아니니 말입니다.

우리가 뚜렷이 깨달아야 할 한 가지는, 현대 사회는 우리에게 유대인처럼 기적을 요구하지도 않고, 그레샤인(그리스인)처럼 지혜를 요구하지도 않는다는 점입니다.

십자가에 못박힌 그리스도의 정신과 그의 사랑의 산 증거만을 우리에게 요구합니다. 그리스도처럼 의롭고 청빈하고, 그리스도처럼 희생적 사랑으로 봉사할 줄 아는 크리스챤과 교회를 요구합니다. 오늘의 사회의 부정과 부패를 막는 소금인 교회를 현대 사회는 요구하며, 오늘의 사회의 어두움을 밝혀 주는 생명의 빛인 교회를 현대 사회는 요구합니다. 이는 바로 십자가에 자신을 희생한 그리스도를 닮은 교회입니다.

촛불이 빛을 내려면 스스로 불타야

우리는 그리스도를 참으로 살아야 합니다. 우리 자신부터 그분의 길을 가고, 그분의 진리를 따르고, 그분의 정의와 사랑을, 그분의 생명을 살아야 합니다. 그 때에 우리는 그리스도를 남에게 참으로 전할 수 있습니다.

크리스챤 생활이란 우리가 스스로 사는 것이 아니라 그리스도가 우리 안에 사는 것입니다. 그리스도를 산다는 것은 무엇보다도 그분의 사랑으로 사는 것입니다. 그분처럼 우리 이웃을 사랑하고, 그분처럼 가난하고 약한 이, 억눌린 이들과 소외된 이들, 병자와 나그네, 가장 보잘 것 없는 사람들을 내 몸같이 사랑함으로써 우리는 진실히 그리스도로서 사는 사람이 될 수 있습니다.

언젠가, 입양 문제를 다룬 텔레비전의 한 프로그램을 보고 이런 생각을 했습니다. '한국의 좀 여유 있는 가정 중 오갈 데 없는 고아를 입양시켜, 자기 자식같이 잘 키울 수 있는 가정이 얼마나 될까?'

프랑스나 미국의 가정에서는 자기 자식이 있어도 남의 자식을 입양시켜 키우는 사례를 많이 볼 수 있습니다. 내가 그 텔레비전을 통해 본 덴마크의 한 가정의 모습은 참으로 감동적이었습니다.

이미 한국 아이 둘을 키우고 있는 그 가정은 화상을 당하여 보기에도 흉측한 모습의 한국 아이를 또 입양시켰습니다. 그 부부는 과연 이 아이를 받을 것인가 말 것인가를 눈물로 기도를 바치면서 결정하고는 '하느님의 선물'이라는 뜻의 이름을 미리 지어 놓았습니다. 그걸 보고서, 과연 한국에 저만한 사랑을 가진 가정이 얼마나 될까 생각하니, 그 물음표는 더욱 커질 따름입니다.

우선 내 마음부터가 그 아이를 쉽게 받아들일 것 같지 않습니다. 어쩌면 불행하게도 우리나라에서는 그러한 가정을 거의 찾아 볼 수 없지 않을까 하는 생각도 듭니다. 텔레비전에 나온 그 덴마크 가정의 사랑, 그것이 바로 그리스도의 사랑이고, 그 부부의 마음이 바로 예수님의 마음이 아니겠습니까?

● ● ●

우리는 사랑을 떠나서 참사람이 될 수 없고, 사랑을 떠나서 참된 인간 사회도 세상도 건설할 수 없습니다. 이제 우리가 진정으로 우리 사회의 화해와 이 땅의 평화를 원한다면, 먼저 '사랑의 사람'이 되어야 하겠습니다.

특히 가톨릭 신자들은 진실로 성체성사에서 우리의 '밥'이 되기까지 했던 그 예수님을 본받아 우리 자신과 우리가 가진 것을 남을 위해 주고 나누는 사랑을 할 줄 알아야 하겠습니다. 교회는 오늘날 이 사회 속에서 분명히 자신을 태우는 '사랑의 등불'이 되어야 합니다.

● ● ● ●

물질 위주의 돈과 권력이 이상화된 사회 속에서 믿음은 하나의 도전(challenge)입니다. 선과 악의 가치가 전도되는 상황에서, 복음이 주는 갖가지 도전을 어떻게 받아들여야 할 것인가 생각해 보아야 합니다.

'부자 교회'와 '가난한 교회'

예수님은 "내가 너희를 사랑한 것처럼 너희는 서로 사랑하라"고 하였습니다. 우리를 사랑하기에 십자가에서 죽음까지 달게 받은 분이었습니다.

우리는 이 성경을 보면서 '내가 너희를 사랑한 것처럼'에서 '……처럼'을 빼고 싶어합니다. 예수님은 예수님이고, '나는 나다!' 라고 말입니다. 크리스찬들에게 던져준 이 숙제를 아이디얼리즘(idealism: 이상주의)이라고 제쳐 놓을 수도 있지만, 매일 매일 그 곳을 향해서 십자가를 지고 나가는 것이 크리스찬이고, 십자가의 아픔을 거부하지 않을 때 '참삶'의 기쁨을 얻게 되는 것입니다.

10여 년 전에, 수녀님들이 하는 서울 장애자종합복지관에 간 적이 있었습니다. 스무 살짜리 뇌성마비 딸을 둔 아버지가 있었는데, 아버지는 그 딸을 받아들이지 못해 알콜 중독자가 되고 말았습니다. 그 아버지의 도전은 딸을 거부하든가 받아들이든가의 두 가지 중 한 가지를 선택하는 일이었던 것입니다. 그런데 그 아버지가 1년만에 "내 딸!"이라면서 찾아 왔다는 것입니다. 그 아버지로서는 일종의 순교였고, 그 순교는 삶의 축복이 된 것입니다.

남편은 아내를, 아내는 남편을 위해서, 그리고 모두가 이웃을 위해 순교한다는 자세로 살아야 합니다. 보이는 이웃을 사랑하지 못하면서 보이지 않는 하느님을 사랑할 수는 없습니다.

●●●●●

촛불이 빛을 내려면 스스로 불타야 합니다. 밀알 한 알이 스스로 썩음으로써만 많은 열매를 맺을 수 있습니다. 우리 자신들이 희생하고 봉사하면서 이 사회의 빛이 될 수 있는 길이 오늘의 순교 정신입니다.

* **자캐오** 신약성서에 나오는 인물. 직업이 세관장으로, 이웃에게 죄인 취급을 받았으나 예수가 그의 집에 머무르자 회개하여 구원을 인정받았다.

가난한 신부를 보고 싶은데

「정말 죽어야 산다」

몇 해 전인가, KBS-TV의 프로그램 '11시에 만납시다'에서, 피아니스트 한동일 씨가 출연하여 "음악을 이해하기 위해서는 피아니스트로서 몇 번이고 죽어야 한다"고 말한 일이 있습니다. 곡을 아무리 쳐도 해석이 안 되면, 단지 기계적·기술적으로 치는 것에 불과하고, 살아 있는 음악을 하는 것은 아니라는 이야기였습니다.

그는 음악과 자기 사이에 벽이 가로막혀 있을 때, 그 벽에 머리를 처박고, 죽고 싶다는 고뇌의 시간을 수없이 가졌다는 것입니다. 그 말을 듣는 순간, 나는 그리스도를 알기 위해서 얼마나 죽었는가 하는 생각이 들었습니다.

내가 그리스도를 알기 위해서는 정말 죽어야 하고, 그래야만 나의 삶이 다시 시작되는데, 아직까지도 그렇게 하지 못하고 있습니다.

● ●

그리스도를 안다는 것은 단지 지식으로만 안다는 것이 아니라는 것을 여러분은 잘 아실 것입니다. 그리스도를 참으로 믿고 사랑하고 전적으로 따르는 것은 성서적으로나 신학적으로 많이 안다고 하더라도 그리스도에 대한 진정한 믿음과 사랑, 그리고 그분을 따르는 정신이 없으면, 그 모든 지식은 우리에게 큰 의미가 없습니다. 그것은 참으로 그리스도를 아는 것이 아닙니다.

그리스도를 믿고 사랑하고 따르는 의미에서 그리스도를 안다는 것은 그리스도의 모든 것을 전적으로 받아들인다는 뜻입니다. 어떤 조건을 붙이지 않고 전적으로 그리스도의 모든 것을 — 그분의 영광만이 아니라 그분의 수난까지도 죽음과 함께 받아들인다는 것입니다.

또 우리 자신이 기쁠 때나 슬플 때, 건강할 때만이 아니고 병이 들었을 때, 마음이 밝을 때만이 아니고 어두울 때도, 그 어떤 시간이라도 그리스도를 전적으로 받아들인다는 것이 곧 그리스도를 궁극적으로 안다는 것이고, 그리스도와 함께 하는 것입니다.

우리의 삶 속에 그리스도의 수난과 죽음까지도 받아들일 때, 그리스도를 진정으로 알고, 그리스도를 얻고, 그리스도를 닮고, 그리스도와 하나가 될 수 있습니다.

●●●

그러나 우리가 살아온 일상 수도생활은 기쁨 속에서 보내는 날도 있지만, 우리 자신이 체험했고, 또 이미 잘 알고 있듯이 습관화되기도 쉽습니다. 기도도 그렇고, 봉사 생활도 습관적으로 의미없이 행하기 쉽습니다. 어떤 때에는 삶 자체가 무미건조해지고 우리 마음의 피로로 기도하는 데도 피로감을 느끼고, 마음에 어떤 위로를 다른 데서 찾고 싶은 생각이 들 때도 많습니다.

그리스도를 알고 얻는 것은 중요합니다. 그것을 부정하는 것은 아니지만, 때로는 나를 알고, 나를 얻고, 나를 찾고 싶고, 나를 지키고 싶은 생각이 들 때도 많습니다. 남을 이해하기보다는 이해받고 싶고, 사랑하기보다는 사랑받고 싶은 생각이 날 때가 더 많습니다. 장상(長上)으로부터 특별히 인정받고 싶고, 동료들로부터 인정받고 싶고, 함께 일하는 다른 교우로부터 성직자·수도자로서, 한 인간으로서 인정받고 싶은 생각은 인간으로서는 당연한 것이지만, 그 때는 그리스도가 앞서지 않고 내가 앞선 것이 됩니다.

나는 가끔 우리의 성직 생활이나 수도 생활에서 이와 같은 자신을 볼 때, 그것은 당연히 인간적이라고 해석되지만, 다른 한편으로는 우리가 얼마나 약한지도 보게 됩니다. 인간은 사도 바오로의 말씀대로 '깨어질 질그릇'과 같은 약한 존재입니다.

● ● ● ●

근본적으로 우리 각자에게 요구되는 정신은 그리스도처럼 남을 위한 사랑에서 자신을 비우는 것입니다. 우리 마음의 문을 열고 남을 형제로 받아들이는 것입니다. 그리스도는 당신을 비우심으로써 당신 자신을 세상 모든 이의 생명의 양식으로까지 내주었습니다.

무엇보다도 가진 이들은 가지지 않은 이들과 가진 것을 나눌 줄 알아야 합니다. 이같은 정신이 믿는 이의 가슴 속에 깊이 새겨지고, 성직자와 수도자의 삶 속에 깊이 스며들어 실천 생활의 증거로 나타날 때에, 교회는 진정 이 시대에 사는 모든 이를 위해 사랑과 생명, 빛과 평화를 주는 교회가 될 수 있을 것입니다.

가난한 이와 함께 하는 사제

그리스도의 십자가는 유대인에게는 치욕이요, 그리스인에게는 어리석은 것이었습니다. 오늘날에도 힘을 믿는 자들에게는 약자의 패배이며 죽음에 불과합니다. 그러나 이 십자가보다도 세상을 더 밝히는 빛은 없습니다. 또 이 십자가보다도 모든 적대 감정을 무너뜨리고 모두를 하나로 모으는 평화는 없습니다. 이 십자가보다도 약한 인간에게 위로가 되고 힘이 되는 사랑도 없습니다.

그러기에 교회와 사제들은 오늘의 우리나라를 위해서도 오로지 이 길을 묵묵히 가야 할 것입니다.

가난한 신부를 보고 싶은데

●●

　십자가는 특별히 찾아야 하는 것이라기보다는 언제든지 나의 도움을 필요로 하는 사람에게 나를 내어 줄 수 있는 자세 — 이런 마음자세를 갖고 살아갈 때, 그것이 곧 사제로서 십자가를 지고 살아가는 것이라고 생각합니다. 누구든지 자기를 원하는 사람에게 자기를 내어 주는 삶, 이것이 곧 주님의 십자가를 함께 지고 가는 것입니다.

●●●

　사제는 모든 이를 위한 사제입니다. 그리고 모든 이를 위한 사제의 모습은 사제가 가난한 이를 위해 서 있는 그 때에 잘 드러납니다. 결코 잘 사는 사람, 권세 있는 자, 신분이 높은 자의 비위를 맞춰주고, 동시에 체면상 불우한 사람들에게도 좀 동정을 베풀어 주는 것으로써 모든 이를 위한 사제일 수가 없습니다.
　사제가 가난한 이, 억눌린 이의 편에 선다는 것은 있는 사람이나 억압자와 반드시 대립해야 한다는 뜻은 물론 아닙니다. 그러나 경우에 따라서는 예수 그리스도처럼 그런 오해를 받는 한이 있을지라도 가난한 이, 불우한 이의 편에 서야만, 사제는 진실히 모든 이를 구하는 사랑의 실천자·봉사자로서의 사제가 될 수 있습니다.

●●●●

　몇 년 전, 서울 신림동의 골롬바노회 신부님들이 살고 계신 곳을 찾아 갔을 때, 보고 느낀 것이 많았습니다. 일반적으로 본당 신부님들은 하는 일이 많은데, 이 분들은 그냥 신자들과 함께 있어 주는 것, 가난한 사람들 사이에 함께 있어 주는 것이 바로 그분들의 일이었습니다.
　하루 종일 하는 일이라고는 이집 저집을 방문하고 이야기를 들어 주는 것, 때로는 문제가 생겨서 도움이 필요할 때, 예를 들어 병원에 갈 일이 생긴다거나 하면 뛰어간다든지······.
　하지만 그 외에 사무적인 일은 거의 하지 않습니다. 가만히 생각해 보면, 신부가 맡아야 할 몫은 바로 이런 것이 아닌가 하는 생각이 들었습니다. 나는 가난한 사람들 속에 함께 사는 그러한 사제의 삶이 본래의 사제의 삶이 아닐까 하는 느낌을 받았습니다.

청빈은 사제 생활의 꽃

오늘날 우리 교회는 대단히 성직자 위주의 모습을 보이고 있습니다. 그러면서 평신도들의 참여 또한 적극적이고 헌신적입니다. 얼핏 보면, 이율배반적인 현상입니다만, 나는 이것이 우리 신자들의 신앙의 깊이와 마음의 넓이를 말하는 것이라고 생각합니다.

그러나 나를 비롯한 성직자들이 반성하고 고쳐야 할 점이 많습니다. 무엇보다도 의식의 변화가 있어야 합니다. 그런 의미에서 우리 모두는 교리적으로 보아 하느님 앞에서 가장 존귀한 품위가 무엇인지를 생각해 보아야 합니다.

그것은 주교나 신부의 품위가 아니고 먼저 하느님의 자녀되는 품위입니다. 우리는 참으로 교회 안에서 신자로서 세례성사로 받은 하느님의 자녀되는 품위, 그리스도의 형제되는 품위보다 더 높고 더 큰 품위가 없다는 것을 깊이 깨달아야 합니다.

성경 말씀대로 하느님의 자녀가 되면, 하느님의 상속자가 됩니다. 우리는 그리스도와 함께 하느님의 상속자로서 하느님의 나라, 그분의 영광, 그분의 생명 등 모든 것을 상속받을 것입니다. 그런데 이것은 신자이기 때문에 받는 것이지 성직자이기 때문에 받는 것이 아닙니다. 성 아우구스티노(Augustinus; 354~430)의 말씀대로 '신자라는 것은 구원이요 은총'입니다. 이에 반하여 성직자라는 것은 직분이요 소임을 다해야 하는 무거운 짐입니다.

세례성사로서 받는 신자의 품위는 이렇듯 높고 귀하고 존엄합니다. 참으로 이 품위로 말미암아 그리스도 안에서는 성직자, 수도자, 신자의 차별없이 모두가 같다는 것을 깊이 인식해야 합니다.

그리고 성직을 비롯한 교회 내 직무는 봉사를 하기 위해서이며, 그것은 바로 '봉사받으러 오지 않고 봉사하러 온 그리스도'와 같이 형제들을 위하여 봉사하기 위해서임을 명심하고 살아야 합니다. 이런 성찰과 반성은 물론 우리 성직자들이 먼저 해야 하겠습니다.

● ●

오늘의 한국 교회는 전체적인 소득 향상에도 불구하고, 부유층의 무분별한 사치와 낭비로 인하여 가난한 이들의 빈곤감과 소외감이 더욱 커지며, 교회도 그 건물에 있어서나 조직 구성에 있어 날이 갈수록 거대하고 화려해짐으로써 가난한 이들이 교회의 문을 두드리는 데에 큰 심리적 부담을 안기에 이르렀습니다.

이러한 때일수록, 교회의 사제들은 가난함을 자진하여 택하고, 가난함으로써 그리스도의 모습을 더욱 뚜렷하게 담도록 부름을 받은 사람답게, 스스로 물질에 대한 온갖 허영의 그림자를 버리고 세상 재화로부터 자유를 찾음으로써 세상에 그릇된 물결을 거슬러 일어서는 예언자적 징표가 되어야 하겠습니다. 이러한 선택만이 하느님이 아끼는 '작은 자'들, 가난한 자들에게 진실된 희망과 위로를 주는 길일 것입니다.

주님은 부요(富饒)했지만, 우리를 위하여 가난하게 되었습니다. 당신의 가난으로 우리가 부요하게 되도록 하려는 것이었습니다. 청빈이 사제 생활의 꽃이라는 사실은 시대가 아무리 바뀌어도 결코 변할 수 없는 진리입니다.

사제 독신제와 사적계시

일반적으로 생각할 때 '독신제'라는 것은 쉬운 일이 아닙니다. 그러나 사제, 즉 신부들의 수가 세계적으로 줄어드는 현상은 '사제 독신제'

때문이 아닙니다. 서구 사회의 추세를 보더라도, 결혼을 허용하고 있는 개신교 계통의 목사들의 수가 가톨릭 성직자의 수보다 오히려 더 줄어들고 있다는 사실만 보아도 그것을 확실히 알 수 있습니다. 다시 말해, 독신제 때문에 성직자의 수가 줄어들고 있다는 말은 성립될 수 없는 것입니다.

사제의 결혼 문제는, 자칫 잘못하면 성직자로서 속세의 물질주의나 자기중심적인 이기주의에 빠져들게 할 위험성이 있습니다. 성경 말씀대로 성직자는 하느님 나라에 스스로를 바치기 위해서 독신으로 있습니다. 성직자의 수를 늘리기 위해 결혼 문제를 거론하는 등의 사고는 차제에 없어져야 합니다.

하느님의 나라는, 결국은 하느님과 인간과의 관계, 인간 상호간의 관계가 모두 다 창조적인 사랑에서 비롯된다는 사실입니다. 예수 그리스도는 모든 인간과의 창조적인 사랑을 구축하기 위해 결혼을 하지 않았습니다. 그분이 인간 가족, 사랑의 가족을 형성하기 위해 몸과 마음을 모두 바쳤듯이, 지금도 이 세상에서 자신의 몸과 마음을 바치면서 살아 가는 사람들이 필요합니다.

••

사적 계시(私的啓示) 문제는 '계시인가 아닌가'하는 판단 자체가 어렵고 시간을 요하는 사안인 만큼, 인정과 반대의 두 의견이 양립할 수 있고, 따라서 교회 분열의 기회를 제공해 줄 우려도 있습니다.

나는 우선 교회 내의 사목자들 사이에서도 이를 중요시하는 풍토가 있다는 사실에 대해 안타깝게 생각하고 있습니다. 사적 계시는 개인에게 필요한 경우가 대부분이지만, 이를 확대 해석하는 데서 문제가 생깁니다. '루르드(Lourdes)'나 '파티마(Fatima)'의 경우를 보더라도 그것이 인정되기까지 엄격한 조사 과정과 상당한 시간이 걸렸습니다. 이같은 엄격함이 일차로 사목자들한테 있어야 합니다.

가난한 신부를 보고 싶은데

또 사적 계시는 교회의 공적 계시를 소홀히 할 우려가 있습니다. 이것은 곧 복음을 소홀히 한다는 말이고, 그리스도 자체를 소홀히 한다는 말이 됩니다. 이런 결과를 초래하는 사적 계시는 결코 있을 수 없습니다. 요즘 이야기되는 사적 계시의 경우, 근거가 희박하거나 과장된 사례가 많다고 봅니다.

* **루르드** 프랑스 남부에 위치한 도시. 성모 마리아가 이곳 동굴에서 성녀 베르나데트(1844~1879)에게 발현한 이후, 동굴 속의 샘물이 병 치료에 효과가 있다고 알려져 유명해졌다.
* **파티마** 포르투갈 중부 레이리아 근교에 있는 작은 마을. 1917년 성모 마리아가 세 명의 어린이에게 나타나 죄의 회개와 로사리오 기도를 권했다는 유래로 세계적인 순례지가 되었다.

그리스도가 이 땅에 온다면

김대중 씨의 옥중 신앙고백

77년도 가을로 기억됩니다만, 경남 진주에서 3·1사건(76년)으로 영어(囹圄)의 몸이 되어 있던 전 대통령 후보 김대중 씨를 방문한 적이 있었습니다. 그 때, 김대중 씨는 나에게 깊은 생각을 주는 말을 해 주었습니다.

그 말의 내용은 당시 나 자신도 가끔 생각하는 것이었고, 결코 새로운 것은 아니었습니다. 그러나 한 평신도가 옥중에 있으면서 묵상한 끝에 한 말이었기 때문에 더욱 새롭고 감명 깊었습니다. 그분은 다음과 같이 질문 형식으로 말했습니다.

"하느님이 오늘의 신앙인, 오늘의 교회에 대해 원하는 것은 무엇입니까? 하느님은 교회가 진실히 가난한 자, 버림받은 자, 소외된 사람들의 벗이 되기를 원하지 않습니까? 예수님은 굶주린 자, 헐벗은 자, 병든 자, 옥에 갇힌 자들을 당신 자신같이 생각하고 사랑하였으며, 그들의 인간 권리의 회복과 자유와 해방을 위해 오지 않았습니까? 예수님은 그것 때문에 당신의 전부를 십자가에 죽기까지 바치신 분이 아니십니까?

그런데 오늘의 신앙인, 오늘의 교회는 어떻습니까? 가난한 자, 농민, 노동자, 억눌린 사람들을 위해 너무나 관심이 적지 않습니까? 오히려 그런 사람들을 외면하고 있지 않습니까? 예수님은 창녀나 세리 등 버림받은 사람, 불우한 사람들을 찾아 나섰는데, 오늘의 교회는 그들이 교회에 오는 것조차 귀찮게 생각하고 있지 않습니까? 도대체, 교회의 분위기가 그런 사람들이 믿고 찾아 올 수 있는 상태입니까?
 그러면 이들은 누구를 믿고 삽니까? 누구를 의지하여 살 수 있습니까? 정부도 사회도 이들을 잘 돌보지 않는데, 사랑을 선포하는 교회마저 이들을 외면한다면, 한국의 가난한 밑바닥 인생들은 어디로 가야 합니까? 이들이 공산주의와 대결하고 있는 우리의 상황에서 — 만일의 경우 — 사태가 우리 남한에 불리해질 때에, 그들에게 빵을 약속하고 일터와 살 자리를 약속해 주는 공산주의 편으로 기울어지지 않으리라고 누가 장담할 수 있습니까? 그렇게 되면, 교회도 나라도 결국 망하는 것이 아닙니까?"
 이 말은 단순한 물음이 아니었습니다.
 평신도로서 자신의 신앙에 대한 반성이요 고백이었으며, 동시에 오늘의 교회에 대한 힐책이요 각성을 촉구하는 말이었습니다. 아울러 이 물음은 말로써 답을 요구하는 것이 아니라 행동과 삶으로써 답을 요구하는 것이었습니다. 우리의 신앙 생활과 교회의 쇄신을 간곡히 호소하는 말인 것입니다.
 교회가 진정으로 가난한 사람들을 위해 사랑으로써 봉사해야만, 교회는 스스로를 구하고 또 나라를 구하는 데에도 이바지할 수 있다는 충고였던 것입니다. 이 말 속에는 오늘날 우리 사회의 문제의 심각성도 포함되어 있고, 그 문제에서 오는 여러 가지 갈등과 긴장도 내포되어 있습니다.
 나는 이런 말을 누가 했는가에 중점을 둘 것이 아니라, 무엇을 말했는가에 중점을 두고 그 말의 참뜻을 새겨들어야 한다고 생각합니다.

우리가 이 말을 그냥 흘려 넘기지 않고 가슴 깊이 들을 줄 안다면, 교회는 정녕 이 땅에 복음을 전파하고 구원을 가져다 주는 교회가 될 것입니다.

교회는 정녕 오늘의 소외된 자, 영세 농민과 근로자, 도시의 달동네에 사는 가난한 사람들, 버림받은 사람들, 억눌린 사람들의 편이 되어야 하고, 그들 속에 그들을 위하여 있어야 합니다. 뿐더러, 이들과 이 사회 전체의 인간 회복을 위해 헌신하여야 합니다. 그렇지 않으면 그리스도의 교회가 아닙니다.

「수녀님, 정말 성당에 나가도 됩니까?」

우리 교회는 지난 10년 동안에 아주 비약적인 발전을 이룩했습니다. 한국 교회 교구 설정 150주년을 비롯하여 선교 200주년과 103위 시성식을 가졌고, 세계성체대회도 치렀습니다. 사회적으로도 사회 정의 구현과 함께 민주화를 위해 나름대로 이바지했다고 볼 수 있습니다. 그래서 신자 수가 지난 10년 동안 두 배 가까이 늘었습니다. 그러다 보니, 나도 그렇고 모두가 우쭐해졌습니다. 모르는 사이에 자기 자신에 만족하는 유혹에 빠진 것입니다.

그러나 교회의 힘은 그리스도에게 있습니다. 그리스도의 힘은 영광의 시간이 아니라 세상의 모든 사람을 위해 당신 자신이 십자가에 못박힌 거기에 있습니다. 그리고 그리스도의 힘은 그분이 이 세상을 구원하기 위해 베들레헴의 말구유에서 한 가난한 아기로 태어난 거기에 있습니다.

하지만, 오늘날 교회 안에는 말구유의 그 아기의 모습도 잘 볼 수 없고, 그리스도처럼 온 세상 모든 이를 위해서 십자가에 못박히는 그런 모습도 보기 힘듭니다. 이 사회의 어두움을 밝혀 주는 빛의 구실도, 사회의 부패를 막아 주는 소금의 역할도 못하고 있습니다.

오늘날 어떤 교회이든지 참으로 가난한 자들이 마음 편하게 그 교회에 들어가고 자기도 다른 사람들과 똑같이 수용되고 있다는 느낌을 가질 만큼 교회의 문이 열려 있느냐고 묻는다면 의문으로 보여집니다.

85년 마카오에 갔을 때였습니다. 그곳에서 가난한 지역에 사는 어느 수녀님과 잠깐 만나서 이야기할 때, 그 수녀님이 해 주신 말씀이 기억에 남습니다.

수녀님의 이웃에 거지 할머니가 한 분 살고 계신데, 수녀님은 그 거지 할머니와 아침 저녁으로 만나서 늘 인사를 나누는 사이였습니다. 어느 날, 수녀님이 거지 할머니에게 "왜 성당에 나오시지 않습니까?"라고 물었더니, 거지 할머니의 말씀이 "제가 가도 됩니까?" 하더랍니다. 수녀님은 "왜 안 돼요? 됩니다"라고 했는데, 거지 할머니가 "정말 됩니까?" 하고 다시 되묻자, 그 수녀님은 '정말 되는가?'를 진지하게 생각해 보게 되었다고 했습니다.

그러면서 '저 할머니가 정말로 성당에 왔을 때, 우리 모두가 저 할머니를 마음 편하게 해 줄 만큼 우리의 성당 문이 그렇게 활짝 열려 있는가, 정말 가난한 자들을 위해서 그렇게 열려 있느냐?' 하는 물음에 스스로 의문이 가더라는 이야기였습니다. 그 할머니가 "정말 되느냐?"고 두 번째로 물을 때, 말이 막혀 답을 못했다는 수녀님의 말씀이었습니다.

생각해 보면, 한국 교회도 똑같다는 느낌이 듭니다.

우리가 정말 예수 그리스도의 교회인가? 가난한 자들에게 복음을 전하라고 하셨는데, 예수님이 그 일을 첫 번째 사명으로 말씀하셨는데, 우리가 오늘날 진정으로 그렇게 하고 있는가? 또 예수님은 '어린 형제 하나에게 행한 것이 곧 나에게 한 것'이라고 말씀하셨는데,

오늘의 교회가 서 있는 자리

오늘 우리가 그 사랑으로 살고 있는가?

우리는 너무너무 반성할 일이 많을 것 같습니다.

오늘날 우리가 정말 그리스도의 몸인 교회인가를 근본적으로 진지하게 물어 보고, 그런 의미로 거듭거듭 반성하고 매일같이 갱신하고 쇄신하는 노력을 하지 않으면 안 된다고 생각합니다. 정말로 교회는 그 시대의 사회 속에서 모든 인간을 사랑하고, 그 중에서도 고통받는 사람들, 가난한 사람들 편에 서야 합니다. 그런 분들에 대한 사랑을 실천하면서 그 공동체 전체의 인간다운 삶을 위해 교회는 이바지해야 할 의무가 있고, 그런 사명을 지고 있습니다.

어떤 국가 공동체이든지 인간다운 삶을 추구하는 데 문제가 있다고 할 때, 교회는 소신을 밝힐 의무가 있지 않겠는가 생각합니다.

소금 아닌 방부제 같은 교회?

많은 이들이 '종교는 개인의 구원을 위주로 하는가, 아니면 공동체적인 구원이 목표인가' 하는 물음을 갖고 있습니다. 「교회 헌장」에도 나타나 있듯이, 하느님은 개개인을 받아들이지만 그 개개인을 상호간에 아무런 유대없이 사랑하는 것이 아니라 당신의 백성으로 구원하기를 원합니다.

예수님도 있는 사람, 없는 사람, 그 중에서도 소외된 죄인을, 당신을 배척한 사람들에 대해 특별한 사랑을 보여 주었습니다. 그것은 그분의 나라에서는 가난하다고 멸시받거나 억눌림이 없으며, 모두 같은 하느님의 아들딸이라는 것을 보여 주는 것입니다. 때문에 교회는 인간과 인간을 갈라 놓는 장벽을 무너뜨리기 위해 힘써야 합니다. 적어도 본당공동체 안에서 가진 사람들이 못 가진 사람들을 마음 속으로부터 같은 형제로 받아들일 수 있어야 한다는 이야기입니다.

바로 이런 점에서, 오늘 우리 교회가 인간과 인간을 갈라 놓는 요인을 제거하기 위해 최선을 다했는가, 일치의 성사로서의 구실을 다했는가, 또 소외된 이들을 위해 얼마나 사랑을 실천했는가에 대해 진정한 반성을 해야 할 것입니다.

● ●

오늘날 한국 교회는 분명히 숫적 증가를 모든 면에서 이룩하고 있습니다. 그런데 이 사회를 밝히는 빛과 이 사회를 변혁하는 누룩의 구실을 과연 하고 있는지는 대단히 의심스럽습니다.

10여 년 전, 어느 여성 근로자가 나에게 이렇게 말했습니다.

"추기경님, 한국 교회는 지금 소금의 구실을 하는 것이 아니라 방부제 구실을 하고 있습니다."

이 말은 생명을 부패에서 보호하는 '소금'이 아니라 오히려 부패를 연장시키는 '방부제'와 같이, 교회가 너무나 위선적이라는 이야기입니다. 여기서 '교회'라고 하면, 물론 교회의 모든 이를 가리킨 것이 아니라, 나를 포함한 교회의 지도자들을 가리키는 말일 것입니다.

그리고 그 이유는, 우리들이 가난한 자와 약한 자들, 억눌린 자들을 외면하고 있다고 보기 때문일 것입니다. 교회 역시 다른 이익 단체와 같은 생리를 지녀, 자기 팽창에만 몰두하고 자기 만족에 빠져 있으며, 그럼으로써 사회의 구조악을 조장한다고 보기 때문일 것입니다.

'교회는 사회 속에서 소금의 구실보다 방부제 구실을 하고 있다.'

이 말은 너무나 지나친 편견일지 모르겠습니다만, 당시 나는 솔직히 이 말이 우리에게 깊은 반성을 촉구하는 것이라고 생각했었습니다. 또한 바로 이같은 반성 여하에 따라, 우리가 민족사 안에서 누룩과 빛이 될 수 있는지 없는지가 달려 있다고 믿었습니다.

교회는 어디에 서 있는가

교회는 충분히 가난한 사람들을 형제와 같이 대하고, 그들 속에 들어가 있습니까? 아닙니다.

  교회는 충분히 노동자, 농어민 등 불우한 사람들과 함께, 그들의 고뇌와 슬픔을 나누고 있습니까? 아닙니다.

  교회는 오늘의 사회 속에서 사랑을 심고 정의를 바로잡기 위해 헌신하고 투쟁하고 있습니까? 아닙니다.

  한 마디로, 교회는 모든 이에게 그리스도의 복음을 증거하고 있습니까? 아닙니다.

  그러면 우리는 무엇입니까?

  교회인 우리는 도대체 어디에 서 있습니까?

  굶주린 그리스도, 헐벗은 그리스도, 고통의 가시관을 쓴 그리스도, 십자가를 진 그리스도는 우리 겨레와 우리 주변 어디서든, 저 무수한 슬픈 인생 속에서 언제든지 만날 수 있습니다. 그런데 그의 몸이 되고, 그의 피가 되어야 하는 우리는 도대체 어디서 무엇을 하고 있습니까?

  우리 모두는 참으로 이 시점에서 깊이 반성해 보아야 하겠습니다.

  오늘날 교회는 사회로부터 규탄을 받아 마땅합니다. 사회가 우리를 규탄할 때, 우리는 변명이나 노(怒)하기에 앞서, 오히려 겸손되이 이를 받아들여야 할 것입니다. 사회가 우리를 규탄하면 할수록, 우리는 오히려 이를 자성의 기회로 삼아야 할 것입니다. 그것은 확실히 우리로 하여금 보다 더 그리스도에게로 눈을 뜨고, 그의 복음에로 복귀하는 계기와 채찍이 될 것입니다.

  우리는 사회가 우리를 좀더 가차없이 비판하고 지탄하고 채찍을 들어주기를 바라야 할 것입니다. 우리가 그리스도와 같이 가난한 대중 속에 있지 않음을, 형제애에 살지 않고 있음을 보고 사정없이 힐난해 주기를 바라야 합니다. 우리의 위선, 우리의 태만, 무위(無爲), 자만, 세속의 세력과의 타협, 그로 인해 가난한 대중을 외면하는 우리의 비겁, 위선 등, 모든 과오를 보고 사회가 고발하기를 바랍니다.

오늘의 교회는 우리 스스로 자진하지 않을 때에는 사회의 이같은 비판으로나마 십자가에 못박혀야 합니다.

● ●

교회가 인간 사회 안에서 차지해야 할 위치와 그 정신 자세는 가난과 겸손입니다. 봉사와 사랑입니다. 자신의 십자가뿐 아니라 남의 십자가도 대신 지고 가는 것입니다.

그런데 우리는 어떻습니까?

우선 나부터 본시 가난하면서 부(富)한 자가 되고, 비천하면서 높은 자가 되었습니다. 우리는 재물을 탐내고 부귀영화를 부러워합니다. 스스로는 인정과 존경을 받기를 원합니다. 그러나 남을 이해하고 동정할 줄을 모릅니다. 남을 용서하고 사랑할 줄을 모릅니다. 불우한 사람들을 찾아가기보다 오히려 외면하고 있습니다. 그들을 오히려 귀찮게 생각합니다. 이것은 그리스도의 정신에 대한 역행입니다. 그 길에서의 이탈입니다.

대체로 우리 개개인이나 교회 전체가 오늘의 사회 속에서 있어야 할 곳에 충분히 있지 않은 것이 사실입니다. 오늘의 교회는 확실히 인간 가운데서 '가난하고 봉사하는 교회' '사랑에 살고 희생하는 교회'라고 말하기에는 너무나 미흡합니다.

우리들은 개개인으로서나 교회로서나, 그리스도의 탄생을 외적으로만 축하할 것이 아니라 내적으로 이를 깊이 깨닫고 그 신비를 살아야 하겠습니다. 그리스도의 탄생을 입으로만 고백할 것이 아니라 우리의 생활 속에 구현시켜야 하겠습니다.

교회도 신앙인도 인간과 사회를 비참한 바닥에서 구하기 위해 그리스도와 함께 그 인간적 비참에로 깊숙이 들어가야 합니다. 마음의 문을 열고 참된 사랑의 실천자가 되어야 합니다. 모두가 '나' 아닌 '너'와 함께 고뇌를 나누고, 함께 울고 함께 웃을 줄 알아야 합니다.

남의 「밥」이 되자!

지난 89년에 열렸던 서울 세계성체대회를 준비하는 와중에, 내가 특별히 관심을 두었던 말은 '우리의 밥이 되기까지 하신 주님'이라는 것이었습니다. 이 말은 외국어로 '생명의 빵', 영어로는 '부서지고 바수어진 빵(Broken Bread, Broken and crashed Bread)'이라고 표현하기도 합니다만, 우리는 그냥 '밥이 되었다'라고 쓰고 있습니다.

여기서 나는 '밥'이라는 단어에 대해, '빵'을 단지 '밥'으로 바꾼다는 의미로서가 아니라 '남의 밥이 된다'고 할 때 갖는 의미를 생각해 보았습니다.

우리가 흔히 "저 사람은 우리 밥이야!"라는 말을 사용하는데, 이 얼마나 남을 무시하는 말입니까? 그렇지만, 주님은 그렇게까지 우리를 위해서 당신을 낮추고 비우신 것입니다. 정말 남의 밥이 될 만큼 아무것도 아닌 것이 되었습니다.

88년 말인가, 많은 분들에게 크리스마스 카드를 보낼 때, 성체대회의 이 뜻을 회상시키면서 '밥이 되자' 혹은 '내가 밥이 될 수 있도록 기도해 달라'는 말을 많이 했습니다. 물론 여기에는 한국 교회도 정말 이 사회의 모든 굶주린 이들, 목마른 이들을 위해서 '밥'이 될 만큼 자기를 내놓을 수 있다면 얼마나 좋겠는가 하는 소망이 담겨져 있었던 것입니다.

오늘 우리 사회가 전체적으로 지니고 있는 가치관은 치열한 생존경쟁 속에서 '나는 결코 남의 밥이 될 수 없다'는 것입니다. 나는 '남의 밥이 될 수 없다'는 것만이 아니라, 오히려 남을 '자기의 밥'으로 삼으려고 하는 가치관 속에 살고 있습니다. 바로 이런 것 때문에 인권 유린을 자행하는 각종 사회 문제가 일어나는 것입니다.

그러므로 우리가 예수님이 '밥'이 되기까지 하신 그 정신을 깊이 깨닫고 산다면, 절대로 남의 밥이 될 수 없다는 자기중심적이고 약육강식의 논리에 사로잡힌 이 사회를 구할 수 있지 않을까 생각합니다.

● ●

오늘날 우리들은 복음을 전하는 데 있어서도 열심하다고 말할 수 없지만, 복음을 따라 사는 데에는 더욱 열의가 적다고 고백하지 않을 수 없습니다. 복음을 산다는 것은 그리스도의 가난과 겸손, 사랑과 봉사를 본받는 것이요, 그 극치는 형제를 위하여 당신 스스로를 바친 그 분의 고난에 명실공히 참여하는 데 있습니다.

그리스도 신자라고 하면, 먼저 그리스도와 함께 남을 위하여 죽는 사람들입니다. 그래야만 그리스도와 함께 살 수 있습니다. 그러나 바로 이 점이 오늘날 성직자, 수도자, 평신도를 막론하고 한국 교회 안에서 가장 결핍된 정신이라 해도 과언이 아닐 것입니다.

뿐더러, 우리의 삶은 복음적 가난에 역행하고 이에 대해 저항마저 느끼고 있습니다. 우리는 겸손도 모르고, 사랑과 용서, 봉사는 구두선(口頭禪)에 불과합니다. 우리의 삶은 사실 그리스도와 그 복음서에서 동떨어진 것입니다.

이런 판국에 우리가 전하는 복음 말씀이 생명과 구원의 말씀으로 전달될 리 만무합니다. 우리에게 더 필요하고 더 본질적인 것은 그리스도의 고난이 우리 각자와 그의 몸인 교회 전체의 생생한 것으로 나타나는 데 있습니다. 우리 각자와 전체 교회의 심장 속에 진정 아픔이 있어야 한다는 것입니다. 우리 주변의 모든 불행한 사람들이 당하는 고통을 나의 고통으로 느낄 만한 아픔이 있어야 하고, 그들의 슬픔을 함께 울어줄 줄 아는 슬픔이 있어야 합니다.

어떤 불의와 부정이 이 사회 속에서 저질러져도 상관하지 않고, 그로 말미암아 많은 사람들이 희생되어도 개의치 않는다면, 우리는 이미 크리스찬이라 할 수 없습니다. 우리의 종교가 그런 것에 불과하다면, 이런 종교야말로 '민중의 아편'입니다.

교회는 진정 불의와 부정, 또는 억압과 탄압을 보고 침묵하지 않을 뿐더러, 그 불의와 부정, 또는 권력과 금력의 억압과 탄압의 희생자들의 고통을 자기 것으로 알며, 어떤 수난이 있더라도 이들을 구하는 십자가를 대신 짊어질 때에 참으로 그리스도의 몸인 교회입니다.

●●●

오늘 밤에 그리스도가 만일 다시 오신다면, 결코 환락의 거리가 아닐 것입니다. 명동과 같은 도심부가 아닐 것입니다. 필연코 저 가난한 달동네이거나 두메 산골, 아니면 병원이나 감옥, 혹은 추위에 얼어붙은 최전방에, 어디든 구제를 필요로 하고 이를 갈망하여 마음 속 깊이 흐느끼는 인간이 있는 곳이면 그 곳에 그리스도는 탄생하실 것입니다.

이 성탄의 밤에 마주 앉은 사람아

어둠 속에 누가 등불 밝히는가

성탄은 모든 인간의 소원과 갈망을 채워 주는 구세주가 오신 날입니다. 사람이면 누구나 지닌 그 영원한 동경을, 그 간절한 소망을 이룩해 주는 메시아가 오신 날입니다. 이는 생명과 구원의 날입니다.

그런데 우리는 지금 그같이 참된 기쁨을 지니고 있지 못합니다. 주위가 너무나 어두움에 덮여 있습니다. 우리는 참으로 안팎으로 어려운 시기에 처해 있습니다. 태산이 나의 앞길을, 우리 모두와 나라의 앞길을 가로막고 있는 것만 같습니다.

우리는 모두 삶에 지쳐 있습니다. 그래서 너무나 모든 것에 대하여 회의에 빠져 있습니다. 우리 사회가 진실로 밝고 명랑한 사회가 될 수 있는지 의심합니다. 나라에서 무슨 말을 해도, 교회에서 무슨 이야기를 해도 그것이 곧이들리지 않을 것입니다. 그만큼 나라도 교회도 신임을 잃고 있습니다.

그러나 바로 이 회의와 이 절망적 상황 때문에 돌파구를 찾아 보려고 기대하고 있는 것이 인간입니다. 그래서 우리에게는 아쉬운 것이 많은 것도 사실입니다.

인정이 아쉽고, 이해와 진실이 아쉽습니다. 나를 받아 줄 따뜻한 마음, 나를 일으켜 줄 힘찬 팔, 내 모든 상처를 어루만져 줄 부드러운 손길은 없는지, 모두가 이같은 동경에 젖어 있습니다. 그리고 이런 그리움을 지닌 채 무엇인가를 찾고 있습니다. 삶의 보람을 느끼지 못하면서도, 절망 직전에 서 있으면서도 참으로 인생의 의미는 없는지, 빛은 없는지를 계속 찾고 있습니다.

나는 이 모든 괴로워하는 이들과, 슬퍼하는 이들과, 실의에 빠져 있는 이들과 이 성탄 밤에 마주 앉아 이야기하고 싶습니다. 그들의 고통, 그들의 회의, 그들의 슬픔을 나누고 싶습니다. 그리하여 모든 것을 믿을 수 없다 해도 어두운 밤을 밝게, 외로움과 슬픔을 환희와 위로로 바꾸어 놓은 그리스도만은 믿을 수 있고, 그분만은 우리가 마지막까지 의탁할 수 있는 분임을 말하고 싶습니다.

자기희생하는 자들의 고통

오늘날 성탄의 밤에 우리를 덮고 있는 것은 결코 밤의 어둠만이 아닙니다. 그 어둠 속에 새 날의 빛이 보입니다. 우리의 마음이 성탄에 오신 구세주에게로 향해 있고, 우리 영혼의 눈이 그분을 보고 있는 한, 우리는 결코 죽음의 절망 속에 갇혀 있는 것이 아닙니다.

구원과 생명이 우리 앞에, 우리 옆에, 우리와 함께 있습니다. 그 증거로 오늘과 같이 삭막하고 인정이 메마른 세태 속에서 많은 이들이 가난하면서도 정직하게 열심히 살려고 노력하며, 많은 이들이 불우한 이웃들을 위하여 자기 시간과 돈을 써 가며 묵묵히 봉사하고 있습니다.

어떤 이들은 불치의 병과 지체 장애의 시련 속에서도 실망하거나 좌절하지 않고 오히려 신앙을 깊이 살고 사랑을 실천함으로써 이웃에게 참된 삶의 모습과 함께 하느님의 현존과 평화를 전하고 있습니다. 이런 이들이야말로 성서에서 말하는 야훼의 가난한 사람들입니다. 세상은 이들이 받는 고통의 세례를 통하여 비로소 구원될 것입니다.

또한 흉악범일지라도 그리스도의 사랑에 접함으로써 완전하게 사람이 된 경우를 우리는 적지 않게 목격합니다. 이렇게 우리 안에는 어둠 속에 등불을 밝히는 이들이 있습니다. 그것은 바로 갱생하신 그리스도의 빛입니다. 때문에 우리의 내일, 우리의 앞길은 결코 막혀 있지 않습니다.

그리스도를 따르는 것, 그것은 결국 그리스도가 우리를 지극한 사랑으로 사랑하였듯이 우리가 서로 참으로 사랑하는 것입니다. 참으로 서로 위하고 서로 돕는 것입니다. 서로 잘못을 용서하고, 서로의 짐과 서로 가진 것을 나누며, 그분처럼 서로를 형제로 받아들이는 것입니다. 여기에는 자기 희생의 고통이 없을 수 없습니다. 그러나 모든 좋은 일에는 고통과 희생이 반드시 전제됩니다.

왜 믿는 이들이 넘쳐납니까

성서를 권합니다

 80년대 초반, 서독에 갔을 때의 일이었습니다. 국경의 아헨이란 도시에서 일을 보고 벨지움으로 가야 하는데, 그만 기차를 놓쳐 걱정하다가 다행히 브뤼셀에서 온 사람을 만나 도움을 받은 적이 있었습니다. 그의 차를 타고 벨지움으로 가면서 많은 이야기를 나누었습니다.

 그는 형제가 열한 명인데, 두 사람은 신부이고, 한 사람은 수녀가 되었지만, 자기 자신은 10여 년 전부터 성당에 나가지 않는다고 말했습니다. 이유를 물으니까, 오늘날 교회가 평신도들의 사정을 너무 이해하지 못할 뿐아니라 세상이 어찌 돌아가는지도 모른다는 것이었습니다. 예를 들면, 산아제한 같은 문제에 교회는 깜깜하고, 권위적이며 보수적이라는 겁니다. 그래서 그만두었답니다.

 그는 가면서 계속 질문을 던지는데, 내가 잘 모르는 불어이어서 꽤나 고생했습니다. 질문은 '왜 인간은 고통을 당하는가' '고통이란 무엇인가' '죄 없는 사람이 왜 고통을 당하는가' '왜 인간은 죽어야 하는가' 등 인생의 근원적인 문제들이었습니다.

 내릴 때쯤 되어, 나는 차를 태워 주어 "고맙다!"고 인사하면서 이렇게 말했습니다. "중요한 질문들을 당신이 했는데, 인생의 근본에 대한 그 물음에 해답을 얻는다면 얼마나 좋겠소? 그런데 한 가지 묻고 싶은 게 있소. 당신 생각에, 당신이 던지고 있는 문제에 대하여 오늘의 세계를 지배하고 있는 이데올로기가 답을 준다고 봅니까?"

그는 "아니다"라고 합니다. 그렇다면 "오늘날 굉장히 발달한 과학이 답을 주는가" 하고 다시 물었더니, 또 "아니다"라고 대답합니다. 그는 상인이었는데 "당신이 버는 돈이 답을 주는가"라고 물으니까, 더 큰 소리로 강하게 "아니다!"라고 말합니다. 그래서 이런 이야기를 해주었습니다.

"혹시 성서는 어떻게 생각하는가? 만일 하루에 5분 또는 10분이라도 기도하는 마음으로 성서를 읽는다면, 성서가 당신이 말한 문제에 대해 금방 답해 주지는 못한다 해도 답을 얻을 수 있도록 빛을 주지는 않겠는가?"

이 말을 들은 그는 머뭇거리다가 "그럴 지도 모르겠다"면서 고개를 끄덕였습니다. 나는 끝으로 이런 말로 그에게 당부했습니다.

"성서가 컴퓨터처럼 답을 주지는 못하더라도 그 해답에 어떤 빛을 준다고 판단된다면 성당에 다니든지 안 다니든지 매일 성서를 읽으며 살아 보십시오."

명동성당의 곰배팔이

사람은 현실적으로 뭔가를 믿고 의지하면서 살아가야 하는데, 현재 그럴 만한 대상이 없습니다. 그런데 이 '불안'이라는 것을 좀더 깊이 생각해 보면, 그것은 인간에게 주어진 '실존적 불안'입니다.

사람에게는 마음 속 깊이 자기가 현실에서 찾지 못하는 숭고하고 영원한, 그리고 무한한 것을 끊임없이 추구하는 본성이 있습니다. 그러기에 인간은 우리가 흔히 말하는 '덧없는 현실' '허무한 세상'을 살아가면서 그 속에서 아무것도 발견하지 못하기에 불안스러워합니다.

인간에게는 실존적 고독이 필연적으로 내재하게 마련입니다. 어느 의미로, 인간의 본성은 영원한 신비와 생명을 찾고 있다고 말할 수 있습니다. 프랑스의 가톨릭 사상가 레옹 블뢰(Léon Bloy)의 표현을 빌면, 인간은 빵과 집 없이도 살 수 있고 사랑 없이도 살 수 있지만, 신비 없이는 살 수 없다고 합니다. 이같은 실존적인 문제가 인간으로 하여금 하느님에게로 귀의하게 하는 것이 아닐까요.

한국적인 현실은 더욱더 하느님을 찾게 되는 현실적인 동기가 되고 있는지 모르겠지만, 깊은 차원에서 본다면 인간의 본성 자체가 갖고 있는 실존적인 문제에서 비롯되는 것이 아닌가 생각됩니다.

● ●

내가 존재하는 것은 나 스스로 원한 것도 아니며, 나 자신이 선택한 것도 아닙니다. 또 부모가 나를 꼭 이런 모양으로 만들어 내겠다고 의도한 것도 아닙니다. 그렇다고 우연으로 돌릴 수도 없습니다.

우리는 주어진 존재입니다. 인간 이상의 초월자인 창조주가 '나'라는 생명을 당신의 영원한 의도와 계획 속에 창조하여 줌으로써 내가 존재하는 것입니다. 즉, 창조주인 하느님과의 관계 속에서 나는 존재하는 것입니다. 어떤 의미에서는 완전히 의존해서 존재하는 것이기도 합니다.

나 자신의 근원이 이렇다고 한다면, 우리는 하느님이 나 자신의 힘이 되고 바탕이 되며, 그분을 믿음으로써 나를 믿을 수 있고 나의 가치를 인정할 수 있지 않겠습니까?

인간의 존엄성 역시 신을 전제로 해서만이 가능합니다. 인간이 신을 떠나서도 존엄하다고 할 때 '왜', 그리고 '어떻게' 존엄할 수 있느냐에 대한 대답은 힘듭니다. 무엇인가 인간 안에 불가침의 존엄성이 있다는 것을 믿는다는 것은 인간 안에 있는 신적인 것을 인정할 때에만 가능한 것입니다.

신과의 관계 속에서 자기의 존엄성이라든지, 자기의 가치라든지, 자기의 삶의 의미 같은 것들을 더욱 깨달을 수 있습니다. 바로 그럴 때에, 인간은 단지 오늘만을 위하여 사는 것이 아니라 영원을 위하여 산다, 영원한 가치를 위하여 내가 있다고 느끼게 될 것이며, 이런 데에서 인간은 더욱 삶의 보람을 맛보게 될 것입니다.
　진선미(眞善美)의 본체인 무한, 즉 영원을 향한 갈망을 가질 때, 인간은 참된 자기 성취를 느끼고, 그것을 바탕으로 해서 자신(自信)이라는 것을 말할 수 있을 것입니다.

●●●

　모든 인간에게는 ― 교회의 신앙에서도 똑같이 말합니다만 ― 어떤 신적인 일면이 있습니다.
　명동성당 뒤에 가면 형편 없는 불구자가 한 사람 살고 있습니다. 가톨릭 신자입니다. 곰배팔에다 절뚝발인 데다가 입도 돌아가, 말하자면 인간으로서는 추악한 모습이라 할 수 있겠습니다. 그런데 그를 본 모든 사람들은 그 불구자의 얼굴에서 어떤 광채가 나는 것 같은 걸 느낍니다. 그는 움막 같은 데서 살고 있는데, 나도 그 앞을 지나가다가 가끔 만나면 그 사람에게서 그런 것을 느끼곤 합니다.
　깊은 신앙에 사는 사람이기 때문에 인간적으로 불행한 처지에 있으면서도 불행으로 느끼지 않고, 언제든지 어떤 내적 희열을 갖고 있는 사람인 것으로 보여집니다. 그 희열이 나타나서 그런지는 잘 몰라도, 얼굴에는 늘 표현할 수 없는 평화가 깃들어 있습니다.
　사실 아무리 빼어난 미녀라도 마음에 어떤 악을 품고 있을 때에는 얼굴이 무서워지고 아름다움이 없어지는 법입니다. 반대로 외적으로 볼 때, 얼굴은 추악하게 생겼지만 희열 때문에 평화스러운 어떤 광채를 보여 주는 사람에게서 우리는 정말로 어떤 신적인 것을 느끼게 됩니다.

「당신」이 바로 예수

10여 년 전의 일인데, 교회의식을 가진 어느 여성 근로자가 자신이 일하는 공장에 대해 이야기하는 것을 들은 적이 있었습니다. 대부분 나이가 어린 여공들이 열악한 작업 환경 속에서 엄청난 착취를 당하고 있는데, 그들은 그 속에서 인간의 존엄성 따위는 전혀 의식하지 못한 채 생활하고 있다는 것이었습니다.

그 여성 근로자는, 자기 자신이 그 공장에서 일하는 것은 그들 속에 현존하는 예수님을 발견하기 위한 것이었는데, 도대체 그곳 어디에서 예수를 발견할 수 있느냐고 반문하면서 말하기를, 자기가 때때로 생각하는 것은 자기들에게 그런 것을 가르쳐 준 추기경이나 신부들은 다 '바리사이인'이라는 것이었습니다. 자기들이 하지 못하는 것을 우리들에게 하라고 한다면서 항의하는 식으로 묻더군요.

그 말을 듣고, 나는 뜨끔하기도 했고, 뭐라고 얼른 대답을 못했습니다. 마침 그 자리에 아주 가난한 사람들과 함께 생활하는 앤드류 신부님 (마더 데레사 수녀와 같이 인도 캘커타에서 남자수도회를 창설한 신부)이 계셨는데, 그 신부님이 답을 하셨습니다.

그 신부님의 말씀은, 당신에게는 같이 일하는 '여성 근로자들'이 예수님이고, 여성 근로자들을 위해서는 '당신'이 바로 예수님이라는 것이었습니다. 그러자 그 여성 근로자는 잠깐 생각하더니만 "아, 저는 거기까지는 생각을 못했습니다. 우리를 떠난 어떤 예수님, 우리를 그 자리에서 당장 해방시켜 주는 예수님을 찾았는데, 고통 속에 버려져 있는 우리가 바로 예수라고는 생각하지 못했습니다" 라고 말하는 것이었습니다.

우리는 여러 가지 상황 속에서 예수를 찾습니다. 그리고 그 때마다 나를 해방시켜 주는 예수, 우리 사회를 해방시켜 주는 예수, 금방 정의를 이룩하는, 어떤 의미에서는 '승리하는 예수'를 찾는데, 그 예수를 발견하지 못하는 데서 좌절하고 실망하곤 합니다.

●●

정의보다 불의가 승리하고, 정의로운 사람보다 부정한 사람이 이길 때 "하느님은 어디 계시냐, 하느님은 과연 정의의 편이냐" 하고 외치는 것은 이해가 갑니다. 그러나 "하느님은 어디 계시냐" 하는 그 외침 속에는 이미 하느님을 찾는 진실한 마음이 자리하고 있다고 봅니다. 그들은 하느님과의 보다 깊은 만남을 바라는 것입니다.

상식적으로는 고통받는 사람이 가장 불행한 사람이고, 교도소의 사형수 같은 사람이 불쌍한 사람입니다. 그러나 불쌍하다고 생각되는 그들 사형수나 무기수들 가운데서, 마음 속으로는 어느 누구보다도 많은 자유를 누리는 경우를 나는 가끔 보았습니다. 반대로 법률적으로는 분명히 자유도 있고, 돈이나 명예, 지위 등을 다 가지고 있으면서도 마음이 완전히 무엇인가에 사로잡혀 있는 노예 같은 사람도 우리는 봅니다.

자유는 근본적으로는 선과 악을 선택할 수 있는 선택의 능력입니다. 어떤 사람이 악을 선인 줄 알고 선택했을 경우, 또 악을 악인 줄 안 뒤에도 계속 선택했을 경우, 그 사람은 계속해서 자유를 잃다가 결국 노예가 될 것입니다. 물론 물질적 풍요는 있을 수 있겠습니다. 그러나 반면에, 그 사람이 선을 선택했을 경우, 한때의 어려움은 있을지라도 계속해서 자유롭고 인간다워지고 풍요로워질 것입니다. 자유롭게 자유를 찾아가면서 사는 삶이야말로 바로 정의로운 삶입니다.

●●●

유대 작가 엘리 비젤이 쓴 「흑야(黑夜)」라는 작품이 있습니다. 내용은 젊은 유대인이 2차대전 중 강제수용소에서 당한 수난을 그린 것입니다. 주인공은 하느님을 독실히 믿는 청년이었는데, 어느 날 유대인 포로들 몇 사람이 죄 없이 나치에 의해 교수형을 당하는 것을 목격하게 되었습니다.

그 중에서도 천진무구한 한 젊은이가 교수대에 올려 보내어져 신음하며 죽어 가는 참혹한 모습을 보고는, '하느님은 어디에 계시냐?' 하는 처절한 질문을 던집니다. 다음에 그는 자기 마음 속으로부터 '하느님은 저기 계시다. 바로 지금 저렇게 죽어 가는 저 젊은이 속에서 하느님도 함께 죽어 가고 있다. 이젠 하느님도 없지 않느냐?' 하는 신앙적 절망을 느낍니다.

종교적인 차원의 이야기입니다만, 그 절망적으로 보인, 인간적으로는 도저히 이해할 수 없는 인간 한계의 설정, 거기에서 오히려 하느님의 절대적인 것이 드러납니다.

신을 버린 인간

신이 인간을 버렸다는 이야기를 많이 하는데, 신앙의 입장에서 보면 신이 우리를 버린 것이 아니라 인간이 계속해서 신을 버리고 있는 것입니다. 현대인은 조금 안다고 해서 '신은 존재하지 않는다', 심지어 '신은 죽었다'는 표현을 서슴지 않고 합니다. 지위나 금전을 조금만 가져도 자기 만족에 빠져 신을 제쳐놓기 일쑤입니다.

어떻습니까? 우리 각자를 보아도 안 그렇습니까?

그렇다면, 왜 '하느님이 직접 간여하여 인간의 오만과 불의를 싹 없애 주지 않는가' 하는 의문도 가져 볼 수 있을 겁니다. 그러나 하느님은 인간을 자유의 존재로 사랑합니다. 당신 편에서 직접 개입하면 인간의 자유를 제한해야 하지 않겠습니까? 마치 힘있는 자들이 무슨 문제를 해결할 때 힘으로 대처하듯 말입니다. 그런 하느님은 결코 되지 않습니다.

하느님은 인간을 궁극적으로 빛나는 존재, 당신의 생명과 영광을 누리는 존재로 만들어 나가기를 원하고 있습니다. 그런 계획을, 길고

긴 세월을 통해 진행하고 있는 것입니다. 오히려 하느님은 인내하면서 우리가 이 모든 것을 자유의 의지로 터득할 때까지, 마치 존재하지 않는 분처럼 침묵 속에서 기다리고 있는 것입니다.

• •

하느님은 하느님을 믿는 신자나, 신자가 아닌 사람이나 모두에게 다같이 계십니다. 비신자는 하느님의 존재를 뚜렷하게 의식하지 못하고, 또 신자와 같은 표현은 못한다 할지라도 마음 속 깊이, 그리고 정신 깊이에는 그 갈망을 통해서 보듯이, 보이지 않는 하느님의 손이 깊숙이 미쳐 있다고 생각합니다.

신앙인은 신앙인 나름대로 뚜렷하게 체험할 수 있을 지 모르지만, 근본적으로 볼 때 신앙인이나 비신앙인이나 신앙의 입장은 같습니다. 우리가 하느님을 눈으로 본 것도 아니요, 하느님이 우리 귀에 들리도록 말씀해 주는 것도 아니지만, 그 어떤 절대자, 어떤 영원한 자에 대한 갈망은 공통으로 가지고 있고, 자기 자신의 깊이에서 그것과 만날 때에 바로 하느님을 부르는 비신자의 경우가 생길 수 있습니다.

예컨대, 인간적이고 현실적인 차원에서 자신(自信)을 가지고 살아왔는데, 인간적으로 성숙하고 목표한 대로 잘 살게 되었다, 그런데 그 다음은 무엇이냐……

바로 이러한 회의를 느끼고 다시 한번 자기에게로 돌아가서 — 지금까지 자기가 가졌던 '자신'이라는 것은 어느 정도 '인간적인 자신'이라고 할 수 있지만 — 그것만으로는 완전치 못하다는 것을 깨달았을 때, 형식이야 어떻든 절대자와의 만남이 이루어지는 것입니다.

왜 이토록 종교를 찾는가

믿는 신자 수의 급격한 증가가 가톨릭만의 현상이 아니란 점에서 보면, 오늘날 한국인들이 왜 이토록 많이 종교를 찾는가 하는 문제를 생각해 봐야 합니다. 외국인들은 곧잘 한국에 와서, 종교적 발전에 감탄하면서 이런 질문을 합니다. '다른 나라는 경제적인 발전이 크면 종교적 관심이 줄어드는데, 한국은 그 반대이니 무슨 이유냐' 라고 말입니다.

나는, 첫째 우리나라 사람들이 천성적으로 종교심이 많고, 둘째 우리 사회에 만연한 불안감 때문이라고 봅니다. 남북 분단으로 인한 미래의 불확실성, 또는 가진 자는 마음의 공허로, 없는 자는 없기 때문에 오는 고통을 덜기 위해 교회를 찾는 것 같고……. 말하자면 교회에 나오면 마음의 평화가 있기 때문이 아닌가 생각합니다.

대도시, 특히 서울과 같은 곳에서는 이같은 경향이 심한데, 그것은 물심 양면으로 정착된 삶이 드물기 때문이 아닐까 싶습니다. 흔히 부동산 투기, 직장 이전 등, 사회·경제적인 이유로 인구 이동이 심한데, 이것을 민족의 하나의 발전 과정으로 본다면 별 수 없지만, 그렇지 않고 불안을 느껴 종교에 귀의한다면 신자 수의 증가 현상을 긍정적으로만 볼 수는 없을 것입니다.

인간은 잘못을 진심으로 뉘우치고 사물을 맑은 영혼의 눈으로 볼 때, 비로소 재생할 수 있습니다. 아무런 경험이 없는 사람보다 산전수전 다 겪은 사람에게서 인간의 성숙함은 더 크게 보여지는 법입니다. 종교적 차원으로 보면 더욱 그렇다고 생각합니다. 예수님은 스스로 의롭다고 자처하는 바리사이인들과 같은 무리들을 '스스로 허위에 찬 위선자' 라고 질책하면서, 천대받는 이들이 회개하면 하느님 나라에 먼저 들어간다고 했습니다.

가끔 외국의 주교님들이, 한국에서는 '왜 그렇게 전교가 잘 되느냐' 고 물을 때, 나는 우리 신부들이나 주교들이 좋은 전교 정책을 세워서라거나 남들보다 일을 많이 해서 그런 것이 아니라고 대답합니다. 신자가 많아서 부득이 일을 많이 할 수밖에 없는 것이지, 신자들이 오기 전에 사제가 일을 많이 한 것은 아니라는 것입니다.

  한국인들이 지니는 영적인 굶주림은 하느님이 이 백성에게 준 특별한 은혜라고 볼 수 있습니다. 다르게 말한다면, 이 백성이 민족사에서 많은 수난을 겪었기 때문에 항상 '한(恨)' – '한'이라는 것은 한국인의 혼을 말하는 것인데 – 을 지니고 있고, 그것이 초월적 가치, 인간의 근원적인 향수를 강하게 느끼게 하는 것이 아닌가 봅니다.

●●●

  나는 교회에 나오는 모든 사람들이 이기적이며 기복적인 신앙을 갖고 있는 것이라고 일률적으로 단정하고 싶지는 않습니다. 왜냐 하면, 나 자신도 그 중의 한 사람이고, 대부분의 사람들이 양면성을 갖고 있다고 생각하기 때문입니다.

  물론 교회의 전체적인 의식의 문제이겠지만, 그들이 교회에 나와서 정말 복음의 말씀을 듣고 남을 향해 마음을 열고 전환된다면, 신자들의 수가 늘어나는 것을 나쁘다고만 볼 수 없지 않을까 생각합니다. 우리가 예수님을 믿을 때, 그의 말씀을 듣고 그 말씀대로 살려고 노력할 때 인간의 삶에 있어서 개선이 있을 것입니다.

  그런데 교회에 나오는 이들에게, 그들이 오는 것까지 근본적으로 비판해 버린다면, 그들은 어디로 가겠습니까?

  나 자신도 그렇지만, 누구나 위로도 받고 싶고, 사랑도 받고 싶고, 치유도 받고 싶고, 누군가가 나를 감싸주기를 바라고 하느님에게 의탁하고 싶어하는 것 아니겠습니까?

  어느 날, 자기를 향한 하느님의 사랑, 곧 조건 없는 사랑이 나 같은 존재까지도 용서해 주고 사랑해 준다는 것을 깊이 깨닫게 된다면, 그리고 초라한 나를 하느님이 받아 준다는 것을 깊이 깨닫는다면, 그 때 그 마음은 다른 이에게도 열리지 않겠는가 생각합니다.

교회는 세상 안에 있습니다

명동성당보다 인간이 더 소중하다

74년에, 지학순 주교님이 구속되었을 때였습니다. 당시 중앙정보부에서 박정희 대통령을 만나 보면 어떻겠느냐는 종용이 있길래, 청와대에 가서 그분을 만났습니다. 그분은 "종교는 마음을 순화하고 위안을 주는 것이지, 정치에 간여하는 것이 아닌 것으로 알고 있다"고 말하더군요. 그 때, 나는 이렇게 대답했습니다.

"대통령이 그렇게 생각하는 것은 당연합니다. 우리 교회 안에서도 그같은 의견을 가지고 있는 사람이 많습니다. 하지만 우리가 가지고 있는 신앙은 인간의 어느 일면만을 말하는 것이 아니라, 전체를 말하는 것입니다. 사회와 우주 질서까지 말하는 것이 교회입니다. 따라서 교회는 포괄적으로 인간을 보아야 합니다."

다시 말하면, 교회가 정치 문제나 사회 문제에 가타부타 끼여드는 것을 못마땅하게 생각하는 사람들이 신자 중에도 많습니다. 교회가 하느님의 뜻을 펴는 일을 하다 보니 그러한 생각을 갖는 모양인데, 그것은 오해입니다.

또 그런 생각을 갖는 일반 사회에도 모순은 있습니다. 그런 분들이 우리나라 종교에 기대하는 것이 뭐냐 하면, 그것은 윤리 도덕을 향상시키는 일입니다. 그러나 윤리 도덕의 향상을 기대한다면, 정치나 사회는 젖혀 놓고 다른 부분, 즉 일반 윤리만 향상되도록 기대할 수 있는가 하면, 그것은 무리입니다.

　신앙에서 볼 때, 살아 있는 하느님의 궁전은 '인간'입니다. 그런데 우리에게는 또 다른 궁전, 즉 성당이 있다고 칩시다. 문제는 진짜 살아 있는 하느님의 성전인 인간이 침해되었을 때, 우리가 무엇을 해야 하느냐에 달려 있습니다.

　예를 들어, 명동성당이 국가 권력에 의해 침해되었을 때, 신자들은 놀라서 항의할 것입니다. 물론 나도 할 것입니다. 하지만 명동성당이 거룩한 장소이긴 해도 결국은 물질에 불과합니다. 그보다 더 소중한 것은 인간입니다. 인간의 소중함에는 명동성당이 백 배, 천 배 못 당합니다.

　그런데 인간이 침해당했을 때, 우리가 침묵해야 합니까?

　70년대에 우리 자신 안에 그런 의식이 확고히 있었다면 의견이 일치하였겠지만, 교회 안에서 이 문제를 둘러싸고 왈가왈부가 있었습니다. 문제는 우리가 신앙인으로서 신앙이 말하는 인간의 깊이를 완전히 이해하지 못하는 데에 있습니다. 나 자신도 머리로만 그렇게 생각하고 가슴으로는 미치지 못한 것 같아 늘 반성합니다. 나부터 사람보다 명동성당을 더 사랑하는 경우가 많습니다. 성당을 팔아서 가난을 구제할 용의가 없거든요.

교회는 사회의「누룩」

　종교가 세속을 초월해야 한다는 것은 사실입니다. 그러나 이 말은 세속사를 외면하거나 등한시하라는 의미가 결코 아닙니다. 초월하므로 오히려 인간을 세속의 차원에서 구해야 한다는 의미입니다. 영혼과 육신, 초자연과 자연, 신의 세계와 세속의 세계······.

그러나 인간의 영혼과 육신은 분리된 것이 아닙니다. 영혼이 곧 육신입니다. 그러므로 그 종합적인 것, 즉 인간을 구한다는 것은 영혼뿐 아니라 육체까지도 구해야 한다는 것입니다. 그리고 사회 전체가 구원을 받을 때, 개개인도 구원을 받는 것입니다. 다시 말하면, 정치·경제·문화 등이 인간을 구할 수 있도록 선도해야 하는데, 그렇게 되어 나가도록 하는 것이 바로 교회의 사명입니다.

그러면 교회가 어느 정도 책임을 지는가. 하느님으로부터 받은 사명에 비추어 보면 전적으로 책임을 져야 합니다. 물론 현실적으로는 항상 타일러 주는 입장이어야 합니다. 직접 뛰어드는 일은 신자가 해야 하고, 때로는 성직자가 직접 뛰어드는 수도 있습니다.

그런데 '교회는 이 세상 안에 있으면서 이 세상에서 온 것이 아니다' 라는 말이 있습니다. 세상 안에 있기 때문에 세상 사람들의 고통을 덜어 주어야 하지만, 이 세상에서 온 것이 아니기 때문에 정치적 야망이나 지배욕을 가져서는 안 된다는 이야기입니다. 지금까지는 '이 세상에서 온 것이 아니다' 라는 면이 강조되어 왔습니다만, 이제부터는 '이 세상 안에 있다'가 강조되어야 할 것입니다.

● ●

교회는 본시 교회 자체를 위한 교회가 아니라 사회 속에서 사회와 교회를 위한 것이어야 합니다. 더 넓게는 세계를 위한 교회이어야 합니다. 따라서 주변이나 이웃, 또는 국가 문제에 원천적으로 관심을 갖고 봉사해야 합니다.

과거의 관념은 성속(聖俗)의 구별, 다시 말하면 종교와 정치는 엄격히 분리되어야 한다는 것이었습니다. 교회는 세속적인 문제에 관여해서는 안 된다는 견해였던 것입니다. 그러나 제2차 바티칸 공의회 — 이 회의는 교회의 현대화에 역사적인 일을 한 사람 가운데 한 분인 교황 요한 23세가 소집한 것입니다만, 이 공의회에서 교회는 오늘의 인류 속에서 어떻게 구원의 역사를 펼칠 것인가가 논의되면서 교회의 반성과 역할이 크게 고조되었습니다.

 이 시대의 요청에 의해 드러나는 하느님의 뜻을 어떻게 반영할 것인가를 깨달으면서 인권 문제에 대해 발언하기 시작했습니다. 교회가 자기 본래의 사명을 다시 한번 깊게 반성해서 나온 것입니다.

●●●

 교회가 사회에 참여하는 것은 일반적으로 인정되는 일입니다. 그렇지 않으면 사회와 떨어진 산 중에서, 선민들만 모여 천당 가기 위한 것일까요? 대단한 모순입니다. 교회는 '누룩'의 역할을 해야 한다고 합니다. 누룩이 반죽을 부풀리게 하기 위해서는 밀가루 반죽 속에 들어가야 합니다. 사회 속에 들어가는 교회가 되어야 합니다.

 정치하는 사람에게, 당신들이 우리에게 기대하는 것이 무엇이냐고 물으면 마음을 순화시켜 사회 전체의 윤리를 드높이는 것이라고 말합니다. 그래서 "정치가 부정부패한데, 그대로 두고서 윤리가 향상되느냐? 정치와 경제는 윤리에서 빠지느냐? 정치와 경제가 국민의 생활에 가장 깊게 영향을 미치는데, 여기에서 윤리를 빼면 전부 도둑놈들인가? 그러면 정치나 경제도 윤리 안에 있어야 하니까, 당신들이 기대하는 것을 바로 우리가 하지 않느냐?"라고 답합니다.

 교회는 정치에 대해 구체적으로 간섭해서는 안 됩니다. 그것은 정부가 할 일입니다. 교회는 정치도 경제도 모든 사람을 깊이 사랑할 줄 아는 것이어야 함을 일깨워 주는 것입니다.

●●●●

 누군가 교회의 사회 참여에 관해 언급하면서, 다음과 같은 비유를 한 것으로 기억하고 있습니다. 어떤 어항 속에 병든 고기들이 있다고 합시다. 그 병든 고기들을 하나하나 구해 준다고 해서, 이를테면 어항에서 병든 고기를 끄집어 내는 것만으로는 근본적인 해결이 되지 못한다, 어항 자체의 물을 맑게 새로 넣어 주듯이 전체적인 생활 환경을 맑게 해 주어야 본질적인 구원이 될 수 있다는 이야기였습니다.

우리 사회 안에서도 어항의 비유와 마찬가지로 개개인을 정화시켜 구한다기보다 오히려 개개인이 몸 담고 있는 사회 전체를 공동으로 정화시켜 나가야 되지 않겠는가, 그래야만 인간을 참으로 옳게 구하는 것이 아닌가 하는 것을 근래에 와서 많이 생각하고 있습니다.

한 사람은 심고, 다른 사람은 거둔다

교회는 많이 거둔 사람도 남지 않게, 적게 거둔 사람도 모자라지 않게, 가진 자와 가지지 못한 자, 계층과 계층, 지역과 지역 사이의 모든 차별과 불균형이 사랑의 실천과 사회 정의의 구현으로 합당하게 바로잡아지도록 하는 윤리적 힘의 원천이 되어야 합니다.

교회는 결국 사회의 모든 체제와 기구를 인간적인 것으로 만드는 데 최선을 다해야 합니다. 보다 인간적인 세계의 건설, 곧 인간화는 하느님이 인간을 사랑하고 끝없이 일깨우는 그 소명에 응답하는 일입니다. 하느님의 구원 사업, 새로운 창조 사업에 동참하는 것입니다. 그런 뜻에서 인권 회복은 바로 인간 회복이요, 인간 회복은 곧 '진리의 주, 정의의 주, 사랑과 생명의 주'이신 하느님의 모습을 인간 안에 회복시키는 것입니다.

지금 이 겨레는 역사의 올바른 선도자, 양심의 구심점, 희망의 밝은 빛을 갈구하고 있습니다. 이 갈구를 채워 줄 역사의 근본적인 발전을 이루기 위해 변혁의 누룩을 찾고 있습니다.

오늘 이 겨레의 역사 안에서 누가 누룩이 되어야 하겠습니까? 하느님의 법 안에서 양심과 정의와 일치를 위해 매일 기도하고 있는 이들이 누구입니까? 바로 오늘의 우리 자신입니다.

교회는 세상 안에 있습니다

●●●

　우리 사회와 겨레가 보다 의롭고 밝은 내일을 맞기 위해서는 우리 안에 양심과 정의가 소생되어야 한다는 것을 우리는 확실히 알고 있습니다. 위정자와 국민 및 국민 상호간에 믿음이 소생되고, 애국 애족의 사랑의 정신이 소생되어야 한다는 것을 알고 있습니다. 국민 하나 하나의 마음 속에 인정이 다시 샘솟아야 하며, 시민 정신이 다시 살아나야 함을 알고 있습니다.

　그렇다면, 교회의 사명은 명약관화합니다. 교회는 설교만이 아니라 그 행동과 실생활을 통하여 그리스도의 생명과 사랑의 빛을 성당 안에서만이 아닌, 모든 국민의 마음과 이 사회의 어두움 속에 밝혀야 하겠습니다. 그러기 위해 교회는 그리스도의 사랑과 정의와 믿음의 등불을 스스로 간직하고 살아야 합니다.

●●●●

　그런데 좀더 정직하게 우리 자신의 교회 생활을 반성해 본다면, 우리는 그리스도를 모르는 이에게 그리스도를 알리고 신자로 만드는 일, 그리고 교회 테두리 안에서 성사 생활과 단체 활동을 통해 제한된 신자들 상호간의 영신 생활을 심화하고 유대를 강화하는 일에 전념하였습니다. 세상 안에 살면서도 교회 밖의 세상이 어떤 가치관으로 살아가고 있는지 별로 개의치 않았습니다.

　세상이 아무리 비복음적이고 비그리스도적인 생활에 젖어들어도 우리는 그리스도인으로서 문제의식도, 사명의식도 거의 느끼지 않았습니다. 우리가 교회 안에서 누리는 자유, 전례 생활, 종교 행사를 방해 받지 않는 한, 우리는 그리스도의 제자로서 이 세상을 향하여 특별히 능동적인 역할을 수행하지는 않았습니다.

　그러나 교회가 하느님 나라에 봉사하기 위해 존재한다면, 우리 모두의 활동 무대도 교회가 아니라 세상이어야 합니다. 갈수록 물질과 향락이 지배하는 오늘의 세상이 복음적 가치를 받아들이도록 우리는 스스로 복음적 삶을 살 뿐 아니라 세상으로 나아가 변화를 일으켜야 합니다. 교회는 세상 속에 스며들어 맛을 들이는 '소금'이어야 합니다. 이것이 진정한 복음화입니다.

이 진정한 복음화에 도달하기 위해 교회는 세상 사람들의 일상 생활 속으로 들어가야 합니다. 복음은 전례 안에서, 기도 모임이나 단체 회합에서 읽고 그치는 것이 아니라 일상 생활 안에, 삶의 현장에 가져가야 하는 것입니다. 그리고 그 삶의 현장에 복음적 가치를 심고 하나씩 열매 맺게 해야 합니다. 이 삶의 현장에서 맺히는 복음의 열매는 세상을 분명히 변화시킬 수 있습니다.

●●●●●

'과연 한 사람은 심고, 다른 사람은 거둔다'는 속담은 맞습니다. 우리 선조들이 심은 믿음의 씨를 우리는 기쁨의 벅찬 가슴으로 거두어들이고 있습니다. 하느님을 멀리하고 인간성을 외면한 사람들이 뿌린 씨를 우리는 떨리는 손으로 거두려 하고 있습니다. 그렇다면, 오늘 우리가 심는 씨는 설령 우리가 거두지는 못 할지 모르지만, 그 결실이 누구에게인가 희망과 기쁨을 줄 것은 틀림없습니다.

우리가 정녕 '이 땅에 빛을' 염원한다면, 우리는 오늘 그 빛의 씨를 심어야 합니다. 그것은 우리 하나하나가 마음을 바로잡고 하느님에게로 돌아가 인간성을 되찾는 '새 사람'이 되는 것입니다. 또한 참으로 그리스도의 마음으로 가난하고 약한 이들, 고통받고 있는 이들과 함께 있는 교회가 되는 것입니다.

삿갓 쓴 예수?

그리스도의 뿌리내림

기독교의 토착화를 위해서 그리스도를 흑인으로 그린다거나 삿갓을 씌우는 것도 좋겠지만, 진정한 토착화를 위해서는 교회가 사회에 육화(肉化)되어 들어가야 합니다. 그 사회에 몸을 취해 들어가야 한다는 말입니다.

그리스도가 사람과의 일치를 위해 사람이 되어온 것을 '육화'라고 하는데, 교회가 자기가 놓여진 사회 속에 그 육화를 연장시키는 것이 곧 토착화입니다. 그만큼 사회 속의 사람들과 같이 느끼고, 같이 슬퍼해야 한다는 의미입니다. 마음의 토착화가 이루어지지 않은 오늘날, 예컨대 삿갓을 씌운 그리스도를 우리나라 사람들에게 보인다면 "아, 우리의 예수님이다!" 하고 공감하겠습니까?

●●

한국 교회의 토착화라는 방법은 하느님의 말씀이 한국이라는 토양 속에 육화되어서, 그것이 한국이라는 토양에 살이 되고 피가 되고, 거기서 다시 우러나올 때 한국적인 어떤 찬미의 표현, 신앙의 표현, 신학이 나와야 토착화가 착실하게 뿌리 내릴 수 있다고 생각합니다.

예를 들면, 지금 우리가 한국말로 성경을 읽고 묵상하는 가운데(나름대로 제멋대로 읽고 해석해서는 안 되겠지만) 한국 사람의 마음 속 깊이 그 말씀이 들어오고 육화하여, 거기서 정말 한국 사람의 살과 피를 취하고, 그래서 한국적인 표현이 나오지 않겠는가 하는 생각입니다.

불교적인 피가 내 안에도 흐르는데

한국적인 종교가 되기 위해서는 한국의 정신문화 풍토 속에서 육화되어야 한다고 생각합니다. 유교의 '인(仁)'이나 불교의 '자비', 기독교의 '사랑'은 본질적으로 크게 다를 것이 없다고 봅니다.

근본을 망각하고 지엽말단 문제에 집착할 때 종교 간의 갈등이 있게 되는 것입니다. 한국의 종교인은 개개인이 모두 종교 간의 대화를 하고 있다고 봐야 합니다.

• •

가톨릭은 원칙적으로 다른 종교와의 대화를 바라고 있습니다. 그리고 다른 종교 안에 있는 모든 아름다운 것, 올바른 것, 선한 것을 윤리적인 가치면에서나 문화적인 가치면에서 오히려 증진시키고 받아들일 것은 받아들인다는 입장입니다.

그런 면에서 우리나라 같은 곳에서도 복음을 해석할 때, 서구적인 철학, 희랍적인 철학을 바탕으로 한 신학을 맹목적으로 받아들일 것이 아니라, 오히려 우리는 동양적인 철학, 동양적인 종교의 관념을 바탕으로 해서 우리의 신학을 만들어야 되지 않겠는가 하는 이야기도 일부 있습니다. 아무튼 그걸 하기 위해서도 우리 자신의 토착화가 필요합니다.

유교는 종교라고 하긴 뭣해도 그 속의 인(仁)이나 효(孝) 같은 것은 한국 기독교인의 핏 속에서도 흐르고 있지 않습니까? 또한 나의 가정이 불교가 아니면서도 불교적인 피, 혹은 샤머니즘적인 피도 흐르고 있다고 보아야 합니다.

언젠가, 경주 석굴암에 가서 넋을 잃고 불상을 바라본 적이 있습니다. 한 시간 이상을 그렇게 서 있었습니다. 뭔가에 깊이 빠져 들어가는 것 같았어요. 그러나 세계적인 미술품인 성상을 바티칸에 가서 보았을 때에는 5분 이상, 한 작품을 본 일이 없습니다. 결국 나는 내 안에 불교적인 피가 흐르고 있다는 걸 느꼈습니다.

우리는 절대로 그같은 요소를 거부할 수 없는 겁니다. 그러므로 다른 종교들과 대화를 나눔으로써 그 고유의 가치, 불멸의 가치를 우리 자신의 것과 마찬가지로 소중히 여겨야겠다고 생각합니다. 교리 전달에 있어서도 배척할 것이 아니라 받아들여서 연구 발전시켜야 되겠다는 생각이 앞섭니다.

●●●

오늘의 우리 교회는 순교 정신이 부족하다는 것을 늘 느끼고 있습니다. 우리 200년 교회 역사를 통해 믿음을 가지면 삶을 잃는다는 사실을 분명히 알면서도 순교 정신을 지킨 신앙 선조들에 비하면 더욱 그렇습니다.

내 자신의 재산이나 명예, 지위를 버릴 수 있는 사람들이 몇이나 되겠습니까? 목숨을 바쳐 신앙을 지킬 사람은 더구나 없습니다. 그러나 우리 신자들은 신앙 선조들의 길을 그대로 밟지는 못한다 하더라도 그들이 남겨주신 믿음을 삶 속에 받아들여, 구호가 아닌 진정한 믿음으로 승화시켜야 할 것입니다. 한국 가톨릭이 부르짖는 교회의 토착화도 순교 정신을 값지게 받아들일 때 가능하다고 봅니다.

이 세상 종말은 언제 올 것인가

종말에 담긴 「완성의 뜻」

기독교는 언제든지 희망의 종교입니다. '종말론'이라는 것은 말 자체가 우리말로 적합하지 못합니다. 신학에서 말하는 '종말론'이라는 것은 언젠가 이 세상에 종말이 온다는 뜻의 이야기인데, 그 '종말'이라는 말에는 '완성'의 뜻이 있습니다.

우리가 완성해 가는데 영광스러운 완성을 목표로 해 가는 것이니까, 그것은 종말이 아니라 어떤 영원의 시작, 참된 영원이고, 성경에서 말하는 새 하늘과 새 땅 — 정말 거기에는 눈물도 없고 고통도 없고, 모든 인간이 참되고, 죄에서도 해방되고, 죽음에서도 해방되고, 모든 억압에서도 해방되고……

인간의 가장 큰 공포가 죽음에 대한 공포입니다. 그렇다면 '죽음이라는 것이 무엇인가'가 문제가 되겠는데, 성경에서 말하는 '죽음'이라는 것은 영원한 생명을 향한 완성입니다. 그런 방향으로 역사가 진행되어 나간다고 보는 것이 기독교입니다.

즉, 언제든지 우리는 이 역경 속에서 '이 역경은 우리에게 새로운 발전을 위한 터전이 되는 것이고, 하나의 밀씨가 땅에 떨어져서 썩으면 거기에서 많은 결실을 얻는 과정, 생명 성장의 과정으로 볼 때에 여기에는 고통이 있더라도 그 고통이나 수난을 겪음으로써 성장이 있고 행복이 있고 완성이 있다'고 보기 때문에 희망적입니다.

아무도 가르쳐 주지 않았다

 세상의 종말 자체를 생각하면, 우리는 세상, 즉 우주 만상이 과연 끝마칠 그 날이 있을 것인지 의심스럽습니다. 그러나 악이 끝내 승리할 수는 없습니다. 정의가 반드시 이깁니다. 죽음이 우리를 영원히 지배해서는 안 됩니다.

 우리에게는 반드시 생명과 빛으로 가득찬 그 날이 있어야 한다는, 모든 인간이 근원적으로 지닌 소망을 볼 때, 세상에는 반드시 종말이 있어야 하고, 모든 것을 밝히고 가려 내는 근원적인 심판이 있어야 하며, 모든 인간과 세상의 모든 것을 죽음과 부패에서 생명과 영광으로 변화시키고 해방시켜 주는 그 날이 있어야 한다는 것을 인식할 수 있습니다. 그와 같은 세상 종말과 심판이 없다면, 이 세상과 우리 인생, 역사는 무의미한 것이 되고 말 것입니다.

 언제 이같은 세상의 종말이 올 것인가.

 그 날과 시간은 예수님도 모른다고 하였습니다. "오늘날이 바로 그 때이다"라고 말하는 사람들도 현대에는 제법 있습니다. 오늘의 세상의 여러 가지 불행한 징조, 세상의 도덕적 타락, 불의와 부정이 판을 치는 추악한 현실, 그밖에 여러 가지 사교(邪敎)의 범람, 지진과 같은 천재지변이 자주 일어나는 현상 등을 들어서 세상 종말이 곧 닥쳐오는 것처럼 말하는 사람들이 적지 않습니다.

 나는 그와 같은 말에는 동의할 수 없습니다. 왜냐 하면, 그런 것은 현대에만 있지 않고 전에도 있었기 때문입니다. 그런 일이 있다 하여 곧 "세상 종말이다!" "말세다!"라고 결정적으로 말할 수는 없습니다.

그러나 어떤 시대를 막론하고, 모든 시대의 세상은 그 나름대로 각각 하느님의 심판을 받습니다. 오늘의 세상이 불의의 세상이면 "씨를 뿌린대로 거둔다"는 성서의 말씀대로 반드시 불행의 결과를 초래하게 될 것입니다.

무엇보다도 우리 각자에게 있어서 종말과 심판은 필연코 옵니다. 우리 각자는 언제까지나 안이하게 살아갈 수는 없습니다. 언젠가, 우리는 죽음을 맞이할 수밖에 없습니다. 죽음처럼 확실한 일은 없습니다. 그리고 그것은 바로 하느님의 심판이요 하느님과의 만남입니다. 그 만남은 결코 쉬운 일이 아닐 것입니다. 두려운 일일 것입니다.

지금 이 시간에 우리 중의 누가 "나는 하느님을 주저없이 만날 수 있다!"고 자부할 수 있습니까?

"나는 진리와 정의와 빛의 하느님 앞에 부끄러움 없이 나아갈 수 있다!"고 자신있게 말할 수 있는 사람이 과연 몇이나 되겠습니까?

그 진리의 빛, 정의의 빛이 나를 비출 때, 나는 몸둘 바를 모를 만큼 나 자신의 추악한 모습, 부끄러운 모습에 오히려 놀랄 것입니다.

부활의 참뜻

「효자」와 「불효」의 차이

미국의 어느 곳에 쏴인이라는 사람이 외아들과 살고 있었는데, 그 아들이 심한 빈혈로 죽게 되었습니다. 그 때 아버지는 "아들의 앞길이 창창하니 살리고 봐야지" 결심한 끝에 자기 피를 다 뽑아, 아들은 살리고 자신은 죽어 갔습니다.

아들은 아버지의 뜨거운 사랑의 피로 살아났다는 것을 황송히 생각하여 꾸준히 노력해서 훌륭한 사람이 되었다고 합니다. 여기서 이 아들이 효자라면 죽은 아버지의 시체를 바라볼 때, 자기 생명의 대가요, 희생의 제물임을 깨달아야 할 것입니다. 또 죽었어야 할 자기 생명을 살리기 위해 죽지 말아야 할 아버지가 대신 죽었다고 생각할 때, 자기 생명이면서도 자기 것이라기보다는 차라리 아버지의 생명을 살고 있다는 사실도 깨달아야 할 것입니다.

따라서 아버지의 사랑에 보답하고 아버지의 죽은 생명을 다시 살릴 길이 있다면, 이미 죽고 없었을 자신의 생명쯤은 흔연히 바칠 각오와 결의를 가질 때, 효자일 것이며 불효라는 낙인을 면할 것입니다.

그런데 만일 천만뜻밖에도 자기 생명의 희생 없이 죽은 아버지가 스스로 다시 살아났다면 이 얼마나 기쁘고 반가운 일이며, 부자 간에

타오르는 사랑의 불길은 그 얼마나 치열하겠습니까?
 바로 이 불길을 확대한 것이 부활한 그리스도와 우리 사이에 타올라야 할 불길입니다.

믿기 힘든 것은 부활이 아닌데

'인간은 무엇이냐?' '삶의 의미는?' '왜 우리는 죽어야 하는가?' '모든 것은 진정 죽음으로 끝나는가?' 등등 우리는 거듭거듭 묻고 있습니다. 또한 사랑과 진실, 정의와 자유, 불멸의 생명을 갈구하면서 고민하고 투쟁하고 울고 몸부림치고 있습니다.

 그러기에 서로 미워하는가 하면 사랑하기도 하고, 서로 죽이기도 하고 살리기도 합니다. 서로 뺏기도 하고 뺏기기도 합니다. 그리스도의 부활은 인간의 이러한 갈구, 의문과 불안, 회의와 고민, 노력과 투쟁에 대한 궁극적인 해답입니다.

● ●

 부활이 없으면 인생 자체가 헛되고, 세상 만사가 헛될 것입니다. 왜냐 하면, 부활이 없으면 모든 것이 죽음으로 끝나고 말기 때문입니다. 믿기 힘든 것은 실은 부활이 아닙니다. 그 반대입니다. 사랑도 진리도 정의도 자유도 — 목숨 바쳐 지킨 모든 가치, 참되고 아름다운 모든 것이 — 끝내는 죽음과 허무로 돌아갈 수밖에 없다고 단정하는 것이 더 어렵고 더 이치에 맞지 않습니다.

 인간에게는 완전한 자유와 해방, 구원이 없다고 단정하는 것이 더 큰 모순입니다. 이것은 삶 전체의 의미를 근본적으로 부인하는 것입니다. 우리의 삶에는 의미가 있어야 하고, 이는 진실해야 하며, 빛과 생명으로 충만해야 합니다.

● ● ●

 부활을 믿는다는 것은 쉬운 일이 아닙니다. 성경을 보면, 누구보다

부활의 참뜻

도 사도들이 주님의 부활을 믿기 힘들어 하였습니다. 사도들은 후에 부활의 기쁜 소식을 목숨을 다하여 선포하고 피를 흘리며 증거하였습니다. 그러나 부활하신 주님을 만나고 그 가르침을 받기 전에는 모두가 예수님의 부활을 의심하거나 믿기 힘들어 하였습니다. 그러니 우리가 부활을 믿기 힘든 것은 당연합니다.

참으로 주님의 은총의 힘 없이는 이 부활의 신비를 깨달을 수도 없고 믿을 수도 없습니다.

그러나 부활을 알아들을 수 없다고 하여 이를 부정하면 무슨 결론이 남습니까? 그것은 결국 인생의 종말은 죽음밖에 없다는 것입니다.

죽음으로 끝나는 인생―. 이는 참으로 허무하기 짝이 없습니다. 부활이 없으면 우리의 믿음은 헛되고 인생의 의미도 없으며, 인간의 모든 활동이 무의미합니다. 인간이 아무리 큰 업적을 낸다 해도, 결국은 죽고 썩고 말 때, 거기에 무슨 의미가 있습니까? 진리 탐구, 정의 구현, 사랑의 실천 등 모든 것의 의미가 없습니다.

어떤 이가 말했듯이, 불멸의 생명이 없다면 자유를 위한 투쟁도 무의미합니다. 인생에 의미가 있고 진리와 정의, 사랑과 자유에 의미가 있기 위해서는 영생이 있어야 하고, 영생이 있기 위하여는 부활은 필연코 있어야 합니다. 그리고 이를 위해 우리를 죽음에서 부활시키는 불멸의 생명, 우리의 죄를 용서하는 절대적 사랑이 있어야 합니다.

◆◆◆◆

사랑하는 자는 죽지 않습니다. 사랑받는 자도 죽지 않습니다. 그리스도의 부활은 바로 사랑이 죽음보다 더 강하다는 것과 이겼다는 것을 명백히 알려 주는 가장 큰 기쁜 소식입니다. 현세의 우리의 삶을 밝혀 주는 희망입니다.

인간회복 위해 자신을 불태운다

　그리스도의 부활이 우리의 현실 생활에 대해 지닌 의미는, 한 마디로 인생과 역사의 참된 긍정입니다. 현세의 인간 사회는 그리스도가 십자가에 못박힐 때와 같이, 너무나 자주 선보다는 악이, 정의보다는 불의가, 진리보다는 거짓이 지배하고 있습니다.

　오늘날 우리 나라 사회가 불신 사회로 불리는 것도 이 때문일 것입니다. 이런 사회에서는 허무주의자가 아니더라도 인생을 부조리로 밖에 보지 않을 수 없습니다. 항구적인 것, 불변의 가치를 지닌 것은 아무것도 없고, 삶 전체가 덧없고 허무하다는 결론밖에 나지 않습니다.

　'부정(否定)의 철학', 이것이 현대인의 인생관일 수밖에 없습니다.
　그러나 그리스도는 부활하였습니다. 바로 그같이 선과 진리와 정의와 사랑이 유린된 곳에서, 오직 허무와 절망만이 지배하는 암흑에서 죄와 죽음을 쳐 이기고 빛과 생명으로 부활하였습니다.

　인간 사회에서 득세하는 것은, 오늘은 불의와 부정일 수 있습니다. 그러나 내일에 있어서 결국의 승자는 이 모든 것을 소멸하는 진리요 사랑임을 그리스도의 부활은 우리에게 증명하고 있습니다.

　그리스도인의 인생관에는 고통과 비애가 있을 수 있으나 부정은 있을 수 없습니다. 가난과 굶주림이 삶의 전부일지라도 인생은 결코 무의미하지 않습니다. 무엇보다도 죄와 죽음이 불안과 공포에 떨게 한다 해도 그리스도인은 희망을 잃지 않습니다. 왜냐 하면, 그리스도는 그 모든 죄의 용서를 위해 죽고 부활하였기 때문입니다.

　우리는 모두 오늘날 부활의 증인이 되어야 합니다. 생명이 꺼져 가는 어두운 세상에 생명의 불빛을 밝혀야 하고, 삶의 의미를 잃어 가는 현실 사회 속에 삶의 참된 의미와 희망을 불어 넣어야 합니다. 이는 바로 비인간화로 죽어 가는 인간을 다시금 인간답게 부활시키는 과업, 즉 인간 회복의 과업입니다.

십자가 없이, 우리는 이 인간 회복과 부활의 과업을 이룩할 수 없습니다. 벗을 위하여 자기의 목숨을 바치는 그 사랑없이 우리는 새로운 삶의 길을 이 세상에서 개척할 수 없습니다.

부활 전야에 밝히는 촛불처럼 자신을 불태우지 않고서, 우리는 오늘의 어두움을 밝힐 수 없습니다. 결국 우리의 이웃, 그 중에서도 불우한 이웃을 자기 몸같이 사랑하는 사람들, 시련과 박해를 무릅쓰고 진리와 정의를 위해 투신하는 사람들, 그리스도 때문에 모욕을 당하고 박해를 받는 사람들이 되지 않을 때, 우리는 그리스도의 부활을 증거할 수 없습니다.

하느님의 이미지

두려움보다 사랑의 하느님

　한국 사람은 대체로 — 한국 사람만이 아니고 가톨릭 신자들, 더 넓게는 그리스도 신자들이 하느님에 대해 갖고 있는 생각은 '두려운 하느님(Deus timoris)'이 지배적이라고 봅니다. 성서적으로 볼 때 '두려움의 하느님'이기보다는 '사랑의 하느님(Deus amoris)'인데, 우리의 신앙 교육은 하느님을 두려운(물론 좋은 의미에서의 두려움이지만) 심판자로 가르쳐 왔습니다.

　그러다가 우리 자신이 성숙해지고, 또 내가 사제로서 신자들에게 하느님을 전달하려고 노력하는 가운데 성서를 읽고 스스로 묵상도 하면서 점진적으로 '사랑의 하느님'을 생각하게 되고 신자들에게도 이것을 강조하다 보니까, 지금은 '자비의 하느님' '사랑의 하느님'을 더 많이 생각하게 되었다고 봅니다. 그러면서도 내 마음 속에는 '두려운 하느님'이 완전히 없어지지 않았습니다.

　철학자의 하느님은 '불변의 하느님'입니다. 그런 하느님은 우리의 고통과 슬픔, 죽음과 절망과는 무관합니다. 그는 고난을 받을 수 없습니다. 몰트만(Moltmann)이 말한대로 '고난을 받을 수 없는 신이란, 모든 인간보다 더 불쌍한 존재'입니다. 왜냐 하면, 고난받을 수 없는 신은 참여할 수 없는 존재이기 때문입니다.

   그러나 성서에서 말하는 하느님은 이와는 다릅니다. 하느님은 사랑입니다. 그리고 세상을 극진히 사랑하여 외아들을 보내 주었습니다. 예수가 바로 그분입니다.

이 책을 읽는 이들에게

86년 어느 봄날로 기억된다. 김수환 추기경님을 모시고 몇몇 신부님들과 함께 인제에서 한계령을 넘어 중간쯤에서 오색약수터를 향하여 계곡을 따라 하산하던 길이었다. 김 추기경님 일행과 엇갈려 등산하던 등산객 중 젊은 여인 한 사람이 김수환 추기경을 바라보더니 "김수환 추기경님을 많이 닮았네요"라고 한 마디 건넨다. 이 말에 김 추기경님은 "나도 그런 말을 많이 듣습니다" 하면서 전혀 아닌 척 하는 폼이 너무나 재미 있어, 일행이 배꼽을 잡고 웃은 적이 있었다. 이곳은 좌로 대청봉, 우로 점봉산을 정점으로, 용소폭포와 금강문·선녀탕 등을 지나는 2킬로미터 정도의 단거리 등·하산길로, 가벼운 마음으로 주변 산수의 아름다움을 만끽할 수 있어 많은 등산객이 오르내리는 곳이다.

당시 나는 무엇이든지 일류와 최고만을 고집하면서 자기만을 앞세우고, 없는 것도 있는 것처럼 꾸며 대는 세태와 동떨어진 추기경의 풍모를 새삼 발견하고는 전에 느껴 보지 못한 훈훈한 정감을 맛보았다. 한국 가톨릭 교회의 대주교이시며 추기경이시고 서울대교구의 교구장이신 김수환 추기경님의 또다른 모습을 본 듯했던 것이다.

널리 알려진대로, 김수환 추기경은 단순히 한국 가톨릭 교회의 최고 성직자라는 종교적 이미지만으로 우리들에게 다가오는 것은 아니다.

이 책을 읽는 이들에게

　격동의 한국 현대사에서 70년대 이후 민주화의 촛불을 켜들고 위정자를 비롯한 이 땅의 모든 이들에게 올바른 민족사의 방향을 설정해 주었고 인간의 존엄과 인간성 회복의 신념을 토해낸 이 시대의 선지자이다.
　또 제 갈 길을 찾지 못하고 방황하는 지식인들에게 바르고 곧은 목소리로 행동하는 양심을 일깨운 '우리 시대의 양심'이고, 사랑과 정의, 평화와 화해의 목소리를 높이면서도 몸과 마음으로는 늘 가난하고 소외받는 이들을 위로하고 포용해 온 이 시대의 정신적 지주이다.
　오늘도 김수환 추기경이 머무는 명동성당 내 주교관 2층에는 그분의 말씀을 듣고자 찾아오는 이들과, 억눌린 일을 호소하는 이들의 발길이 끊이지 않고 있다. 말하자면, 그분의 말과 행동 하나하나가 가톨릭 신자뿐만 아니라 세인의 비상한 관심을 불러일으키는 '현재진행형의 거인(巨人)'인 셈이다.

　김수환 추기경을 만나본 사람이면 한결같이 'Cardinalis(추기경)'이라는 직함에서 드러나는 종교적 권위나 위엄 같은 걸 느끼지 못한다고 한다. 그보다는 오히려 온유하고 소박하고 담백하고 솔직하고, 그러면서 한없이 착하고 어진, 평범한 사람을 만난 듯하다고 한다.
　명동성당에서 미사를 집전하거나 시국 문제 또는 사회 문제에 대한 메시지를 발표하는 고뇌에 찬 모습과 함께, 구수한 말씨에 보일듯 말듯 온화한 미소, 알맞은 키에 붉은 빛 감색이 잘 어울리는 복장, 가장 소중한 순간을 가난한 이들과 함께 하는 모습 등에서 인정 많은 이웃집 할아버지 같은 친근감을 더 간직하고픈 마음일 것이다. 그것은 아마도 그분의 영혼의 깊이와 자애로운 마음의 폭 때문이 아닐까.
　엮은 이가 이 책을 내기로 한 까닭도 바로 이런 맥락에서이다. 한국 최초의 추기경으로 서임(69년)받은 지 벌써 25년이 지났건만, 그동안 이 땅에서 살아가는 모든 이들이 추기경을 만날 기회는 그리 흔치 않았다.

특히 가난하고 소외받은 이들을 아끼는 그분의 인품으로 미루어, 참으로 인간답게 살기를 갈구하는 많은 이들에게 '깨달음의 메시지'보다는, 빈 마음을 가득 채워주는, 때로는 고뇌하고 때로는 기뻐하는 '인간 김수환'의 인간적 체취를 맛볼 기회로 되었으면 하는 소망을 가져본다.

더욱이 흠 없는 원로의 한 마디가 절실한 이 때에, 살아있는 영혼에서 토해 내는 양심의 소리는 '참인간과 참삶'의 좌표를 잃고 방황하는 우리들에게 명쾌한 조언과 생생한 인생의 예지가 될 것으로 확신한다. 그것은 인간의 소중함과 존엄함을 일깨우려는 '평화의 사도' 김수환 추기경의 일관된 기도 제목이요 신앙이며 삶의 철학이기 때문이다.

그럭저럭 김수환 추기경님을 대한 지도 벌써 30여 년 가까운 세월이 흘렀다. 그분이 지금의 가톨릭신문사 전신인 가톨릭시보사 사장신부로 재직하실 때 첫 인사를 나누었으니 퍽이나 오랜 인연이다. 물론 지난 30여 년 가운데는 한동안 엮은 이의 직업 때문에 거리상으로 떨어져서 자주 대할 수 없었던 때도 없지 않았지만, 그럴 때일수록 마음으로는 늘 그분의 곁에 있다는 착각(?)을 떨굴 수가 없었다. 이같은 마음의 죄책이 이 책을 펴내기로 결심한 동기가 아니었는가 생각되기도 한다.

평소 김수환 추기경님을 잘 아는 몇몇 분들과 함께 1년 가까이 이 책을 준비하면서 무엇보다 놀라웠던 점은 25년 전에 행한 그분의 말씀이 어쩌면 오늘의 세태에도 그토록 딱 들어맞을 수 있을까 하는 의아심이었다. 아니, 그분의 예언자적 안목에 놀라움을 금치 못했다는 게 정확한 표현일 것이다. 때문에 이 책의 제목을 「참으로 사람답게 살기 위하여」로 정하는 데는 별로 어려움이 없었다.

이 책에 실린 내용들은 김수환 추기경이 가톨릭시보사 사장으로 재직하던 65년부터 94년 현재까지 발표한 각종 기고문이나 강론, 메시지, 언론과의 인터뷰 등을 총집대성하여 주제별로 재구성한 것이다. 추기경으로

이 책을 읽는 이들에게

서임된 69년 이전으로 거슬러 올라간 까닭은 그분의 삶과 꿈, 그리고 신앙과 삶의 철학을 보다 확연하게 드러내고픈 욕심 때문이다.

이 책은 모두 다섯 부분으로 구성되어 있다.

제1부(사랑과 존재의 아름다움을 찾아서)에서는 인간이 얼마나 소중한 존재인가 하는 그 존재와 삶의 진정한 의미를 일깨워주며, 제2부(삶의 길목에서)에서는 한국 천주교의 자화상으로 각인되는 김수환 추기경의 오늘을 있게 한 삶의 궤적을 중심으로, 생명의 존엄성과 여성·신세대 문제 등에 대한 나름대로의 소신을 진솔하게 드러내고 있다.

제3부(더불어 사는 사람들)에서는 가난하고 소외받는 사람들에 대한 애정을 바탕으로, 가진 자들의 반성, 사랑과 용서, 정직과 성실, 화해와 평화 등 공동체적 삶의 지혜를 권하고 있으며, 제4부(말하기 어려운 말을 하는 것)에서는 우리 사회의 당면 과제인 '개혁'을 중심으로 정치·경제·언론·문화·노동 등 지도층 인사, 그리고 국민 모두에게 보내는 양심의 소리를 담고 있다.

끝으로 제5부(오늘의 교회가 서 있는 자리)에서는 한국 종교계, 특히 가톨릭 교회의 당면 과제에 대해 솔직한 자기 반성을 토대로, 교회 및 사제의 역할과 위상, 그리고 신앙인들의 실천적 자세를 당부하는 충언이 피력되어 있다.

금년 4월로서 김수환 추기경이 한국 최초로 추기경에 서임된 지 25년이 된다. 이 책이 공식적으로 김수환 추기경의 '추기경 서임 25주년 기념문집'의 성격을 띠는 것은 아니지만, 엮은이로서는 그 시점에 맞추느라 밤샘도 여러 차례 했다. 작업을 하면서 묻혀 있는 보물을 건져 올리는 기쁨을 맛보기도 했으나 때로는 고민도 많았다. 너무나 내용이 훌륭하여 전문을 싣고 싶었으나 책의 부피가 한정된 까닭에 부득이 중요하다고 판단되는 구절만을 선정할 수밖에 없었던 게 못내 아쉬웠다.

  방대한 자료 속에서 중요한 구절만을 뽑아내 주제별로 엮다 보니 일일이 출처를 명기하는 것이 오히려 군더더기가 될 것 같아 생략한 점에 양해가 있으시기를 바란다. 그리고 발표한 당시의 원문 그대로 싣는 것을 원칙으로 하되, 시제상의 차이 등을 고려하여 손질한 부분이 다소 있음을 첨언해 둔다.

  끝으로 김수환 추기경의 깊은 사색과 신앙적 실천이 이 세상 속으로 흘러들어와 우리 사회 변화의 원동력이 되었듯이, 이 시대 이 땅의 모든 이들이 이 책을 통해 자신의 존재적 정체성을 확인하고, 참으로 인간다운 삶을 살아가는 지혜를 자기의 삶에 맞게 끌어낼 수 있기를 간절히 기도한다.

1994년 4월 일

엮은이 신 치 구

엮은이 | 신치구

1932년 경북 김천에서 태어남.
국방대학원 졸업. 연세대 경영대학원 최고경영자과정 수료.
육군 중장으로 전역(1987). 국방부 차관을 역임.
1983년 로마 교황청 성 그레고리오 십자기사훈장을 수장.
1992년 5월 가톨릭신앙생활연구소를 설립하여 현재까지
가톨릭 신앙의 생활화 운동에 힘쓰고 있다.
저서로 『성서와 전설로 본 열두 사도의 생애』
역서로 『성모의 생애』 『나자렛의 요셉』 등이 있다.

김수환 추기경의 세상 사는 이야기
참으로 사람답게 살기 위하여

1994년 4월 20일 제1쇄 발행 | 2005년 1월 20일 제39쇄 발행

지은이 | 김수환 말씀•신치구 엮음
펴낸이 | 김성호
펴낸곳 | 도서출판 사람과 사람
주소 | 121-230 서울 마포구 망원동 458-84(2층)
전화 | (02)335-3905~6 팩스 (02)335-3919

등록번호 | 제1-1224호
등록일자 | 1991년 5월 29일

값 6,000원

ⓒ Shin Chi Goo, 1994, Printed in Korea
판권 본사소유 | 잘못된 책은 바꿔 드립니다.
ISBN 89-85541-02-1 03800